本　书　受

国家社会科学基金重大项目"我国高质量发展的能力基础、

能力结构与推进机制研究(编号:19ZDA049)"

与

国家社会科学基金重大项目"我国经济增长潜力和

动力研究(编号:14ZDA023)"

资　　　助

# 中国人口老龄化及其政策应对研究

马　骏等著

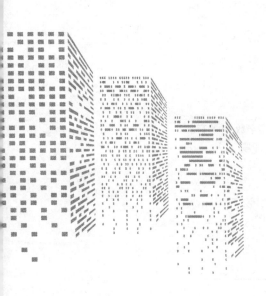

南京大学出版社

图书在版编目(CIP)数据

中国人口老龄化及其政策应对研究 / 马骏等著. ——
南京：南京大学出版社，2023.1
ISBN 978-7-305-25365-2

Ⅰ．①中… Ⅱ．①马… Ⅲ．①人口老龄化－对策－研
究－中国 Ⅳ．①C924.24

中国版本图书馆 CIP 数据核字(2022)第 208627 号

出版发行　南京大学出版社
社　　址　南京市汉口路 22 号　　　　邮　编　210093
出 版 人　金鑫荣
书　　名　中国人口老龄化及其政策应对研究
著　　者　马　骏　等
责任编辑　田　甜
照　　排　南京南琳图文制作有限公司
印　　刷　盐城市华光印刷厂
开　　本　718 mm×1000 mm　1/16　印张 20.25　字数 290 千
版　　次　2023 年 1 月第 1 版　2023 年 1 月第 1 次印刷
ISBN 978-7-305-25365-2
定　　价　78.00 元

网　　址：http://www.njupco.com
官方微博：http://weibo.com/njupco
官方微信：njupress
销售咨询：(025)83594756

# 序

最新的统计数据表明我国已经进入深度老龄化社会,人口老龄化是许多发达经济体经历过或者正在经历的过程,很多发达经济体都没有较好地解决人口老龄化带来的问题。当前,积极应对人口老龄化已经上升为国家战略,由于发展阶段的差异,我国人口老龄化也呈现出了新的特点,为此需要对老龄化的相关问题进行深入研究并提出应对策略。

在经济增长理论的分析框架中,劳动力的供给是推动经济增长的要素,人口年龄结构的变化必然会深深地影响经济增长。老龄化对经济增长的影响首先表现在影响劳动力的供给,这将会造成许多行业出现"用工难"以及用工成本上升。国内外有研究表明,人工智能以及数字技术的应用能够对劳动力产生"替代作用",但是新技术的应用不可能扩展到所有的行业,并且有些工作也无法通过人工智能等方式进行替代。因此,需要研究的是如何制定延迟退休政策以及如何推进老龄人口再就业。当前,我国的延迟退休政策尚未推出,延迟退休在什么行业推行、延迟退休年龄如何进行界定等问题还处于研究探索阶段。另一方面,老龄人口再就业相关的法律法规也不健全,一定程度上带来了老龄人力资源的浪费。

人口老龄化也会影响全社会的消费结构以及消费倾向。一般意义上,老龄人口的收入以及消费意愿下降会降低其享受型消费,随着老龄人口占比逐渐上升,全社会消费总额将会下降,诸多行业会出现产品过剩。当然,老龄人口比例的上升也会增加对养老服务与养老产品的需求,积极应对人口老龄化就需要充分释放老龄人口的新增需求,通过多种手段提升老龄人口消费。

日益加重的人口老龄化还会对国家的医疗保障体系与财政产生一定的冲

击。人口老龄化的加深不仅意味着企业退休金、养老金以及医疗保障等方面的支出会不断增加,也会因为退出就业市场的人口越来越多而减少个人所得税的税基。实际上,缓解人口老龄化对医疗保障体系与财政的冲击,要从多方面着手。例如,可以通过养老金三大支柱建设健全我国的养老金体系;可以通过提高社区医院在慢性病管理方面的能力从而减少老龄人口去综合性医院的频次;可以通过增加全民健身领域的支出来提高人民群众的身体素质从而减缓老龄人口的衰老速度等。

发达经济体在应对老龄化方面做出了诸多的尝试,部分国家在应对人口老龄化方面取得的经验值得我们借鉴。日本在护理险方面的制度、美国在健全养老保险三大支柱的经验以及德国发展多代屋的尝试等,都有许多值得我们学习借鉴的地方。近年来,我国在积极应对人口老龄化方面也做出了许多努力,党中央、国务院高度重视应对人口老龄化的相关工作。党的十九届五中全会通过的《中共中央关于制定国民经济和社会发展第十四个五年规划和二〇三五年远景目标的建议》,提出"实施积极应对人口老龄化国家战略";2019 年 11 月,中共中央、国务院印发《国家积极应对人口老龄化中长期规划》。由此可见,如何应对人口老龄化成了当前以及接下来一段时间内理论界与业界非常关注的话题。

马骏博士等著的《中国人口老龄化及其政策应对研究》对人口老龄化相关的诸多问题展开了深入分析,分别从我国人口年龄结构演变特征、人口老龄化对经济发展的影响机制、积极提升老龄人口消费水平、合理促进老龄人口再就业、居家养老的困境与应对、社会养老机构发展、促进医养结合、养老金制度三大支柱建设以及保险资金投入养老产业发展等角度展开论述,涵盖内容广泛,具有重要的理论价值与现实意义。特别乐意推荐给广大读者。

沈坤荣

**2022 年 9 月 28 日**

# 目　录

# 图目录

# 表目录

# 第一章　我国人口年龄结构演变特征

最新公布的全国第七次人口普查数据显示,当前我国的人口年龄结构呈现出少子化与老龄化并存的基本特征,并存在较为明显的区域间差异和城乡间不平衡。根据国际上惯用的老龄化社会评判标准,我国已经在 2021 年进入深度老龄化社会。随着经济的发展,人口老龄化是普遍现象,但是不同国家的人口年龄结构演变的特征不同。本章将回溯新中国成立至今的七次人口普查数据,通过对关键人口统计指标和人口相关政策的分析,对我国人口年龄结构演变特征做统计性描述,并在此基础上归纳总结出我国人口年龄结构呈现出当前特征的原因。

事实上,我国人口年龄结构特征在过去 70 多年间的演变过程,既受到人口再生产的周期性变化规律和生育政策的影响,也反映出我国在不同时期经济社会的发展情况。综合看来,现阶段我国出生人口数快速下滑与老龄化加剧的现象,除了与青年一代生育观念转变有关,还与当前育龄妇女总量快速减少、育龄妇女的已婚比例下降以及战后婴儿潮时期的出生人口逐渐步入退休年龄有关。

随着我国全面迈入深度老龄化社会,我国的适龄劳动人口比例和劳动年龄人口规模都已经开始全面下降。适龄劳动人口比例和劳动年龄人口规模的双降或许意味着我国的人口红利期已经逐渐远去。因此,积极应对人口老龄化,不仅需要直面日益突出的少子化和老龄化问题,还需要应对劳动力紧缺的局面,为我国经济长期高质量发展提出政策建议。

## 第一节　我国人口年龄结构特征的现状

第七次全国人口普查数据显示,2020 年全国人口总数达 14.1 亿,出生人口数为 1 200 万,较 2019 年下降了 18％;65 岁及以上老龄人口数超 1.9 亿,占比达 13.5％;80 岁以上高龄老人的人数达 3 580 万。根据国家统计局最新公布的《2021 年国民经济和社会发展统计公报》,2021 年全国出生人口数为 1 062 万,较 2020 年下降了 12％;65 岁及以上老龄人口数已突破 2 亿人,占比为 14.2％,这表明我国已经进入深度老龄化社会。通过对第七次全国人口普查数据及近十年人口抽查数据[①]的分析,当前我国人口年龄结构呈现出少子化加剧、老龄化速度加快、高龄化突出以及适龄劳动力人口减少等四个基本特征,并呈现出较为明显的区域间差异和城乡间差异。

### 1.1　人口少子化现象加剧

近年来,我国少子化现象日益加剧,主要表现在出生人数与人口出生率大幅下降。从图 1-1 以及图 1-2 可以看出,近十年来,我国出生人口数在 2016 年达到高点之后逐年下降;我国人口出生率在 2016 年之后也开始大幅下滑。根据国家统计局发布的数据,全国 2021 年出生人口数为 1 062 万,这一数字低于 2020 年的 1 200 万,远低于 2019 年的 1 465 万,仅为 2016 年(1 786 万)的 60％。值得注意的是,2016 年是"全面二孩"政策开始实行的第一年,当年出生人口数创 2010 年第六次人口普查后的峰值之后就开始连续下降,这说明放开生育限制

---

① 　如无特别标明,本章的数据来源均为《中国统计年鉴》和国家统计局(https://data. stats. gov. cn/),相关统计口径与第七次全国人口普查公报保持一致。

相关政策对提升出生人口数的作用已经大幅减弱。

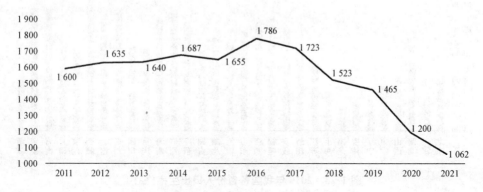

图 1-1　2011—2021 年我国出生人口数(万人)

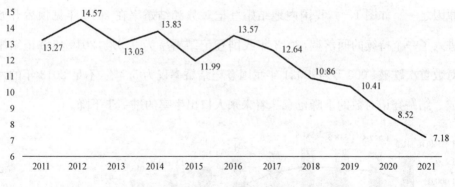

图 1-2　2011—2021 年我国人口出生率(‰)

如果从不同区域的角度看,我国人口出生率存在较为明显的区域差异(如图1-3),其中华北和东北地区人口出生率整体较低,东北三省的人口出生率更是位于全国(除港澳台地区外的)31 个省级行政区的末三位。华南和西南地区人口出生率则相对较高,少数民族人口较多的省份(如广西、云南、贵州①)的人口出生率也相对较高。

---

①　根据第七次人口普查数据,全国少数民族人口数超过 100 万的省级行政区有 4 个,按人数由多到少依次为广西、云南、新疆、贵州。

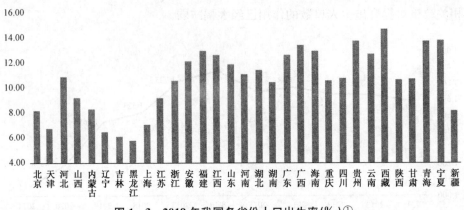

**图1-3  2019年我国各省份人口出生率(‰)**①

　　从结婚率的角度看,结婚登记对数的下降也是我国当前人口出生率下滑的原因之一。如图1-4,我国内地结婚登记对数和结婚率在2013年见顶后开始进入了一个持续的回落期,2013年我国登记结婚率为9.9‰,2019年登记结婚对数首次跌破1 000万对;2021年我国登记结婚率仅为5.4‰,不足2013年的六成。结婚登记对数的下降也意味着未来人口出生率的进一步下降。

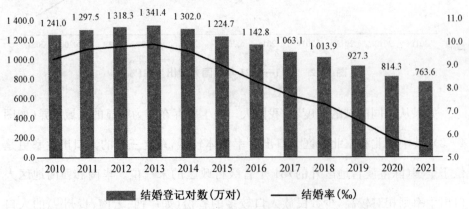

**图1-4  2010—2021年我国内地结婚登记对数及结婚率**②

---

　　①　因官方公布的2020—2021年出生率存在部分省份数据缺失的问题,故选用2019年的完整数据做分析。

　　②　数据来源:中华人民共和国民政部官网民政数据(http://www.mca.gov.cn/article/sj/)。

### 1.2　我国人口老龄化速度加快

第七次全国人口普查结果显示,中国 60 岁以上人口总数超过 2.6 亿,占全部人口的 18.70%,其中 65 岁以上人口数超 1.9 亿,占 13.5%。与 2010 年第六次全国人口普查结果相比,60 岁以上人口比重上升了 5.44 个百分点,65 岁及以上人口的比重上升了 4.63 个百分点。我国已经拥有全世界数量最庞大的老龄人口。国际上公认的老龄化社会的界定标准为:一个国家或地区 60 岁以上老龄人口占人口总数的 10%,或 65 岁以上老龄人口占人口总数的 7%。世界卫生组织把老龄化社会进一步细分为"老龄化社会""深度老龄化社会""超老龄化社会",分别为 65 岁以上人口占比达到 7%、14% 和 20%。以 60 岁以上人口占总人口比重作为标准,我国已经于 2000 年进入老龄化社会;以 65 岁以上人口占总人口比重作为标准,我国已经于 2021 年进入深度老龄化社会。

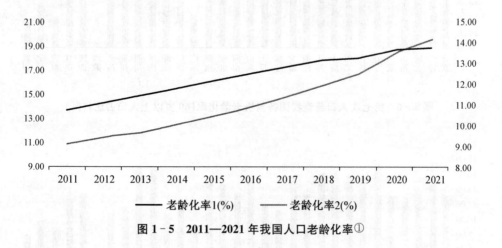

图 1-5　2011—2021 年我国人口老龄化率①

---

①　老龄化率 1 为 60 岁以上人口占比,老龄化率 2 为 65 岁以上人口占比。

从全国不同省级行政区的角度看,我国不同省份老龄化程度存在较大的差异。如图1-6是以第七次人口普查60岁以上老龄人口计算的老龄化率,图1-7是以第七次人口普查65岁以上老龄人口计算的老龄化率。通过对比可以发现,以60岁以上人口占比计算的老龄化率在不同省份之间的差异更大。如图1-6,以60岁以上人口占比看,老龄化率最高的省份是辽宁省,其老龄化率已经达到25.72%;从地区来看,东北三省老龄化率最高,华北和华东地区的老龄化率相对较高,华南和西部地区的老龄化率较低。以65岁以上人口占比看(如图1-7),老龄化率较高的省份则主要集中在东北地区、成渝城市群和长三角地区。

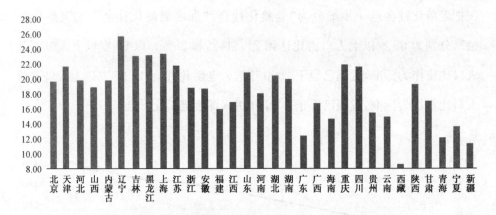

图1-6　第七次人口普查我国各省份老龄化率(60岁以上人口占比)(%)

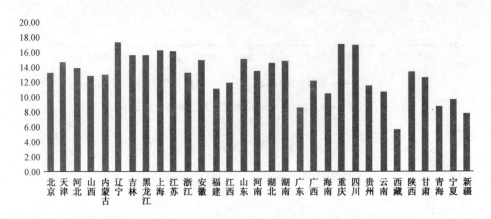

图1-7　第七次人口普查我国各省份老龄化率(65岁以上人口占比)(%)

　　综合人口出生率和老龄化率来看，全国老龄化率高的省份往往人口出生率较低，尤其是东北三省面临着十分严峻的少子化与老龄化并存的问题。

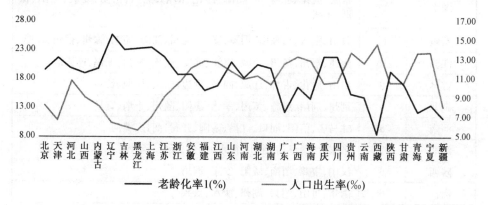

**图1-8　第七次人口普查我国各省份老龄化率(60岁以上人口占比)与人口出生率比较**

　　根据各个城市公布的第七次人口普查结果，从全国城市分布的角度看，目前我国已经有149个地级及以上城市的65岁及以上人口占比超过14%，即全国超过一半的城市已经进入深度老龄化社会。这些城市主要集中在东北地区、成渝城市群、长三角地区以及黄河中下游。

表1-1　2020年我国深度老龄化城市分省分布情况①

| 省份(市) | 数量 | 深度老龄化城市具体名单 |
|---|---|---|
| 四川 | 17 | 资阳、自贡、南充、德阳、内江、眉山、遂宁、巴中、广安、乐山、广元、绵阳、达州、泸州、雅安、攀枝花、宜宾 |
| 辽宁 | 14 | 抚顺、丹东、锦州、辽阳、本溪、鞍山、铁岭、葫芦岛、阜新、营口、大连、朝阳、盘锦、沈阳 |
| 山东 | 14 | 威海、烟台、淄博、日照、滨州、潍坊、泰安、东营、德州、济宁、菏泽、青岛、临沂、济南 |
| 黑龙江 | 13 | 伊春、牡丹江、鸡西、双鸭山、鹤岗、大兴安岭、绥化、黑河、佳木斯、七台河、哈尔滨、大庆、齐齐哈尔 |

————————

　　①　数据来源：国家统计局、各地市统计局第七次人口普查公报。

| 省份(市) | 数量 | 深度老龄化城市具体名单 |
|---|---|---|
| 湖南 | 12 | 常德、益阳、张家界、湘潭、怀化、邵阳、湘西、岳阳、娄底、衡阳、株洲、永州 |
| 安徽 | 11 | 黄山、宣城、马鞍山、铜陵、安庆、池州、淮南、芜湖、滁州、宿州、蚌埠 |
| 江苏 | 10 | 南通、泰州、扬州、盐城、镇江、淮安、徐州、常州、无锡、连云港 |
| 吉林 | 9 | 白山、通化、吉林、辽源、四平、延边、白城、松原、长春 |
| 湖北 | 9 | 荆州、荆门、恩施、黄冈、孝感、襄阳、随州、十堰、宜昌 |
| 河南 | 8 | 驻马店、信阳、周口、许昌、南阳、开封、商丘、漯河 |
| 河北 | 7 | 张家口、秦皇岛、唐山、衡水、沧州、保定、承德 |
| 陕西 | 6 | 汉中、宝鸡、渭南、咸阳、安康、铜川 |
| 浙江 | 6 | 衢州、舟山、绍兴、湖州、丽水、嘉兴 |
| 山西 | 3 | 忻州、阳泉、大同 |
| 内蒙古 | 2 | 乌兰察布、巴彦淖尔 |
| 广东 | 1 | 梅州 |
| 福建 | 1 | 南平 |
| 广西 | 1 | 桂林 |
| 甘肃 | 1 | 平凉 |
| 上海 | 1 | 上海 |
| 重庆 | 1 | 重庆 |
| 天津 | 1 | 天津 |

## 1.3　老龄人口中高龄化现象逐渐凸显

在我国已经进入深度老龄化社会的同时,我国老年群体还呈现出高龄化、空巢化的特点。自2010年第六次人口普查以来,我国人口的高龄化率(80岁以上人口占比)也呈现出较快的增长趋势(如图1-9)。第七次人口普查数据显示全国80岁以上高龄老年人达3 580万,而2018年底时这一数据仅为2 600万,两年间80岁以上高龄人口数上升了约50%。根据联合国秘书处经济和社会事务部人口司的预测①,到 2035 年,我国 80 岁以上高龄老年人数将达 5 995 万;到 21 世纪中叶,80 岁及以上老年人预计将超过 1.15 亿。这说明随着我国步入深度老龄化社会,老龄人口高龄化现象将逐渐凸显。

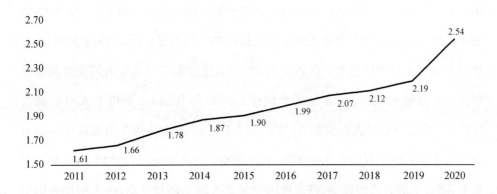

图 1-9　2011—2020 年我国人口高龄化率(%)

老龄人口高龄化的根本原因之一是过去 60 年间我国人均预期寿命不断增长。如图 1-10,从 1960—2020 年,我国人均预期寿命翻了将近一番,2020 年我

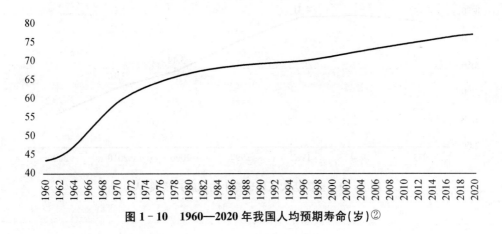

图 1-10　1960—2020 年我国人均预期寿命(岁)②

①　数据来源:联合国秘书处经济与社会事务部人口司,*2019 Revision of World Population Prospects*(https://population.un.org/wpp)。

②　数据来源:世界银行公开数据——出生时的预期寿命(岁)(https://data.worldbank.org.cn/)。

国人均预期寿命为 77.1 岁。随着我国人均预期寿命的不断提高,我国人口高龄化的特征也将愈发突出。

伴随着我国人口老龄化的不断加深和家庭户规模的缩小(如图 1-11),我国老年人"空巢化"的趋势也越来越明显。根据全国老龄办、民政部、财政部联合发布的第四次中国城乡老年人生活状况抽样调查数据显示①,2015 年我国 60 岁及以上老龄人口中空巢老人的占比为 51.3%,这表明当下老年人最主要的家庭居住方式是独立生活,而非与子女同住。2020 年我国 60 岁以上人口总数为 2.64 亿,即使空巢老人在全部 60 岁以上人口中的占比维持在第四次中国城乡老年人生活状况抽样时的水平不变,我国的空巢老人数也已经达到 1.35 亿。事实上,随着生活方式的改变,将来我国空巢老人的比例会更高,因为根据我国历次人口普查数据显示(如图 1-11),我国家庭户规模已经由 1964 年的峰值 4.43 人降至 2020 年的 2.62 人。

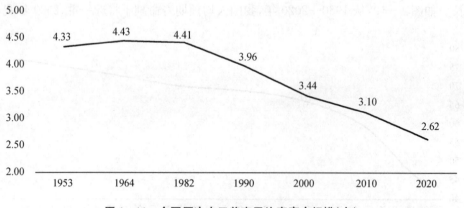

**图 1-11　全国历次人口普查平均家庭户规模(人)**

---

① 第五次中国城乡老年人生活状况抽样调查于 2021 年 8 月进行,尚未公布相关数据,故本章选取第四次抽样调查数据进行分析。

### 1.4　适龄劳动力人口减少

第七次全国人口普查数据显示,15～64 岁劳动年龄人口规模为 9.68 亿,占总人口的比重为 68.55%。与 2010 年第六次人口普查数据相比,劳动年龄人口比例下降了 5.9 个百分点。这也是继 1964 年第二次人口普查以后,我国适龄劳动人口比例在两次人口普查间首次出现下降。2020 年,我国户籍人口城镇化率为 45.4%,常住人口城镇化率为 63.89%,在 2010 年到 2020 年这十年,我国城镇常住人口增加了 2.36 亿人,城镇常住人口比重上升了 14.21 个百分点。因此,未来我国的城市发展将会面临更加严峻的劳动力短缺问题。

此外,通过对比第六次与第七次人口普查数据还可以发现,全国 15 岁及以上人口的平均受教育年限已经由 2010 年的 9.08 年提高至 2020 年的 9.91 年,每 10 万人中拥有大学文化程度的人数也由 2010 年的 8 930 人上升为 2020 年的 15 467 人,适龄劳动人口的受教育程度不断提升也可以对冲人口红利逐渐消失带来的压力,为我国未来经济高质量发展提供支撑。

## 第二节　我国人口年龄结构的演变过程

在前一小节的分析中,我们对我国当前人口年龄结构的特征进行了统计性描述。但是从历史的眼光看,对于我国当前人口年龄结构问题的思考离不开对其演变过程的梳理。本节将从新中国成立以来的七次人口普查数据出发,通过对关键人口统计指标变化情况以及人口相关政策演进的分析,进一步考察我国人口年龄结构呈现出当前特征的原因。

## 2.1　我国人口出生情况演变过程

从人口出生情况的演变过程看,人口出生率往往受社会经济环境、生育政策以及个人生育观念的共同影响。例如 1961 年前后人口出生率下降的主要原因是我国正在经历"三年困难时期";1998 年及 2020 年前后人口出生率的下降在某种程度上也是受亚洲金融危机和新冠病毒肺炎疫情的影响。

从政策角度看,计划生育政策仍然是影响人口出生率最重要的原因。1971 年 7 月 8 日国务院转发原卫生部等《关于做好计划生育工作的报告》,要求加强对计划生育工作的领导,1973 年 7 月 16 日,国务院成立计划生育领导小组,在计划生育宣传教育上提出"晚、稀、少"的口号,这也是我国在国民经济发展计划中首次提出控制人口增长的指标[①];1982 年 9 月,党的十二大把计划生育确定为基本国策,同年 12 月,"国家推行计划生育,使人口的增长同经济和社会发展计划相适应"被写入宪法[②]。伴随着计划生育政策严格规范的执行,我国的总生育率从 20 世纪 70 年代之前的 6 左右,下降到 1992 年世代更替水平的 2.1 以下,并在最近的 20 年基本维持在 1.5 左右的水平[③](如图 1-12)。

从人口出生率变动的周期看,我国第四次婴儿潮并未出现。新中国成立以后,我国共出现了三次婴儿潮(如图 1-13)。第一次是建国后到 1957 年之间,新出生人口达到 2 138 万,这与建国之后经济社会稳定发展有关。在度过"三年

---

① 参见国务院新闻办公室,http://www.scio.gov.cn/wszt/wz/document/952050/952050.htm。

② 1982 年 12 月 4 日第五届全国人民代表大会第五次会议通过《中国人民共和国宪法(1982 年)》,其中第二十五条为:国家推行计划生育,使人口的增长同经济和社会发展计划相适应。相关内容参见中国人大网,http://www.npc.gov.cn/zgrdw/npc/zt/qt/gjxfz/2014-12/03/content_1888093.htm。

③ 数据来源:世界银行公开数据——总和生育率(https://data.worldbank.org.cn/)。

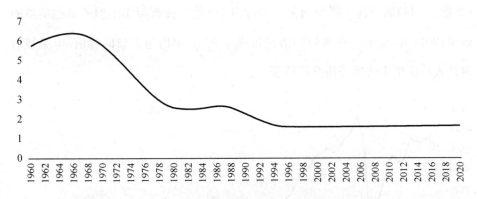

**图 1-12　1960—2020 年我国总生育率(女性人均生育数)**

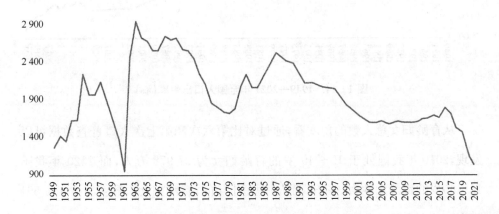

**图 1-13　1949—2021 年全国出生人口数(万)**

困难时期"之后,我国迎来了从 1962 年到 1976 年之间的第二次婴儿潮,这期间连续 15 年出生人口数超过 2 000 万。第三次婴儿潮从 1981 年持续到 1991 年,其中 1986 年到 1990 年形成了一个较为明显的潮峰。一般来说,出生人口在 20～30 年后会成为婚育人口,因此每一次婴儿潮在 20～30 年后会出现回声婴儿潮,具有显著的周期性。按照推算,我国第四轮婴儿潮本应在 2010 年前后出现,但因自 20 世纪 80 年代起严格执行计划生育政策以及经济社会发展等多种因素的影响,处于生育年龄人群的生育观念逐渐转变,第四轮婴儿潮伴随人口出生率

(如图 1-14)的快速下降而消失。2012 年,单独二孩政策实施但未取得明显的效果;2016 年,全面二孩政策的落地带来了 2016 年出生人口的峰值,但紧接着就是人口出生率快速下滑并延续至今。

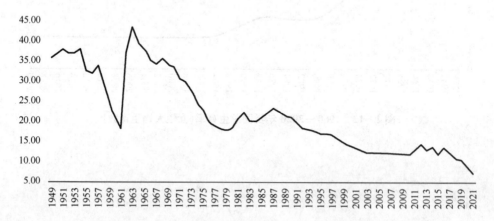

**图 1-14    1949—2021 年全国人口出生率(‰)**

从育龄妇女总人数的角度看,通过对比第六次和第七次人口普查数据可以发现,2010 年我国处于 15~49 岁的育龄妇女为 37 978 万人,而 2020 年我国 15~49 岁的育龄女性为 33 387 万人,短短十年间,育龄妇女人数就减少了 4 591 万人。若考虑最佳生育年龄(20~35 岁),2010 年我国最佳生育年龄的女性人数为 16 120 万,2020 年这一数字为 14 603 万,相比而言减少了 1 517 万。令人更加担忧的是,根据 2021 年《中国统计年鉴》中的各年龄段人口数据进行估算,到 2030 年我国 15~49 岁的女性人数将为 30 281 万,较 2020 年减少 3 106 万,最佳生育年龄的妇女人数为 10 854 万,较 2020 年减少 3 749 万。

从女性已婚率的角度看,我国一孩出生人数持续下降的一个主要原因是近年来我国育龄妇女已婚比例的下降。21 世纪初,我国 25~29 岁妇女的已婚比例超过 90%,30~34 岁妇女的已婚比例更是高达 99%,而现在这两个比例分别下降到 70％左右和 90％左右①。这很好地解释了为什么现行的放开生育限制的政策对于生育率的提升来说是杯水车薪,全面放开生育限制并大力鼓励生育或许已经刻不容缓。

从生育意愿的角度看,已有的生育意愿调查显示,国人的生育意愿持续走低,育龄妇女平均打算生育子女数在 2017 年的调查结果为 1.76 个,而到 2021 年这一数字已经降至 1.64②。随着 90 后人群成为婚育的主力人群,其人数规模的大幅度下降、婚育年龄的明显推迟以及生育意愿的低迷,使我国的生育率有很大的可能维持在一个较低的水平,甚至可能会进一步走低。

综合来看,中国出生人数在过去 70 多年间的变化,既受到人口再生产的周期性变化规律和计划生育政策的影响,也反映了我国在不同时期的经济社会发展情况。当前我国出生人口的下降既是计划生育政策影响的结果,也是青年一代生活压力大、婚育观念转变的共同结果。特别的是,除了青年一代婚育观念转变带来的影响,我国出生人口的快速下滑在更大程度上是由于我国当前育龄妇女总量的快速减少以及育龄妇女已婚比例的下降。

## 2.2　人口年龄结构的演变过程

从第一次全国人口普查开始,我国以 65 岁以上人口占比计算的老龄化率除了在建国初期经历过些许下降之外,一直保持着增长的态势(如图 1-15)。根据联合国的预测,2030 年我国 65 岁以上老龄人口占比将达到 16.8％;2035 年

---

①　陈卫,刘金菊. 近年来中国出生人数下降及其影响因素[J]. 人口研究,2021(5)。其中育龄妇女分年龄已婚比例通过历次全国人口普查和历年全国人口抽样调查中的婚姻状态数据计算得到。

②　数据来源:国家卫健委 2022 年 1 月 20 日新闻发布会(http://www.govcn/xinwen/ 2022-01/21/content_5669639.htm)介绍贯彻落实《中共中央国务院关于优化生育政策促进人口长期均衡发展的决定》的进展和经验做法情况。

我国将进入 65 岁以上人口占比超过 20％的超老龄社会；到 2050 年，我国 65 岁以上老龄人口占比将超过四分之一，达到 26％①。

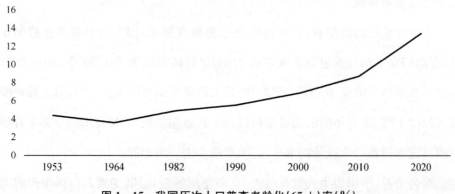

**图 1－15　我国历次人口普查老龄化(65＋)率(％)**

伴随着老龄化率的不断攀升，老年人的社会抚养比也在一路走高，全国老年人抚养比从 2000 年的 9.9％上升到 2020 年的 19.7％，20 年间翻了整整一倍（如图1－16）。老龄人口抚养比这一指标表示的是社会赡养老龄人口的负担。按

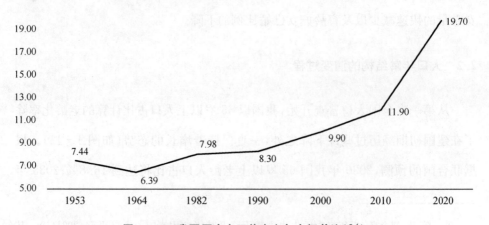

**图 1－16　我国历次人口普查老年人抚养比(％)**

---

① 数据来源：联合国秘书处经济与社会事务部人口司，*2019 Revision of World Population Prospects*(https://population. un. org/wpp)。

照我国现行的退休政策,伴随着1962—1976年婴儿潮时期出生的人口相继退出劳动力市场,我国将迎来相当长的一段人口负担期,不断加快、加重的养老负担正在成为全社会需要面对的严峻考验。

　　近年来,与人口老龄化相对应的是适龄劳动人口比例也随之下降。从1964年第二次人口普查到2010年第六次人口普查的46年间,我国的适龄劳动人口比例基本呈现直线上升的趋势(如图1-17),数量庞大的劳动力成为改革开放以后国家建设的重要力量,人口红利是过去中国保持经济高速稳定增长的重要因素之一。伴随着我国全面迈入老龄化社会,我国的适龄劳动人口比例也随之大幅下降。2020年,15～64岁劳动年龄人口占总人口的比重为68.55%,总规模为9.68亿人;与2010年相比,15～64岁劳动年龄人口总规模下降了3 073万人,总比例下降了5.9个百分点,这也是继1964年第二次人口普查以后,我国适龄劳动人口比例在两次人口普查之间的首次下降。

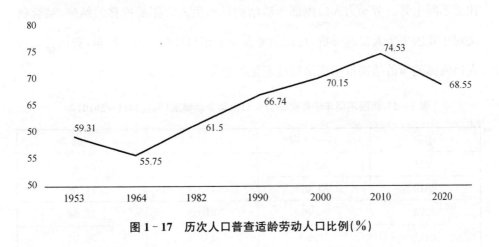

**图1-17　历次人口普查适龄劳动人口比例(%)**

　　从近20年来我国适龄劳动人口数据看(如图1-18),我国的劳动年龄人口规模在2013年到达峰值10.06亿,随后开始呈现逐年下降的负增长趋势。

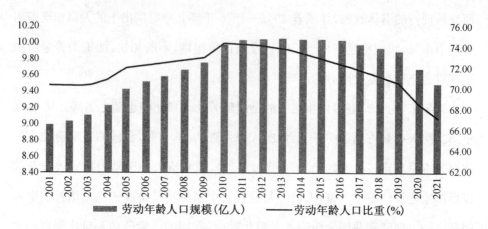

**图 1-18　2001—2021 年我国劳动年龄人口规模和比重变动趋势①**

除此之外,劳动人口内部的年龄结构也同样值得关注。若将劳动力人口划分为 3 个年龄段:15～24 岁、25～44 岁、45～64 岁,可以发现在过去的十年间,我国 15～24 岁青年劳动力人口比重不断下降,而 45～64 岁中老年劳动力人口比重不断上升。劳动力人口内部年龄结构是出生人口年龄推移的结果,结合前文对于我国出生人口的分析,可以预见在未来相当长的一段时间里,我国劳动力人口内部的年龄结构将呈现出持续老化的趋势。

**表 1-2　我国不同年龄段劳动力人口比重变动情况(%)(2011—2020)②**

| 年份 | 15～24 岁 | 25～44 岁 | 45～64 岁 |
|------|-----------|-----------|-----------|
| 2011 | 22.18 | 44.09 | 33.74 |
| 2012 | 21.07 | 44.38 | 34.55 |
| 2013 | 20.09 | 44.03 | 35.88 |
| 2014 | 18.83 | 44.21 | 36.96 |
| 2015 | 17.49 | 44.33 | 38.18 |

② 数据来源:国家统计局——按年龄分人口数(https://data.stats.gov.cn/)。

（续表）

| 年份 | 15～24 岁 | 25～44 岁 | 45～64 岁 |
|---|---|---|---|
| 2016 | 16.76 | 43.99 | 39.25 |
| 2017 | 16.10 | 43.77 | 40.13 |
| 2018 | 15.51 | 43.14 | 41.35 |
| 2019 | 15.20 | 42.86 | 41.94 |
| 2020 | 15.30 | 42.24 | 42.46 |

　　劳动年龄人口比重的提升是促进经济增长的关键要素。改革开放以来，中国快速成长为世界第二大经济体，庞大的年轻劳动力群体对中国经济腾飞功不可没。通过将中国历年的出生人口后推 20 年与 GDP 增长率进行比较分析可以发现，从 20 世纪 80 年代开始的 40 年间，我国 GDP 增长率的曲线与后推 20 年的出生人口曲线的变化趋势基本保持一致，人口红利支撑了我国经济的长期高速增长（如图 1-19）。出生人口的下降以及人口红利的消失也将对中国经济的潜在增长动力产生影响。

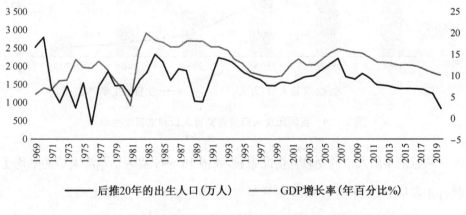

后推20年的出生人口（万人）　　GDP增长率（年百分比%）

**图 1-19　我国后推 20 年的出生人口数与 GDP 增长率**

　　适龄劳动人口比例和劳动年龄人口规模的双降意味着我国的人口红利期已经逐渐远去。应对劳动力供给量的持续下降以及劳动力成本的大幅上升，顶住人口红利消失带来的经济潜在增速下行的压力,加快建立人才资源优势,促进人口红利向人才红利转变已经成为当务之急。

## 2.3 人口受教育程度的变动趋势

虽然我国适龄劳动人口呈现下降的趋势,但是我国人口受教育程度却逐年上升,劳动力质量的提升对于劳动力数量下降带来的不利影响具有一定的对冲作用。建国以来,我国的文盲人口数和文盲发生率都在持续下降(如图 1-20),国民综合素质大幅提高。从高等教育普及程度看,每十万人中接受过高等教育的人数逐年攀升,特别是 21 世纪以来,每十万人中接受过高等教育的人数从 2000 年的 3 611 人增长至 2020 年的 15 467 人,增长了 4 倍多(如图 1-21)。

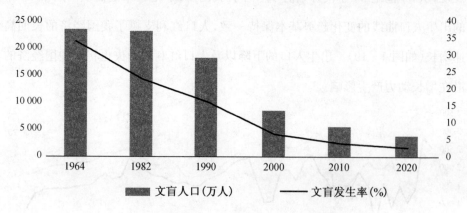

图 1-20 我国历次人口普查文盲人口和文盲发生率

从劳动年龄人口的受教育情况来看,我国 15～64 岁劳动年龄人口的平均受教育年限从 1950 年的 1.78 年提升至 2015 年的 8.71 年(如图 1-22)。

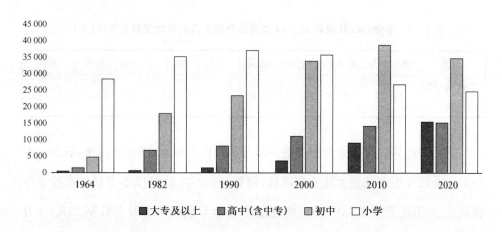

**图 1 - 21　我国历次人口普查每十万人拥有的各种受教育程度人口(人)**

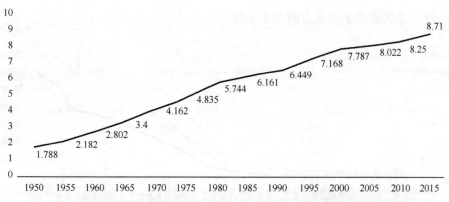

**图 1 - 22　1950—2015 年我国 15～64 岁劳动年龄人口的平均受教育年限(年)①**

　　需要关注的是,我国目前劳动年龄人口的平均受教育年限依然低于多数 OECD 国家(如表 1 - 3),同时也略低于东亚和太平洋地区的平均水平,这说明 我国劳动年龄人口的平均受教育程度仍有进一步提升的空间。

---

　　①　数据来源:Barro-Lee 数据(http://www. barrolee. com/),"Barro-Lee Estimates of Educational Attainment for the Population Aged 15～64 from 1950 to 2015". 考虑到与其他国 家具有可比性,故本章节选取了 2015 年的人均受教育年限数据进行比较分析。

表 1 - 3　部分 OECD 国家 15～64 岁劳动年龄人口的平均受教育年限(年)①

| 国家 | 澳大利亚 | 加拿大 | 法国 | 德国 | 日本 | 韩国 | 西班牙 | 英国 | 美国 |
|---|---|---|---|---|---|---|---|---|---|
| 受教育年限(年) | 11.54 | 12.88 | 10.35 | 12.28 | 12.83 | 12.84 | 10.92 | 12.85 | 13.28 |

　　通过对高等教育相关数据的进一步分析可以发现,改革开放以来,我国本专科生以及研究生在校学生数大幅增长,短短 40 余年间,我国本专科生在校学生数从 85.6 万上升至 3 285.3 万,研究生在校学生数从 1.1 万上升至 313.96 万(如图 1 - 23),总在校生人数均保持稳步增长,高等学校各类学生数量也保持了稳定增长(如图1 - 24、1 - 25)。高等教育的蓬勃发展为我国经济腾飞、科技进步、社会发展提供了强有力的人才支撑。

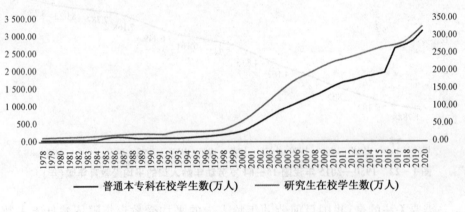

图 1 - 23　1978—2020 年我国普通本专科、研究生在校学生数②

　　①　数据来源:Barro-Lee 数据(http://www. barrolee. com/),"Barro-Lee Estimates of Educational Attainment for the Population Aged 15～64 from 1950 to 2015"。

　　②　数据来源:国家统计局——各级各类学生在校数(https://data. stats. gov. cn/easyquery. htm? cn=C01)。

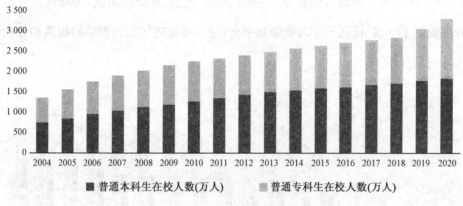

图 1 - 24 2004—2020 年我国普通本科生、专科生在校人数①

图 1 - 25 2004—2020 年我国在校硕士研究生、博士研究生人数②

随着互联网技术的发展,我国本专科网络教育也呈现出蓬勃的发展趋势。2004—2020 年,中国本专科网络教育在校学生人数从 236.6 万上升至 846.4 万,其中专科教育在校生人数占比达 65% 左右,总体呈现上升趋势(如图

————————

① 数据来源:国家统计局——各级各类学生在校数(https://data.stats.gov.cn/easyquery.htm? cn=C01)。

② 数据来源:国家统计局——各级各类学生在校数(https://data.stats.gov.cn/easyquery.htm? cn=C01)。

1-26)。网络本专科教育的普及,突破了时间、地点、年龄的限制,为继续教育的开展提供了丰富、优质的学习资源和平台,进一步促进了国民素质的提高和专业人才的培养。

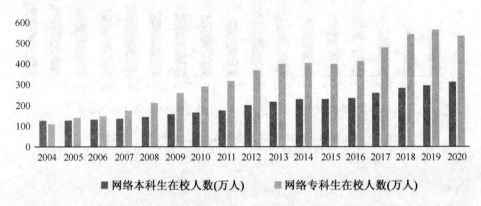

■ 网络本科生在校人数(万人)　　网络专科生在校人数(万人)

图 1-26　2004—2020 年我国网络本科生、专科生在校人数①

　　劳动力受教育年限的提高受到高等教育规模不断扩大的影响,这使得我国全部就业人员中的高素质劳动力比例逐年走高。根据 2021 年《中国劳动统计年鉴》②的数据,2020 年我国全部就业人员中,接受过高等教育的比例达到22.2%,高素质劳动力占比较高(如图 1-27)。

　　进一步按年龄结构分析就业人员的受教育程度,30～40 岁之间的就业人员接受过高等教育的比例超过 30%,20～40 岁之间的就业人员接受过高等教育的比例已经接近 40%(如图 1-28)。随着我国高等教育事业的进一步发展,未来劳动力的供给将实现由数量向质量的转换。

　　① 数据来源:国家统计局——各级各类学生在校数(https://data.stats.gov.cn/easyquery.htm? cn=C01)。

　　② 2021 年《中国劳动统计年鉴》(https://data.cnki.net/Yearbook/Single/N202202020102)。

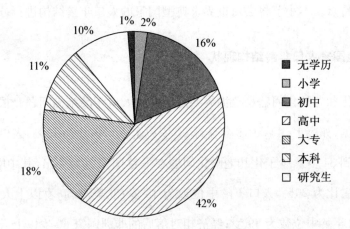

**图 1 - 27 2020 年我国就业人员受教育程度构成**

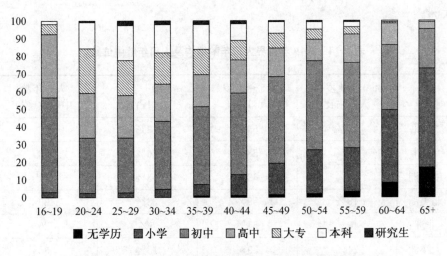

**图 1 - 28 2020 年全国按年龄的就业人员教育程度构成(%)**

## 第三节 人口年龄结构的国际比较

由于发达国家经济发展起步早、经济发展水平高,发达经济体的人口年龄结构也经历了老龄化与少子化的变迁过程。但是,不同国家的人口年龄结构也存在不同的特点。本小节将会对世界上典型国家的人口年龄结构进行分析。

### 3.1　其他国家人口年龄结构现状

少子化和老龄化问题是全世界共同面临的人口年龄结构问题。根据联合国发布的数据(如表 1-4),2019 年全球 60 岁以上人口占比为 13%,人口年龄中位数已经达到 31 岁。少子化和老龄化问题在发达国家更为突出,其中欧洲 60 岁以上人口占比为 26%,人口年龄中位数为 43 岁;北美洲 60 岁以上人口占比为 23%,人口年龄中位数为 39 岁;经济相对落后的非洲国家 60 岁以上人口占比不足 10%,人口年龄中位数也仅有 20 岁,是目前唯一未呈现出老龄化人口特征的大洲。

表 1-4　2019 年世界人口年龄结构及人口年龄中位数①

| | 0~14 岁<br>人口占比 | 15~59 岁<br>人口占比 | 60+岁<br>人口占比 | 人口年龄<br>中位数(岁) |
|---|---|---|---|---|
| 亚洲 | 23% | 63% | 13% | 32 |
| 欧洲 | 16% | 58% | 26% | 43 |
| 南美洲 | 24% | 63% | 13% | 31 |
| 北美洲 | 18% | 59% | 23% | 39 |
| 非洲 | 40% | 54% | 6% | 20 |
| 大洋洲 | 24% | 59% | 18% | 33 |
| 全球 | 25% | 61% | 13% | 31 |

从部分国家人口年龄结构横向对比来看,本文选取了 2019 年世界部分国家的人口年龄结构数据进行对比,可以发现,经济较为发达的欧美国家的人口年龄

---

① 数据来源:United Nations Department of Economic and Social Affairs, Population Division,"World Population Prospects 2019"。

结构较为相近(如图 1 - 29),0～14 岁人口占比在 18%左右,60 岁以上人口占比普遍在 25%左右。在亚洲国家,人口年龄结构的分化特征比较明显,日本和韩国少子化和老龄化特征突出。相比之下,中国 0～14 岁人口的占比高于日韩,60 岁以上人口的占比低于日韩,少子化和老龄化问题的严峻程度也低于日韩。此外,人口大国印度 0～14 岁人口占比超过 60 岁以上人口占比,尚未面临少子化和老龄化并存的人口年龄结构问题。

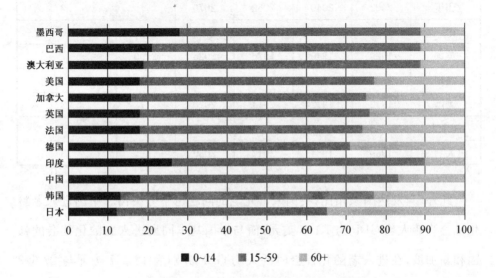

**图 1 - 29　2019 年世界部分国家人口年龄结构**

　　从人口年龄结构的对比现状来看,中国的人口老龄化问题相比较发达国家而言似乎并不严重,但通过梳理世界部分国家老龄化进程的数据,我们可以发现中国的老龄化进程不可谓不快。从 65 岁以上人口占比超过 7%的"老龄化社会"过渡到 65 岁以上人口占比超 14%的"深度老龄化社会",法国用了 126 年,英国用了 47 年,德国用了 40 年,日本用了 24 年,而中国仅仅用了 18 年。从发展趋势来看,我国将在 2033 年左右进入 65 岁以上人口占比超过 20%的"超老龄化社会"。同时,作为世界上人口最多的国家,巨大的人口基数使得中国老龄人口的规模也是世界上任何一个国家都无法比拟的。

表 1-5　世界部分国家老龄化进程①

| | 65 岁以上人口比重（达到的年份） | | | | | 倍增时间（年） |
|---|---|---|---|---|---|---|
| | 7％ | 10％ | 14％ | 20％ | 30％ | 7％~14％ |
| 中国 | 2003 | 2015 | 2021② | 2033 | 2075 | 18 |
| 日本 | 1970 | 1985 | 1994 | 2006 | 2030 | 24 |
| 印度 | 2022 | 2040 | 2052 | 2070 | — | 30 |
| 德国 | 1932 | 1952 | 1972 | 2010 | 2050 | 40 |
| 英国 | 1929 | 1946 | 1976 | 2025 | 2100 | 47 |
| 法国 | 1864 | 1943 | 1990 | 2019 | 2075 | 126 |
| 美国 | 1942 | 1972 | 2014 | 2020 | | 72 |
| 加拿大 | 1945 | 1984 | 2010 | 2025 | — | 65 |
| 澳大利亚 | 1939 | 1984 | 2012 | 2030 | — | 73 |

此外，与发达国家相比，我国未富先老的问题也十分突出。中国进入老龄化社会当年人均 GDP 为 1 148 美元，而与中国基本同期进入老龄化社会的韩国和新加坡，在进入老龄化社会时的人均 GDP 分别为 12 257 美元与 27 608 美元，分别是中国当时人均 GDP 的 10.7 倍和 24 倍。从部分国家人均 GDP 到达 1 万美元当年 65 岁以上人口占比看，新加坡为 5.5％，韩国为 5.8％，日本为 9.2％，而中国是 12.6％。

---

① 数据来源：1950 年之前的数据来自 *The Aging of Population and its Economic and Social Implications*. 其他数据来自联合国秘书处经济与社会事务部人口司，*2019 Revision of World Population Prospects*（https：//population. un. org/wpp）。

② 根据国家统计局最新数据修改，原预测时间为 2025 年。

表 1-6 世界主要国家进入老龄化社会情况一览表①

| 主要国家 | 中国 | 美国 | 日本 | 韩国 | 英国 | 新加坡 |
|---|---|---|---|---|---|---|
| 进入老龄化社会的时间（年）（以 65 岁以上人口计算） | 2002 | 1942 | 1971 | 2000 | 1929 | 2004 |
| 进入老龄化社会当年人均 GDP（美元） | 1 148 | 1 200 | 2 271 | 12 257 | 499 | 27 608 |
| 人均 GDP 达到 1 万美元当年 65 岁以上人口占比 | 12.6% | 11.2% | 9.2% | 5.8% | 15.3% | 5.5% |

### 3.2 延迟退休的国际经验

为了应对人口老龄化带来的劳动力短缺以及养老金支付压力等问题,发达经济体纷纷提出了延迟退休的计划。美国于 1983 年提出到 2025 年将职工的正常退休年龄从 65 岁提高到 67 岁[2]。日本新实施的《老年人就业稳定法》除规定企业有确保 65 岁以下员工就业"义务"外,还规定企业有"努力义务"确保 65 岁至 70 岁的老年人就业[3]。新加坡在 2021 年 3 月的国会上提出将于次年 7 月提高法定退休年龄至 63 岁,返聘年龄也随之提高到 68 岁[4]。英国通过养老金体系改革,计划至 2028 年年底,将退休年龄提高到 67 岁[5]。此外,法国、德国和西

---

① 数据来源:世界银行公开数据(https://data. worldbank. org. cn/)。

② 参见:Social Security Amendments of 1983(https://www. ssa. gov/history/1983amend. html)。

③ 日本正式实施《老年人就业稳定法》(http://news. youth. cn/jsxw/202104/t20210412_12848291. htm)。

④ 新加坡:2022 年 7 月起将法定退休年龄提高至 63 岁(https://m. gmw. cn/baijia/2021 - 03/04/1302147340. htm)。

⑤ State Pension Age Review Final Report ( https://www. gov. uk/government/publications/state-pension-age-review-final-report)。

班牙都将在 2023—2029 年将国家养老金年龄提高到 67 岁①。我国当前的法定退休年龄是男职工年满 60 周岁、女干部年满 55 周岁、女工人年满 50 周岁，相较于世界其他国家较低。这一退休制度自 20 世纪 50 年代确立以来到今天都没有经历过系统性的调整，因此延迟退休年龄已经成为当前我国应对人口老龄化政策讨论的一个重点。

从我国目前的人口年龄结构和劳动力市场的现状出发，适当延迟我国的退休年龄至少将产生以下三个方面的积极影响：一是退休年龄的延迟将在一定程度上缓解财政支出的压力，提高我国社会保障体系尤其是国家养老金系统的稳定性和可持续性；二是退休年龄的延迟将增加劳动力市场的劳动力供给，在一定程度上有利于促进经济增长，特别是延长部分接受过高层次教育的劳动者的工作时长有利于维持劳动力质量的水平；三是退休年龄的延迟将延长老龄人口参与社会经济活动的时间，帮助老年人更好地融入日益变化的社会环境。

退休制度的改革绝非是机械地延迟退休年龄。受身体健康状况以及技能水平等因素的影响，老龄人口在劳动力市场上处于相对弱势的地位，不少用人单位存在不愿招聘老龄员工甚至主动解雇老龄员工的倾向。如果机械地延迟退休年龄，在一定程度上会使得在就业市场上本就处于不利地位的老龄人口陷入更大的困境。因此，必要的工作技能培训、合适的工作岗位供给以及明确的制度保障体系也应该纳入退休制度改革的考虑范畴，使得退休制度的改革能够真正促进经济的高质量发展和社会的可持续发展。

---

① Marty Lynch, Milica Bucknall, Carol Jagger and Ross Wilkie, "Projections of healthy working life expectancy in England to the year 2035"[J]. *Nature Aging*, 2022(2)：13 - 18.

## 第四节　发达省份城市老龄人口生活现状调查——以江苏为例

### 4.1　江苏城市老龄人口现状调查

江苏省是我国最早进入老龄化社会的地区之一。根据第七次全国人口普查数据,江苏省常住人口数为 8 474.80 万,60 岁及以上常住老龄人口数为 1 850.53 万,占总人口比例 21.84%(全国 18.70%),高于全国 3.14 个百分点。其中 65 岁及以上常住老龄人口数为 1 372.65 万,占总人口比例 16.20%(全国 13.50%),高于全国 2.70 个百分点(如从户籍人口角度看,老龄化程度更高。2020 年年底,全省 60 岁以上户籍老龄人口数为 1 853.80 万,占户籍人口的 23.53%;65 岁以上户籍老龄人口数为 1 387.92 万,占户籍人口的 17.62%[①])。

为获取真实详尽的城市老年居民数据,深入了解老人的生活状况、物质精神需求、对养老的认知与态度、对养老政策的期待等诸多方面实际情况,我们采用问卷调查和个人访谈相结合的方式,选取南京、无锡、溧阳三个城市[②]年龄在 60～89 岁之间的 569 位老人作为调研对象,在 2021 年进行了为期一个月的调研。其中线下访谈 154 位,在线发放问卷调研 415 位。问卷围绕"个人基本情况""收入消费与保障情况""自我状况评估""对养老服务的期待"四个方面,共设计涵盖单项选择、多项选择、排序和问答四种形式的问题 39 项。

---

① 该数据引自对江苏省卫健委副主任邱泽森的采访,参见《南京晨报》,http://njcb. xhby. net/pc/layout/202109/29/node_A04. html#content_977267。

② 南京市是江苏省省会、副省级城市,人口老龄化现象突出,内部层次分化明显;无锡市是长江三角洲的中心城市,具有扬子江城市群的典型特征;溧阳是江苏省内县级市的重要代表,在经济、社会等诸多方面具有县级市的典型特点。

  在本次问卷调查中,受访老人的男女性别比约为 3∶2。从年龄分布来看(如图1-30),覆盖年龄段从 60 岁至 89 岁。其中60～64 岁占比为 13％,65～79 岁占比 68％,80 岁及以上占比 19％。从健康状况来看,有 10 人患有残疾,占比 1.76％;有 313 人患有慢性病,占比超过 55％;有 121 人有重大手术史,占比 21％。从学历分布来看(如图 1-31),受访老人总体学历偏低,其中无学历占比 10％;小学学历占比 22％;初中学历占比 26％;高中学历占比 23％;大专学历占比 9％;本科及以上学历占比 10％。

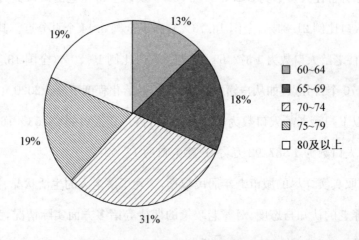

**图 1-30 江苏城市老龄人口生活现状调查调研对象年龄分布情况**

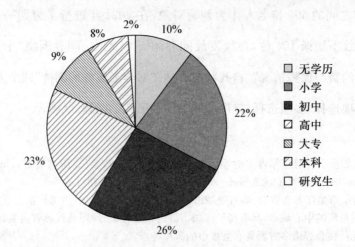

**图 1-31 江苏城市老龄人口生活现状调查调研对象学历分布情况**

受访老人中,有 563 位老人有子女。其中,有 471 位老人和子女居住在同一个城市,92 位老人和自己的子女居住在不同的城市。从共同生活的人数分布来看,有 45.5% 的老人家中共同生活人口数达到了 4 人及以上,即将近一半的老人和子孙后代共同居住生活(如图 1-32)。

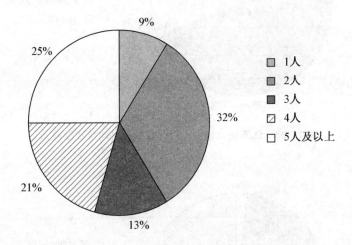

**图 1-32  江苏城市老龄人口家庭共同生活人数**

通过对于江苏省城市老龄人口问卷调查的分析,可以得出以下结论:

第一,老龄人口收入水平不高,且生活支出压力较大。73% 受访老人的月均可支配收入在 5 000 元以下(如图 1-33),50% 受访老人的月均消费在 2 000 元以下(如图 1-34)。通过分析受访老人的收入和消费结构,我们发现受访老人的收入来源和消费分布比较单一:75% 老人的主要收入来源为退休金和其他社会保障,22.8% 老人主要靠子女赡养,有投资收益或者再就业收入等其他收入的老人占比极低。58% 老人日常消费的最大部分是基本生活开支,39% 老人在看病、吃药上花费了大部分的支出。此外,受访老年人抵抗风险的能力相对不足,仅有 87.9% 的受访老人享有城市居民医疗保险或者公费医疗保障,额外享有商业保险等其他保障措施的老人占比不足 10%。

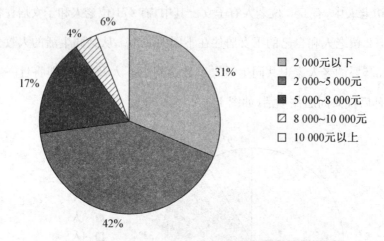

图 1-33 江苏城市老龄人口调研对象月均可支配收入

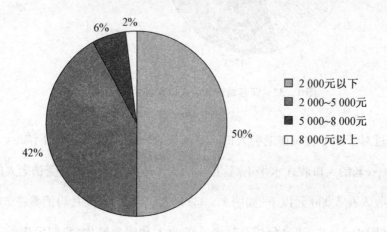

图 1-34 江苏城市老龄人口调研对象月均消费

　　进一步分析发现,尽管月收入增加带来消费上升,但受访老人的月支出并没有呈现与月消费成正比的趋势,尽管有足够的消费能力,老龄人口也没有足够的消费意愿(如图 1-35)。结合访谈,我们发现可能有如下几点原因:一是老年人的生活需求较少,仅需保证衣食住行等基本开支及其他必要支出,房子、车子、电子产品等高消费产品的需求相对较少。二是老年人传统观念中节俭持家等观念也对老人的整体消费意愿产生一定的影响。

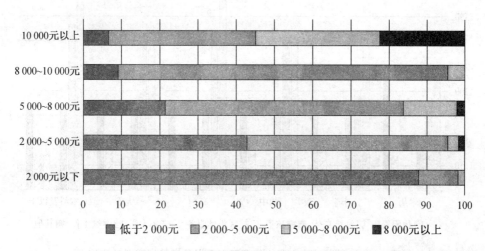

**图1-35 江苏城市老龄人口调研对象不同收入层次月消费分布情况**

第二，老龄人口退休生活总体单调，活动空间局限于特定的领域。在退休之后的主要时间和精力的安排（时间和精力分配前三的活动）上，约有60%的老人选择休闲娱乐，有50%的老人有锻炼身体的习惯，接近30%的老人会帮助子女"带孩子"。除此之外，也有一小部分老人会在社区参加集体服务、上老年大学或者通过返聘的方式继续工作。我们发现，随着学历的提高，重视"锻炼身体"的老年人占比越来越高，选择退休后"锻炼身体"的老人这一比例在无学历受访对象中为33.09%，在本科及以上学历受访对象中为58.82%。与此同时，参加老年大学的比例也随着学历的提高呈现逐渐增加的趋势。可以看出随着学历的提高，老年人会更加关注自身的身体素质以及精神生活（如图1-36）。

在访谈中，很多老人表达出孤独的心理感受，大部分受访老人的社交范围相对局限。66.6%的受访老人日常交往对象限于子女及近亲，23.7%的受访老人把同社区的邻居作为主要交往对象（如图1-37）。在对社区的期望和建议中，有185名老人明确表达了希望从社区获得更多的精神关注，占比超过30%。

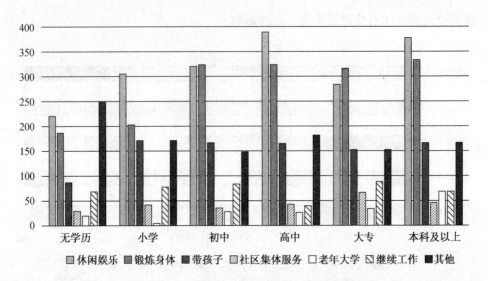

图 1-36　江苏城市老龄人口调研对象退休后的主要活动安排

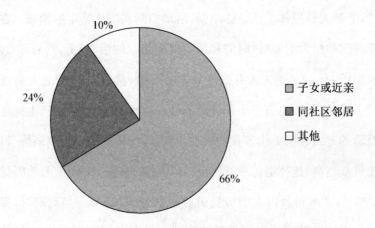

图 1-37　江苏城市老龄人口调研对象日常交往对象

　　第三,老龄人口养老观点依然传统,对养老机构充满期待。受教育水平在一定程度上会影响老龄人口的养老观念,通过对"养老的主要责任应当由何人来承担"的问题进行调研,我们发现随着学历的提高,越来越多的老年人认为养老应当是自身的责任,这一比例在无学历的受访对象中为 27.12%,而在本科及以上学历的受访对象中为 62.75%（如图 1－38）。这说明随着学历的提高，老年人对子女的依赖也在逐渐减少。

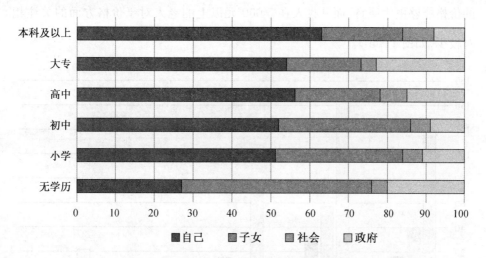

**图 1－38 江苏城市老龄人口调研对象对养老责任承担主体的看法**

受访的 569 名老人中，仅有 37 名正在接受养老院、社区医院或者其他养老机构的长期服务。如图 1－39 所示，通过对受访老人对养老机构和养老服务期待的分析，我们发现排在前三位的依次为：专业化的服务、合适的价格和多元的

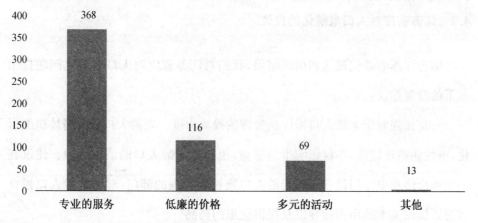

**图 1－39 江苏城市老龄人口调研对象对养老服务机构最主要的期待**

活动。这反映出受访老人在基本生活之外,对于社交娱乐等丰富精神生活的活动有强烈需求。结合收入分析发现,月收入较低的老人相应更多希望养老机构的价格能够更为便宜,而月收入在 5 000 元以上的老人对于价格方面的关注相对较少(如图 1 - 40)。

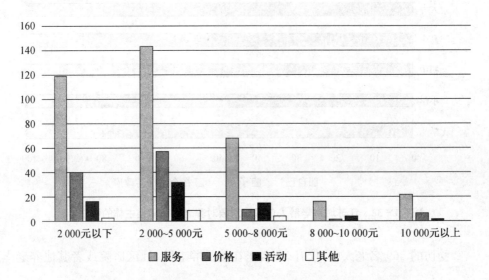

图 1 - 40    江苏城市老龄人口不同收入层次调研对象对养老机构的期待

## 4.2    江苏省应对人口老龄化的建议

结合江苏老龄化现状和调研结果,我们对江苏省应对人口老龄化问题提出如下的政策建议:

一是加强对于老龄人口慢性病管理的投入力度。老龄人口随着身体机能退化,慢性病占比较高,不仅影响生活质量,也挤压老龄人口的消费能力。建议在卫生医疗体系中专门设立针对老龄人口慢性病管理的部门,对于老龄人口慢性病患者提供基本的用药指导以及提供优惠的药品。

二是提升社区参与养老服务的能力,增加社区体育锻炼设施的投入。受制于东亚地区传统观念等原因,大部分老人依然选择居家养老,因此应该提高社区参与养老的能力,通过多方投入在社区建立养老空间,完善养老服务的队伍建设。同时,考虑到老龄人口对于体育锻炼的需求,应该借助城市更新提升老旧小区体育设施的配比,满足老龄人口退休后的需求。

三是对有老人赡养压力的家庭加大补贴,减少家庭对于老龄人口和青少年的抚养压力。根据调研发现,大部分老龄人口依然与子女共同生活并且相当一部分老人认为养老应该由子女承担,同时,老年人又不得不帮助子女"带孩子",因此应该给中青年家庭提供补贴或者提高个税抵扣等,切实缓解家庭支出压力。同时,适当减轻青少年就学中的各项负担,减轻老龄人退休后的生活压力。

四是为老龄人口再就业提供保障。调研发现,老年人退休后几乎不再参与社会工作,事实上造成了全社会的人力资本浪费。随着预期寿命不断延长以及老龄人口身体素质逐步提升,可以完善各项法律法规,促进老龄人口再就业,为社会提供更多劳动力的同时也可以增加老年人的收入。

# 第二章　人口老龄化对经济发展的影响机制及对策

　　由于发展阶段的差异,我国的人口老龄化与其他一些发达国家相比有着很明显的差别,例如,在人均可支配收入较低的条件下进入老龄化社会从而表现出的"未富先老"的问题;"三年困难时期"之后婴儿潮期间出生的人口大量进入老龄化阶段等。当前,人口老龄化对经济社会发展造成了不可逆转的影响,对于家庭而言,由于过去"计划生育"的影响,家庭"少子化"现象使得赡养老人的压力日益增大,空巢老人比例也越来越高,传统的家庭养老出现了很大的挑战;对于社会而言,随着人均寿命的增长,我国的延迟退休制度没有随着形势的变化而跟进,这使得很多老年人在退休后无所事事,老年人力资本的闲置也成为影响经济发展的重要原因。因此,需要研究我国人口老龄化对经济发展的影响机制以及对策。

## 第一节　研究背景

　　蔡昉指出,中国人口老龄化表现出三大特点:人口老龄化速度显著快于世界水平、老年人口数量全球最多以及老年人口世界排位远高于人均 GDP 的世界排位①。郑功成认为中国老龄化的挑战主要表现在以下五个方面,分别是:家庭结构发生巨大变化、社会抚养比和劳动力供给产生巨大影响、老龄化给消费结构与

---

① 蔡昉. 阻断递减曲线,应对老龄挑战[J]. 中国人大,2019(10):24-26.

产业结构带来深刻影响、对社会保障制度造成深刻影响以及对社会文化带来巨大的影响①。

事实上，迅速加深的老龄化为养老资源的筹集和供给提出了严峻的挑战。作为发展中国家的中国，"未富先老"的特征尤为突出，使得养老资金的不足将成为老龄化过程中面临的最大挑战。除此之外，进行老龄人力资源的第二次开发也是解决问题的关键。而目前，我国在退休与再就业制度方面依旧有许多不足之处，例如对于退休年龄采取了一刀切的方式。一些年纪较轻的老年人，身体尚好，头脑较为清醒，不甘寂寞，就业意愿强烈；而一些具有多年知识、技能、经验的老年人，在身体条件合适的情况下，也能够实现自我供养。他们不仅不会为社会增添负担，反倒能创造出更多的社会价值。迅速加深的老龄化带来的一系列问题，构成了潜在经济社会风险的诱因，使人口问题有可能演化成意外事件的爆发点。

老龄化对社会带来的深刻影响不仅关乎个人与家庭，也关乎就业与消费、社会经济、社会保障、社会伦理等重大问题。国家对此也格外重视。2017 年 10 月 18 日，习近平同志在十九大报告中指出，要积极应对人口老龄化②。2019 年 11 月，中共中央、国务院印发了《国家积极应对人口老龄化中长期规划》③。2020 年党的十九届五中全会提出实施积极应对人口老龄化国家战略以及加强和创新社会治理，将积极应对人口老龄化正式上升为新时代的国家战略④。因此，可以

---

① 郑功成. 实施积极应对人口老龄化的国家战略[J]. 人民论坛·学术前沿，2020(22)：19 - 27.

② 十九大报告原文参见中国政府网，http://www. gov. cn/zhuanti/2017 - 10/27/content_5234876. htm。

③ 该规划全文参见中国政府网，http://www. gov. cn/zhengce/2019 - 11/21/content_5454347. htm。

④ 十九届五中全会公报全文参见中国共产党员网，http://www. 12371. cn/2020/10/29/ARTI1603964233795881. shtml。

说在"十四五"期间,中国将处于积极应对人口老龄化的时间窗口期。积极应对老龄化,特别是在动员养老资源和满足老年人护理需求方面,需要加紧进行制度建设和资源调动。"十四五"期间将成为全面应对老龄化的重要窗口期,这还要求我国在这一时期迅速调整相关制度安排,促进老龄人口消费提升。

近年来,国内学术界对于如何应对老龄化话题的关注越来越多,总体上看,大部分国内研究普遍认为老龄化对经济的影响偏负面,总的说来,国内学者对于老龄化与经济发展关系的研究集中于以下两个方面:

第一,认为老龄化会对公共财政及劳动力供给等产生负面影响,因此应该配套相应政策进行应对。例如,刘穷志、何奇指出,人口老龄化对中国经济增长的影响正在从积极转向消极,中国应当将更多的财政资金分配到公共教育领域[①]。龚锋、余锦亮的研究指出,人口老龄化就意味着更多的人口退出劳动力市场,从而导致个人所得税的税基萎缩[②]。邱牧远等认为,当人口老龄化导致养老金财政失衡时,延迟退休具有额外的人力资本投资激励效应[③]。陈彦斌等指出,人工智能主要通过三条机制应对老龄化的冲击:一是提高生产活动的智能化和自动化程度从而减少生产活动所需的劳动力;二是提高资本回报率从而促进资本积累;三是提高全要素生产率[④]。

第二,关注人口老龄化对相关产业的影响。例如:汪伟指出,人口老龄化不仅促进了中国产业结构的三次优化,还推动了制造业与服务业内部技术结构的

---

① 刘穷志,何奇.人口老龄化、经济增长与财政政策[J].经济学(季刊),2012(10):119-134.
② 龚锋,余锦亮.人口老龄化、税收负担与财政可持续性[J].经济研究,2015(8):16-30.
③ 邱牧远,王天宇,梁润.延迟退休、人力资本投资与养老金财政平衡[J].经济研究,2020(9):122-137.
④ 陈彦斌,林晨,陈小亮.人工智能、老龄化与经济增长[J].经济研究,2019(7):47-63.

优化[1]。聂高辉、严然指出，人口老龄化会通过促进居民医疗保健消费、居住消费对产业结构升级产生正向溢出效应[2]。穆怀中、裴凯程指出，人口老龄化可显著正向影响装备制造业全要素生产率[3]。沈蕾、郭岩研究表明，人口老龄化对高技术产业整体，特别是与老龄人口密切相关的子行业以及大规模企业的技术创新具有显著的正 U 型影响[4]。刘成坤、赵昕东研究发现，我国人口老龄化在短期内会对产业结构升级产生不利影响，但在长期内会显著推动产业结构升级[5]。

国内学术界研究的不同视角以及不同结论事实上阐明了一个基本问题：人口老龄化是全世界人口发展的趋势，但是对于经济发展的影响未必是负面的，关键在于如何积极应对。因此，"十四五"期间合理应对老龄化并促进经济迈向更高质量发展，需要剖析老龄化影响经济发展的机制，并在此基础上提出合理的政策建议。

## 第二节　人口老龄化对经济发展的影响机制

贯彻落实积极应对人口老龄化国家战略的关键在于厘清人口老龄化对经济发展的影响机制，方可"对症下药"，建立健全相关的政策体系与制度框架。经济增长理论自从进入新古典阶段以来，尤其是新增长理论揭示了要从驱动经济增

① 汪伟. 人口老龄化、生育政策调整与中国经济增长[J]. 经济学季刊,2016(10):67-96.
② 聂高辉,严然. 人口老龄化对区域产业结构升级溢出效应研究——基于居民消费结构变迁[J]. 重庆社会科学,2020(7):20-34.
③ 穆怀中,裴凯程. 人口老龄化对装备制造业全要素生产率的影响——来自中国省级面板数据的实证检验[J]. 工业技术经济,2020(11).
④ 沈蕾,郭岩. 老龄化对高技术产业技术创新的影响研究——基于子行业、企业规模异质性的分析[J]. 工业技术经济,2020(12):78-87.
⑤ 刘成坤,赵昕东. 人口老龄化与产业结构升级的互动关系研究[J]. 统计与决策,2020(12):81-84.

长与发展的要素角度分析经济问题。人口老龄化直接影响的是就业人口的年龄结构并进而影响全社会劳动力的供给水平,但是由于人口年龄结构的变化也会对其他要素产生影响,根据经典经济增长模型 $Y=AF(K,L)$,人口老龄化对经济发展的影响主要体现在劳动力供给、社会资本形成以及技术创新三个方面。

## 2.1　人口老龄化会通过引起全社会劳动力供给的变化影响经济发展

人口老龄化与少子化并存将会持续影响全社会可供投入的劳动力总量。近年来,我国劳动力短缺的现象经常被媒体报道,根据教育部发布的《2020 年全国教育事业发展统计公报》显示,2010 年全国小学生在校人数较 2000 年下降了9 861万人,近年来小学生在校人数虽然略有回升,但是依然没有达到2000 年之前的水平;全国初中生在校人数从 2010 年到 2015 年连续下降,到目前为止总在校人数依然低于2000 年之前的水平;全国高中生在校生人数从 2016 年开始,一直低于4 000 万人①。通过上述数据发现,少子化引起的劳动力减少趋势短期内难以改变,随着我国老龄化程度持续加剧,越来越多的劳动力将逐步退出就业市场,未来相当长一段时间内,我国劳动力供给不足的现象会愈演愈烈。

而不同类型的就业人口数量的下降对经济发展的影响不尽相同。第一,对于城市而言,服务业劳动力供给下降的问题将更为严重,其原因在于服务业对就业人口的需求最为强烈且很难用机器替代;另一方面,农村向城市可供转移的劳动力也在减少,比如王亚楠等的研究曾指出,年龄结构老龄化会使适宜农村向城市转移的劳动力数量减少,这就直接使得城市服务业人工成本上升②。第二,由

---

① 根据教育部网站《2020 年全国教育事业发展统计公报》(http://m. moe. gov. cn/jyb_sjzl/sjzl_fztjgb/202108/t20210827_555004. html)计算得出。

② 王亚楠,向晶,钟甫宁. 劳动力回流、老龄化与"刘易斯转折点"[J]. 农业经济问题,2020(12):5 - 16.

于很多有经验的高技能型劳动力退出就业市场,许多领域将会出现知识水平下降的现象,影响行业的生产效率,尤其对于"干中学"行业的影响较大。例如,随淑敏、何增华的研究支撑了上述观点,其从人口普查数据与微观工业企业数据角度出发进行了研究,指出人口老龄化引致有效劳动供给的减少与劳动力成本的上升,进而影响企业创新。在现阶段低水平的人口老龄化显著促进了中国企业创新,但长远来看,人口老龄化超过一定的拐点值时,将抑制企业创新[①]。

当然,劳动力紧缺对于企业的生产效率提升亦有正面作用。国内学者通过研究发现,劳动力供给数量降低也会倒逼各类企业提升自身的技术附加值以减少对于人工的依赖,从而降低劳动力紧缺对企业发展带来的影响,并进而通过提高全要素生产率提升经济发展的质量。比如,刘成坤、林明裕的研究指出,人口老龄化程度的加剧有利于推动经济高质量发展,其不仅会通过人力资本数量效应对经济高质量发展产生积极影响,还会通过人力资本质量效应推动经济高质量发展[②]。魏嘉辉、顾乃华的研究发现,老龄化将通过需求效应、生产率效应和倒逼企业转变生产方式影响服务业的就业结构。总体看来,老龄化推动了中国服务业的结构性升级[③]。

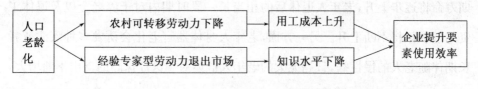

**图 2-1　人口老龄化对劳动力供给的影响**

①　随淑敏,何增华.人口老龄化对企业创新的影响——基于人口普查数据与微观工业企业数据的实证分析[J].人口研究,2020(11):63-78.

②　刘成坤,林明裕.人口老龄化、人力资本积累与经济高质量发展[J].经济问题探索,2020(7):168-179.

③　魏嘉辉,顾乃华.老龄化与中国服务业就业结构[J].经济经纬,2021(1):86-95.

## 2.2　人口老龄化通过公共收支以及储蓄的变化影响社会资本形成进而影响经济发展

公共财政支出是影响经济发展的重要变量,公共支出中用于经济建设的资金是全社会资本形成的重要来源,人口老龄化将会对国家的财政收支两方面产生深刻的影响并进而影响资本形成。从税收的角度看,在个人所得税方面,人口老龄化意味着更多的人口退出劳动力市场,从而导致全社会个人所得税税基萎缩,对财政收入产生负面影响;在企业所得税方面,随着人口老龄化,许多企事业单位退休人员工资的支出越来越庞大,这会降低企业的利润水平从而降低企业对财政的税收贡献。但是,老龄化也会促进财税收入的上升,比如,老人对健康医疗、保健品、养老护理服务等高层次服务消费的比例将会提高,由此将扩大上述行业的税基,从而有助于提高政府的财政收入。虽然老龄化对于财税收支的影响存在正反两个方面,但如果从公共支出的角度看,人口老龄化对于地区医疗资源的占用会越来越大,会挤压公共支出。2019 年,我国老年人预期寿命就已经达到 77.3 岁[①],随着经济的发展,医疗保健技术的不断提升,我国人口平均预期寿命将逐步上升,老年人退休后的相当长一段时期内对于养老金以及退休工资的领取额将不断上升。另一方面,老年人身体器官老化会诱发多种疾病或者长期伴随老人的慢性病,日趋庞大的老年人群体对于医疗保障的支出不断增大,中央财政与地方财政的支出压力将不断增大。由此可见,各级财政可用于经济建设领域的资金将会面临挑战,最终影响社会资本形成。

---

① 数据来源:国家卫健委网站《2019 年我国卫生健康事业发展统计公报》(http://www.nhc.gov.cn/guihuaxxs/s10748/202006/ebfe31f24cc145b198dd730603ec4442.shtml)。

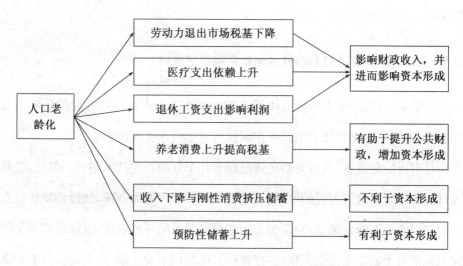

**图 2-2　人口老龄化对全社会资本形成的影响**

　　进入老龄化社会,全社会消费与储蓄都会出现较大的变化,老龄化也会通过储蓄的变化影响全社会资本的形成。人口老龄化对居民消费行为的影响,主要表现在影响消费倾向。一般说来,老龄人口的消费倾向较高,这是因为老龄人口在基本生活消费支出刚性的情况下,医疗消费与保健消费会上升,老龄人口收入下降会使得其边际消费倾向上升。国内学者的研究证实了老龄化对消费影响的传导机制。例如,王宇鹏的研究指出,老年人口抚养比越高,城镇居民平均消费倾向越高①。因此对于低收入家庭而言,老龄化引起的收入下降、医疗支出上升以及生活基本消费支出刚性等原因会负向影响居民储蓄。但是对于高收入家庭而言,老龄化对储蓄的影响未必是负面的。高收入家庭可能因为需要应对老龄化阶段收入下降引发家庭预防性储蓄,使得老龄化对储蓄具有促进作用。所以,积极应对人口老龄化不应该关注居民储蓄本身,而应该从提升全社会资本形成

　　① 王宇鹏.人口老龄化对中国城镇居民消费行为的影响研究[J].中国人口科学,2011(1):64-73.

的角度实施一揽子政策。

## 2.3 人口老龄化会通过影响技术创新影响经济发展

近年来,国内的学术研究关注了老龄化对创新与产业结构升级的影响。总体上看,人口老龄化对技术创新存在阻碍与促进两个方面的影响。

从阻碍的角度看,人口老龄化通过以下几个方面影响技术创新。第一,老龄人口由于体力精力等方面的原因,其对新知识的学习能力下降,使得创新性行业总的知识水平下降。第二,专家型人才如果在较早的年龄退休,意味着其多年的知识积累对于创新工作毫无作用,存在巨大的知识浪费。第三,老龄人口消费能力下降之后,会降低某些行业的利润水平,进而影响企业在创新方面的投入。从消费结构的角度看,老龄人口主要消费在健康医疗以及养老护理等领域,享受型消费会下降。范兆媛等的研究指出,老年抚养比促进了家庭生存消费,但降低了家庭享受消费[①]。这也意味着涉及家庭享受型消费领域的企业会因为利润下降导致其创新意愿降低。

从促进的角度看,人口老龄化会通过对消费的拉动以及倒逼企业提升生产效率促进技术创新。第一,我国拥有全世界最多的老龄人口,对于健康医疗的需求巨大,需求会促进企业加大在健康医疗领域投入资金、人才等资源,促进生物医药、医疗器械等领域的技术创新。第二,众多老龄人口的需求会推动健康护理等服务行业的产业升级,庞大的老龄人口对于照看护理的需求会促使企业增加在养老服务、科技养老辅助产品等领域的研发投入,推动行业技术升级。第三,从倒逼的角度看,人口老龄化会带来劳动力供给水平下降,企业不得不用资本或

---

①    范兆媛,王子敏.人口年龄结构与居民家庭消费升级——基于中介效应的检验[J].湘潭大学学报(哲学社会科学版),2020(3):62-68.

者新技术替代劳动来进行应对,从而促进不同行业的全要素生产率上升,并进而促进产业结构升级。近年来,数字经济与智能制造的飞速发展就是企业应对劳动力供给下降主动创新的典型案例,比如,由于5G、互联网等的发展,城市服务业中的数字化应用提升了收银、物流配送等环节的效率,工业企业不断迈向智能制造,都大大提高了不同行业的全要素生产率,降低了不同行业对于劳动力的依赖。

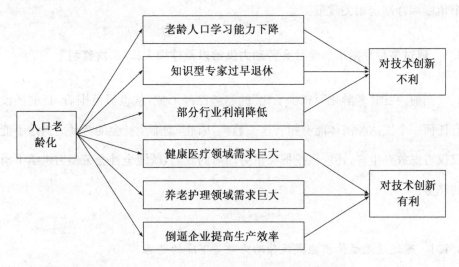

图2-3　人口老龄化对技术创新的影响

综上分析,人口老龄化通过影响不同经济变量来影响经济发展。而且,根据上述分析,老龄化对于经济变量既有正面的影响也有负面的影响,不能草率断定"老龄化"就一定带来问题,而是要从经济发展规律的角度客观分析,为进入深度老龄化时期我国经济高质量发展提出对策。

# 第三节 "十四五"期间应对老龄化的对策

积极应对人口老龄化的主要措施包含"放大"与"缩小"两个方面,既要放大老龄化对于经济影响的正面效应,也要缩小老龄化对于经济影响的负面效应,应该从劳动力供给、全社会资本形成、产业结构升级与技术创新以及公共支出等多个角度综合制定相关政策。

## 3.1 通过多种举措增加全社会劳动力供给以及挖掘人口"二次红利"

当前,我国"老龄化"与"少子化"的趋势已经形成,从世界范围看,目前还没有任何一个发达经济体能够扭转这一趋势,因此,增加全社会的劳动力供给不能仅仅考虑放开生育,还应该挖掘存量劳动力的红利,减缓全社会劳动力供给下滑的趋势。

### 3.1.1 通过延迟退休措施减缓劳动力数量下降的趋势

近年来,随着我国经济的腾飞,越来越发达的医疗条件促使我国人口预期寿命不断上升,而我国大多数企事业单位执行的是到 60 岁退休的政策,这意味着许多老人在退休后的前几年处于身体健康但是"无所事事"阶段,这存在巨大的人力资源浪费。因此,应该有序针对不同部门、不同行业展开延迟退休试点,建立一整套适合不同经济主体的延迟退休政策。原则上,对于重体力劳动行业,可以按照原有退休政策实行;对于服务业等对体力劳动要求不高的行业可以采取弹性退休制度,让老龄人群在一定时间内自主选择退休年龄。

### 3.1.2　通过鼓励生育的措施增加劳动力供给

　　"十四五"期间,要建立鼓励生育的完整的制度设计。刘永凌从马克思人口再生产理论角度展开了研究。他认为,如果劳动仅仅成为劳动者维持生存、保证生活的一种手段,处于异化性质,必然影响人口持续生产①。所以,鼓励生育不仅仅是放开生育限制,而是要建立完善的劳动力要素市场,促进人口要素流向效率更高的地方。同时,将家庭服务的劳动社会化,比如,鼓励各地政府以及各类社会组织建立幼儿保育保健等非营利性学前教育体系以及逐步建立"住有所居"的住房保障体系等,提升老百姓的生育意愿。

### 3.1.3　通过鼓励人工智能发展等措施挖掘劳动力红利

　　人工智能可以通过智能化的生产活动使得各行各业提高全要素生产率,从而减少所需要的劳动力并提升资本的收益率。"十四五"期间,应当借助人工智能等新技术普及的机遇,出台相应的鼓励政策,在不同行业推动"人工智能+"工程并形成成熟的应用场景,不断提升劳动力的工作效率从而挖掘劳动力的红利,从而应对人口老龄化带来的劳动力紧缺等问题。

　　由于大规模工业化生产可以最大程度发挥人工智能以及智能制造技术的优势,对于制造业领域的智能化升级改造应该给予政府补贴以及税收减免,鼓励企业主动投入技术升级改造。中小企业普遍缺乏技术升级改造的资金,政府部门可以联合或者鼓励大型企业建立为中小企业服务的公共云平台、技术平台等,助力不同行业企业的技术升级改造。

---

　　①　刘永凌.马克思人口再生产理论对破解我国人口老龄化趋势的启示[J].学习与探索,2020(9):133-140.

### 3.1.4 鼓励"专家型"等各类老龄人口再就业以及老年人创业

知识型"老专家"退出就业市场,将显著降低全社会人力资本的水平,"十四五"期间应该发挥其经验优势,实现"人尽其才"。当前,企业聘请已经退休的专家型人才参与研发管理依然存在制度障碍,例如:新雇用单位发放的薪酬与原退休单位支付退休金之间的关系没有法律界定;对个人退休返聘之后的税收优惠已经存在但额度有限,对企业的税收优惠尚未有制度保障等。因此,当下需要立足现行法律框架下探索对退休再就业人口利益的最大化保护;从长远看,应该适应新形势要求,不断优化相应的法律法规,为老龄人口再就业提供法律保障。

由于传统养老观念等原因,老年人创业在我国尚未形成氛围。鼓励老年人在服务业尤其是护理领域再创业也是挖掘人口红利的重要方式。老龄人口从事服务业有很多优势,丰富的社会阅历使得老年人更加细心、更具有耐心,更能够做好服务工作,同时服务业对体力的要求较低,老年人可以根据自身身体状况量力而行。"十四五"期间,地方政府以及社会机构应该为老年人创业提供法律咨询、资金保障、场地配套等支持,一方面,可以缓解服务业劳动力日趋紧张的问题;另一方面,也可以增加老年人收入,提升其生活质量。

## 3.2 做好不同渠道养老资金的统筹安排从而促进全社会资本形成

促进全社会资本形成,一方面需要公共财政领域用于经济建设的资金尽量不下降,另一方面也要尽可能让老百姓有能力消费从而使得全民储蓄水平尽量不下降。做到以上两点,其根本解决路径是筹措更多的养老资金从而减轻政府、企业与个人在养老支出方面的负担。

### 3.2.1 通过多种有效措施加快建立养老保险"三大支柱"体系

当前,我国已经建立起了全世界覆盖人群最为广泛的基本保险制度,根据人力资源和社会保障部《2020 年度人力资源和社会保障事业发展统计公报》数据显示,我国参加城镇职工基本养老保险人数已经达到 4.563 8 亿人,参加城乡居民基本养老保险的人数已经达到 5.424 4 亿人,应对老龄化最基本的保障体系已经建立起来。但相比较发达经济体,我国第二支柱与第三支柱养老体系仅仅处于起步萌芽阶段,城乡居民参加商业保险的情况距离发达经济体也有较大差距。从第二支柱企业年金的角度看,根据人力资源和保障部发布的《全国企业年金基金业务数据摘要(2020 年度)》显示,截至 2020 年年底,全国共有 10.5 万家企业建立企业年金计划,参加职工仅为 2 717.5 万人,企业年金只覆盖了不到 10% 的企业。从第三支柱个人养老储蓄看,我国个人养老金制度的发展主要聚焦在商业养老保险的尝试上,与发达经济体系相比存在较大差距。[1]

　　"十四五"期间,要加大国有企业利润转增补充养老保险基金的筹措力度,应对国家基本养老保险金支出不断上升的压力。同时,加快出台相应的税收政策,鼓励有条件的企业建立企业年金制度,增强企业员工的获得感与安全感。"十四五"期间,在坚持"保险姓保"的前提下,鼓励保险公司开发多样性的个人养老储蓄险种,通过减免个人所得税以及税收递延的方式增加老百姓参与第三支柱养老体系建设的意愿。

### 3.2.2　通过参与 REITs 发行提升养老资金的收益

　　众所周知,不论是面向全社会的养老保险资金还是保险公司收取的保费均需要通过保值增值来应对老龄化率的上升,对低风险较高回报的追求是各类养老资金的天然属性。因此,应该通过创新金融工具来实现这一目标。目前,我国

---

　　[1]　本段相关数据引自国家人社部网站《2020 年度人力资源和社会保障事业发展统计公报》《全国企业年金基金业务数据摘要(2020 年度)》。

已经开始进行以基础设施为标的的 REITs 发行试点,各类养老资金应该抢抓机遇,提前布局参与 REITs 发行。

"十四五"期间,对于运营稳定、收益稳定的基础设施比如热门高铁线路等,可以发行 REITs,优先各类养老资金购买份额,让养老金随着经济增长而增长,让不同人群的养老金都能够通过基础设施 REITs 享受经济发展的红利。同时,出台多种政策,鼓励商业保险公司设立针对 REITs 的基金子公司,盘活优质基础设施,在化解存量债务的同时提升保险资金的收益,服务广大老百姓。

### 3.2.3 适时推出"以房养老"试点增加居民可支配收入

美国的以房养老模式已经非常成熟,形成了"倒按揭抵押"等多种"以房养老"的模式,目前由于法律法规以及传统遗产观念等原因,我国"以房养老"还处于摸索阶段。事实上,"以房养老"不仅可以提升老年人的收入水平,也能够盘活存量房产资源,在控制城市房地产过剩以及筹集公租房房源等方面具有积极效应。接下来,在守住不发生金融风险的底线下,可以允许部分金融机构进行"以房养老"模式试点,提升老龄人群的可支配收入。

## 3.3 通过消费拉动促进产业结构升级与技术创新

老龄化对于产业结构升级的作用主要体现在老龄人口的新需求有助于培育新产业。翟振武等估算:中国总人口规模将于 2029 年左右迎来峰值,此后将步入负增长时期,60 岁及以上老年人口规模将于 2025 年左右突破 3 亿人,2033 年左右突破 4 亿人,最终将于 2053 年左右攀升至整个 21 世纪的峰值,约 4.82 亿人①。如此庞大的老龄人口将会为诸多产业的发展提供契机,为技术创新提供应用场景。

### 3.3.1　通过公共设施改造和降低医疗费用等措施促进老龄人口消费

如前文分析,老龄人口对于享受型消费的下降会使得涉及老龄人口消费的行业利润率降低从而影响该领域的技术创新,因此应该通过多种措施促进老龄人口消费。老龄人口退休之后的生活存在的显著特征是:其与原有单位联系越来越弱,与社区邻里的联系越来越强,因此,强化社区治理对于提升老龄人口的生活质量的作用也越来越大。促进老龄人口消费,需要通过城市更新,在以下两个方面为老龄人在社区消费营造场景:一是对社区商业设施进行升级改造,将老龄人日常生活所需品集中展示,减少老龄人外出购物的风险,帮助不擅长"网购"的老龄人完成基本消费;二是更新改造社区活动中心,开设老年大学课程、文化艺术课程等既可以丰富老龄人精神文化生活又能够促进老龄人消费的培训项目。

医疗支出对于消费的挤压已经成为影响老龄人口消费的重要因素,因此需要通过多种措施降低医疗费用,从而提升老龄人口消费。裴育、贾邵猛的研究发现,民营医院数量上的增加和服务质量的提升均能够显著降低个人医疗负担,当人口老龄化高于门槛值时,民营医院的发展将更加有利于个人医疗负担的降低,民营医院由于资金、人力成本有限,其投资主体更愿意在社区或者基层布局民营医疗机构,而基层医疗机构恰好能够对老龄人慢性病管理、身体健康监测有效覆

---

① 翟振武,陈佳鞠,李龙.2015—2100年中国人口与老龄化变动趋势[J].人口研究,2017(7):60-71.

盖,方便老龄人就医并且降低医疗支出①。因此,应该出台相应措施鼓励社会资本投资社区或者基层医院,同时加强政府监督,真正让基层社区医疗机构能够服务老龄人社区养老。同时,加大顶层设计,继续通过"带量采购"等行之有效的方式降低老龄人口的购药支出,保障其消费能力。

### 3.3.2　通过老龄人口消费促进养老相关产业结构升级

老龄人口对于一般消费品、耐用消费品的需求都大大降低,但是其对于健康护理的需求不断上升。充分发挥老龄人口的养老需求对于产业的拉动作用可以有效促进养老设施产业、健康护理产业以及养老地产产业的发展。

在促进养老设施产业方面,对于选择居家养老的老人,需要对其家庭设施进行适老化改造,比如增加扶手、呼叫器等。政府部门可以通过补贴的形式,帮助居家养老的老人进行居家养老设施设计改造,减少老人居家养老的风险,在撬动养老设施消费的同时提升老龄人口生活质量;对于选择社区养老的老人,各级政府部门要及时对居民区中的公共建筑进行适老化改造,比如增加无障碍设施、公共活动空间等,促进建筑行业从"大拆大建"向"适老化城市更新"转变。同时,对于在养老设施供给方面具有技术优势的企业,给予相应的政策鼓励其做大做强。

在促进健康护理产业方面,"十四五"期间,要加大对护理类职业学校的投入,培养养老护理人才,应对养老产业的巨大需求。为应对人口老龄化,"十四五"期间可以放宽养老机构特别是康养类养老机构的准入限制,放开民营资金投资护理类职业学校的限制,促进各方资源投入建设养老产业。与此同时,相关部门应该积极统筹全国各类保险机构学习日本经验,研发设计"护理险"等保险品

---

① 裴育,贾邵猛.民营医院发展与个人医疗负担——基于人口老龄化的面板门槛模型研究[J].南京审计大学学报,2020(5):83-92.

种,逐步建立覆盖全国的护理保险缴纳与理赔体系,为未来老龄人口"老有所养"做好制度设计。

在促进养老地产发展方面,人口老龄化会带来对于养老地产的庞大需求。以美国为例,"太阳城"养老社区模式已经初具规模且在全球具有较大的影响力,日本则发展出了比较成熟的社区居家养老体系。"十四五"期间,要鼓励医疗机构、保险机构以及其他社会资金投资建立养老社区,同时对养老社区的运营进行适当补贴,从而撬动社会资本参与养老机构的建造与运营。从全国第七次人口普查数据看出,我国家庭户规模继续缩小,平均每个家庭户人口为 2.62 人,这意味着子女与老人同住的情况越来越少。因此,对于生活不能自理的老人、残障老人、绝症晚期老人的医疗护理需求仅靠家庭成员无法完全解决,发展养老产业尤其要注重发展普惠型"医养结合"的养老机构,既可以释放大型医疗机构的床位资源,也可以降低子女的压力。同时,积极开展老年人能力评估,由专业的评估人员对老年人的行动能力、自理能力进行综合评估,以此来确定老年人能力等级,确保普惠型"养老机构"能够让真正有需要的老人获得入住的机会。

### 3.3.3　以人口老龄化新增需求为契机发展与老龄人口相关的高科技产业

在老龄化社会发展高科技产业首先要提升社会人力资本水平。首先,应该大力推进知识更新工程,鼓励老龄人持续学习,从而不断适应不同行业的变化。"十四五"期间,老龄化率较高的地区应当逐步建立"政府主导、企业投入、个人参与"三位一体的老龄员工再学习体系,鼓励建设多层次的老龄人口在职教育体系,引导形成全年龄段学习的氛围,提升企业雇佣老龄人口的意愿。其次,鼓励建立创新性"老中青"专业人才帮扶机制,例如,通过建立行业工作室等措施,既能够让专家型老龄人口发挥余热的同时又能够避免打击青年创新人才的创新热情。

在老龄化社会发展高科技产业要着力扶持生物医药行业的发展。随着我国进入人口深度老龄化社会,老百姓对健康医疗需求的不断增长,为我国生物医药行业的发展提供了广阔的市场。生物医药行业进入门槛高、研发周期长但是回报率高,不仅需要科研投入还需要临床试验,庞大的老龄人口群体为生物医药行业的发展提供了良好的市场需求环境。为应对日益庞大的老龄人口对健康的需求,"十四五"期间,应该出台针对生物医药行业发展的优惠措施,鼓励设立新型研发机构、生物医药创投基金,尤其是建立医疗机构参与新药研发与新疗法创新的机制体制。

在老龄化社会发展高科技产业要着力扶持人工智能行业的发展。进入老龄化社会,人们体力下降是不可逆转的生物学规律,人工智能尤其是辅助性人工智能行业将为老龄人口持续工作、提高生活品质提供良好的帮助,比如辅助机械臂、脑机接口以及无人驾驶技术等。"十四五"期间,应该由民政部门会同有关部门出台支持助老性质的人工智能产业发展的相关政策,为老龄人口对美好生活的向往提供技术支撑。

综上分析,积极应对人口老龄化需要充分发挥老龄人口带来的庞大的市场优势,化危为机、变压力为发展的动力。积极应对人口老龄化,需要从驱动经济发展的要素角度实施一揽子政策,分步有序实施。

（本章主体内容发表于《浙江工商大学学报》2021 年第 4 期）

# 第三章 积极提升老龄人口消费水平

通过上一章节的分析得知,老龄人口消费受到多种因素的影响并且呈现出崭新的特点。国内外的部分文献认为老龄人口消费水平呈现下降的趋势进而影响经济发展,也有部分文献探讨了老龄人口消费的新特点,认为老龄人口的消费可以拉动产业升级甚至培育出新的产业。因此,不论是从防止人口老龄化影响经济发展的角度还是从培育新产业的角度来看,通过积极提升老龄人口消费水平以应对人口老龄化的重要性不言而喻。

## 第一节 人口老龄化与消费之间的关系

人口老龄化与消费之间的关系在学术界引起了争论,普遍的观点认为:第一,老龄人口收入下降会使得其在基本的生活支出外,降低享受领域的消费;第二,老龄人口在养老保健等方面加大支出,会压缩其他领域的消费;第三,老龄人口由于消费欲望下降,整体而言消费水平会有所降低。本小节试图从消费相关理论以及相关文献研究出发,梳理并分析人口老龄化与个体消费决策之间的关系。

### 1.1 人口老龄化与消费决策关系的理论基础

消费作为宏观经济运行的主要变量,一直受到国内外经济学者的广泛关注。关于人口老龄化与消费决策之间关系的研究主要可以借鉴如下几个理论,分别是：绝对收入假说、生命周期理论、永久收入消费假说、世代交叠模型和家庭储蓄需求模型。

绝对收入假说亦即消费假说，由宏观经济学的创始人凯恩斯提出。凯恩斯认为，总消费仅与收入有关，因而可用下面的公式表示：

$$C = C_0 + cY$$

其中边际消费倾向 $c$ 是一个处于 0 到 1 之间的常数。这一算式的含义为，收入越高，总消费的额度就会越大。但是当总消费的绝对额度越大，增加一单位收入所带来的消费增加量会相应越小，即体现为边际消费倾向的减少。凯恩斯提出的这一现象又被称为"边际消费倾向递减规律"。由此理论出发，需要考察进入老龄化社会之后，人口老龄化是否会通过相关变量的变化影响一个社会的总的收入水平以及是否影响全社会的边际消费倾向。

弗朗科·莫迪利安尼提出了生命周期理论，构建了将消费的变动放在生命的全周期进行考虑的研究框架，认为一个人的消费与工作报酬、工作时间和目前所处阶段有关。莫迪利安尼这一理论的核心假设为：消费者是理性的，会以自己一生的劳动收入加财产收入的总收入为依据，安排各个人生时段的消费，使得人生各时期的消费较为平稳，且生命周期中的消费支出与总收入相等，最终达到整个生命周期内的效用最大化，即最优消费配置。具体而言，如果一个人的人生分为工作与退休两个阶段，一般个人在第一阶段工作获得报酬并进行储蓄，为退休后的消费准备资金。随着时间推移不再工作、不再获得薪资，进入只有消费没有收入的第二阶段，会使用第一阶段的积蓄进行消费。所以一个人的可支配收入、边际消费倾向与其所处的年龄、工作收入以及财富积累等有关联。根据这一理论，如果人们意识到自己预期寿命不断延长，则会在年轻的时候增加储蓄。当然，这一理论也存在着一定的局限性：首先，由于个人收入的不可预知性和波动性以及一些无法提前预料的意外会导致产生额外支出，从理性人全知视角出发的计划安排这一核心前提假设是站不住脚的；此外，由于大部分人具有遗赠动机，会将储蓄遗留给下一代，因而不会将所有的收入用于其一生的消费。

弗里德曼提出了永久收入消费假说。该假说将储蓄率与国民收入相独立认为消费者在全生命周期中的永久性收入而不是现期收入，是其消费支出的决定性因素。因而当政策影响到未来收入时，该政策才能影响到消费。该理论考虑到了动态的生命周期、个体的生命长度与收入对消费的影响，但是也具有与生命周期理论相似的缺点，即未来收入与消费无法预测且具有波动性。另外，该理论一个较大的缺陷在于未能严格区分收入与消费的概念，永久性收入与暂时性收入的概念也较难区分。

世代交叠模型由美国经济学家戴蒙德等学者提出。该假说建立在生命周期假说、永久收入消费假说的基础上，认为每位社会参与者的生命是有限的，年长者随着时间流逝逐渐退出社会经济生活，新的社会成员不断进入社会经济生活，以至于在每个相同的时点上，生活着不同代际的社会参与者。该理论认为每个消费者都存在且仅存在年轻和年老两个时期，在年轻时劳动获得报酬并用于消费和储蓄，在年老时不再劳动并依靠年轻时的储蓄与利息进行消费。该理论与生命周期假设的不同点在于该理论从整个社会的视角出发，考虑到了同一时点上同时存在劳动的青年人与退休的老人这一情况，让理论更贴合现实。此外，该理论也考虑到资本储蓄可以在同一时代的青年人和老年人之间进行转移，并将存款利率等因素纳入其中，增加了理论复杂性的同时也与现实更为切合。

家庭储蓄需求模型由萨缪尔森提出。该模型认为孩子和储蓄是替代的关系，即父母可以通过生养子女作为储蓄的替代。父母生养孩子越多，年老后得到孩子反哺的可能性越大，父母对老年生活的保障信心越大，自己的养老压力就越小，因而会缩减自己的养老存款，减少家庭储蓄。简言之，父母将孩子视作家庭储蓄的替代品,这会导致子女个数多的父母消费倾向增加,储蓄倾向减少。这一理论以家庭的视角展开分析,视角新颖独特,但是在现阶段中国的应用可能性并不大。由于中国过去长期实行计划生育政策,一个家庭一般只生育一个子女,因而子女个数并不是一个变量,无法反映父母的储蓄和消费情况。

上述理论虽然各自侧重点不同,但是为我们研究人口老龄化与消费的关系提供了较好的切入点。研究老龄人口与消费的关系不仅仅需要考虑消费倾向的变化,还需要从总收入、预期寿命以及家庭成员的关系等角度展开研究。

## 1.2 国内外关于人口老龄化与消费关系的论述

国内外关于人口老龄化与消费的关系论述的文献较多,总体上分为三个方面。部分文献认为人口老龄化促进消费增长,亦有文献认为人口老龄化抑制了消费的增长,当然也有部分文献认为人口老龄化与消费变动之间没有明显的正负关系,但是有远景的市场期望。

### 1.2.1 人口老龄化抑制消费增长的相关研究

虽然由于研究方法与数据的差异,现有文献对我国老龄人口消费水平的研究结果存在一些分歧,但是大部分研究表明,老年人的平均消费水平要低于社会平均消费水平。

余永定、李军指出生命周期理论和永久收入假说并不适用于中国现状,因此他们根据中国居民的消费特点建立了一个符合中国国情的消费函数。他们认为,中国居民消费常常会因为体制约束、信贷不发达、未来不确定等因素导致“短视”,往往以实现当前效用最大化而不是一生效用最大化为目标,且随着人生阶段不同有不同的支付峰值,在叠加信贷发展不充分这一因素的情况,人们需为之储蓄[①]。王金营、付秀彬将"标准消费人的概念"引入消费函数,将人口年龄结构纳入变量更新了消费函数,发现老龄人口占比对整体消费产生了重要的影响,老龄化程度的提高会使得凯恩斯理论中增加收入带来的消费提升的边际消费系数降低,且带来未来消费水平和消费比率的降低[②]。

郑君君等探讨了劳动力老龄化、劳动年龄人口这两个要素对经济增长的影响,通过 1995—2010 年省级数据实证研究发现"劳动力老龄化"这一因素对经济增长有着负面作用[③]。游士兵、蔡远飞构建了向量自回归模型(PVAR),加入了人口结构内生框架,通过中国 2000—2013 年 31 个省(市)的老年抚养比、人均地区生产总值、国民储蓄率和人均消费支出的省级面板数据进行实证分析后发现:直接效应下,经济增长受到人均消费支出路径和国民储蓄率路径的消极作用,且该作用是持久、稳定的,并不随着时间推移而减缓。间接效应下,人口老龄化对消费水平提高起到了一定的阻碍作用,消费水平无法提升,为经济增长带来了负面的作用。尽管国民储蓄有很小程度的正向作用,但这无法冲抵消费水平降低对经济增长带来的负向作用。因而,两种效应下的分析殊途同归,均认为人口的老龄化趋势对经济增长的作用是负面的[④]。涂奇使用 2005—2015 年的省级面板数据对人口老龄化与我国城镇居民的非线性影响特征进行了研究,发现当人口老龄化率低于 8.7%时,消费受人口老龄化的影响并不显著。当这一指标高

①　余永定,李军.中国居民消费函数的理论与验证[J].中国社会科学,2000(01):123-133,207.

②　王金营,付秀彬.考虑人口年龄结构变动的中国消费函数计量分析——兼论中国人口老龄化对消费的影响[J].人口研究,2006(01):29-36.

③　郑君君,朱德胜,关之烨.劳动人口、老龄化对经济增长的影响——基于中国 9 个省市的实证研究[J].中国软科学,2014(04):149-159.

④　游士兵,蔡远飞.人口老龄化对经济增长影响的动态分析——基于面板 VAR 模型的实证分析[J].经济与管理,2017,31(01):22-29.

于 8.7％时,更高的人口老龄化水平会对消费起到更强的抑制作用[1]。蔡昉、王美艳认为,劳动年龄人口数量达到峰值并转入负增长,从劳动力减少等角度为中国经济增长带来了供给侧的冲击,总人口峰值和负增长时代即将到来,那么老龄化程度的加深将更加突出地从供给侧产生一个新的、叠加的冲击,并进而扩展为需求侧冲击,其原因为人口老龄化的加深不利于需求的扩大,人口老龄化程度的加深为消费需求带来了消极的影响[2]。

国外部分学者也对中国老龄化问题表现出了关注。例如,Haider & Stephens(2003)的研究认为老年消费存在显著下降趋势,若以"退休"这一名词为核心,将其作为划分界限以区分跨入老龄群体和其他群体,将会导致退休后消费水平下降的"退休—消费"之谜(Retirement Consumption Puzzle)[3]。此外,还有研究表明,退休后,个体工作相关消费支出和外出就餐等方面支出有较为明显的减少[4]。莫迪利安尼等的研究表明,一个社会的不同人口年龄结构会对总消费和总储蓄起到影响。社会中收入较低的青年和老年人比例较大时,整个社会的消费倾向较高,储蓄倾向较低;反之,较大比例的中年人会带来社会较低的消费倾向和较高的储蓄倾向[5]。

[1]　涂奇. 人口老龄化对城镇居民消费影响的门限效应研究[J]. 商业经济研究,2018 (18):36-39.

[2]　蔡昉,王美艳. 如何解除人口老龄化对消费需求的束缚[J]. 财贸经济,2021,42(05): 5-13.

[3]　Haider S. J., Stephens M. Is There a Retirement-Consumption Puzzle? Evidence Using Subjective Retirement Expectations[J]. Review of Economics & Statistics, 2007, 89 (2):247-264.

[4]　Miniaci R., Monfardini C., and Weber G. Is There a Retirement Consumption Puzzle in Italy? [R]. Institute for Fiscal Studies Working Paper, 2003, W03/14.;Hurd M. D., Rohwedder S. Some Answers to the Retirement-Consumption Puzzle [R]. National Bureau of Economic Research, 2006, W09/26.

[5]　Modigliani, F., S. L. Cao. The Chinese saving puzzle and the life-cycle hypothesis [J]. Journal of Economic Literature, 2007, 42(1):145-170.

### 1.2.2　人口老龄化促进消费增长的研究

有学者认为,人口老龄化对消费有促进作用。祁鼎等建立了理论模型,并代入数据进行实证分析,研究发现老年抚养比的提高增加了当期消费。在老年抚养比这一指标之外,收入、前期储蓄和利率这些与老龄化程度密切相关的因素对消费也起到了显著的正向影响[1]。陈卫民、冯剑锋从中介效应这一角度开展研究,发现劳动年龄人口占总人口比重以及劳动生产率这两个因素受人口老龄化的正向影响,劳动参与率受消极影响。但整体看来,人口老龄化通过中介变量作用,对经济增长有着显著的积极影响。因而,消费需求或许会因老年人增加有所不足,但在抚养比、储蓄等多因素的作用下,老龄化有可能进一步促进消费增长,拉动经济进步[2]。杨赞等认为退休会带来中国老年家庭的消费水平提升。该现象主要是因为退休的老年人可支配时间以及可支配收入显著增加,他们倾向于通过消费提高老年生活的丰富程度和生活质量[3]。此外,杨成钢、石贝贝认为社会保障的健全、家庭环境的良好等因素也会提高老年人的消费意愿,从而促进消费[4]。

### 1.2.3　人口老龄化与消费变动无明显正负影响的研究

于潇、孙猛等搭建了含有人口年龄结构这一变量的消费函数模型,分析了人口年龄结构的变动对消费倾向、消费需求的影响作用,并结合中国实际,对我国

---

[1]　祁鼎,王师,邓晓羽,等.中国人口年龄结构对消费的影响研究[J].审计与经济研究,2012,27(04):95-103.

[2]　冯剑锋,陈卫民.我国人口老龄化影响经济增长的作用机制分析——基于中介效应视角的探讨[J].人口学刊,2017,39(04):93-101.

[3]　杨赞,赵丽清,陈杰.中国城镇老年家庭的消费行为特征研究[J].统计研究,2013,30(12):83-88.

[4]　杨成钢,石贝贝.中国老龄人口消费的影响因素分析[J].西南民族大学学报(人文社科版),2017,38(07):186-194.

具体的消费函数进行实证分析,发现人口结构变动主要以改变社会总体消费倾向的方式对社会消费产生影响。总需求函数在不同的人口老龄化阶段呈现不同的趋势,初始阶段表现为正效应,中期阶段为负效应,晚期为零效应①。李建民分析了老年人的消费需求,得出老年人消费下降的结论,并从"标准消费人"的消费单位出发,将儿童和老年人按一定比例折算为标准消费人并预估整体消费市场,得到结论:我国老年人在未来将会有庞大的消费市场,这为我国老年产业的发展提供了理论依据②。陈茗、刘素青等通过对我国二、三线城市老年人进行个案调查,探索出老龄人口的消费决策主要可分为四种消费类型:温饱型、小康型、发展型、享受型,并分别分析了其大致特征。基于不同老人特征,这两位学者提出我国银发经济市场是一片蓝海市场,有着很大的发展潜力。生产适老产品的商家需针对老年人特征制定营销策略,加大适老产品的宣发力度,提升老年人的消费意愿,从而发展老年消费市场③。

综上,人口老龄化对消费的影响方向在学界尚未达成共识,仍有很大的探讨研究空间。

## 第二节 我国老龄人口消费现状

在理论分析的基础上,本章节将就我国老龄人口的消费现状进行分析。老龄人口的消费分为以下几个方面:基本生活消费支出、健康护理支出以及老龄人

---

① 于潇,孙猛.中国人口老龄化对消费的影响研究[J].吉林大学社会科学学报,2012,52(01):141-147,160.

② 李建民.老年人消费需求影响因素分析及我国老年人消费需求增长预测[J].人口与经济,2001(05):10-16.

③ 陈茗,刘素青.老年人消费类型分析——二、三线城市个案研究[J].老龄科学研究,2015,3(01):11-18.

口特有的支出。本节将从整体老龄人口消费市场总体规模、老龄人消费支出结构和老年人消费的新趋势三个方面展开分析。

### 2.1　老龄人口消费市场的规模与结构

从老龄人口总量角度看,截至 2021 年年末,我国 65 岁以上老人已经超过 2 亿人[①],如果按照 2021 年全国居民人均消费支出 24 100 元进行估计,老龄消费市场将会超过 4 万亿元。随着人口老龄化的加剧以及我国居民消费水平的提升,老龄人口消费将会形成一个巨大的市场。全国老龄工作委员会发布的《中国老龄产业发展报告》显示,2014—2050 年,我国老年人口的消费规模将从 4 万亿元增长到 106 万亿元左右,占 GDP 的比例将增长至 33%,成为全球老龄产业市场潜力最大的国家[②]。一些非官方机构也对此进行了一系列研究调查,例如,iiMedia Research(艾媒咨询)发布的报告显示,中国银发经济市场规模在 2016—2020 年间持续上升,有 25.6% 的年增长率,2020 年总规模达 5.4 万亿元,该机构预计中国银发经济市场规模将在未来几年内保持增长态势,2021 年将达到 5.9 万亿元[③]。虽然上述研究对老龄人消费市场总体规模的预测具有一定的偏差,但是对于老龄人口相关产业整体趋势的预测是接近的,即以年均近 15% 的速度高速增长。可以看到,老年人的消费潜力正在被逐步挖掘出来。

从老龄人口消费品类来看,老龄人口的消费品主要可以分为三个部分:日常消费、健康消费以及其他消费。其中,日常消费包含食品、保健、衣鞋服饰等基本

---

① 65 岁以上老人数参见国家统计局官网,https://data. stats. gov. cn/easyquery. htm? cn＝C01。

② 参见《人民日报》的报道,http://paper. people. com. cn/rmrb/html/2021－01/06/nw. D110000renmrb_20210106_1－19. htm。

③ 参见艾媒咨询发布的 2021 年银发经济研究报告,https://www. iimedia. cn/c460/79780. html。

消费;健康消费包含医疗消费、医保消费、体检消费等方面。近年来,许多调查研究从不同角度对老龄人口消费支出的结构进行了调查研究,对老龄人口不同类别消费市场进行了估算。全国老龄办于 2016 年 10 月发布的第四次中国城乡老年人生活状况抽样调查报告(第五次调查于 2021 年启动,报告尚未发布),中国老年人的个体消费情况呈现出消费结构转型升级、势头初起的态势。该报告显示,从个体基数上看,2014 年,我国城镇老年人的人均年收入达到 23 930 元,农村老年人的人均年收入达到 7 621 元,分别比 2000 年提高了 16 538 元和 5 970元。2014 年,中国城乡老年人人均消费支出为 14 764 元。从支出结构上看,相较于 2010 年:一方面,基础性支出和基本生存保障支出,包括日常生活支出、医疗费支出、其他支出占比降低,日常生活支出占 56.5%,医疗费支出占 12.8%,其他支出占 1.2%;另一方面,非经常性支出、文化活动支出、家庭转移支出占比提高,非经常性支出占 17.3%,家庭转移支出占 9.0%,文化活动支出占 3.2%①。从上述数据可以发现,我国老年人的消费呈现出典型的城乡差异,不仅如此,从消费结构上看,日常生活支出与医疗费用支出在老年人消费支出中的比重依然较大,这说明第四次中国城乡老年人生活状况抽样调查之时,我国老年人消费支出结构相对较为单一。

## 2.2　老龄人口消费的新趋势

虽然第五次中国城乡老年人生活状况抽样调查报告尚未公布,但是根据初步测算,我们可以知晓全国老龄人口的消费市场较大。随着经济社会的发展、人口学历结构的变化以及收入水平的提升,老龄人口的消费也呈现了新的趋势。

---

① 《第四次中国城乡老年人生活状况抽样调查成果》参见央广网的报道,http://old.cnr.cn/2016csy/gundong/20161010/t20161010_523186698.shtml。

### 2.2.1　消费"升级"趋势明显

随着社会发展,老龄人口的消费行为首先在观念上产生了改变,正在告别传统的节俭型消费。这一现象背后有两方面的原因:一方面,近些年退休的人口大多是 20 世纪 60 年代初期至 70 年代中期我国"三年困难时期"之后婴儿潮的出生人口。该年龄段的人口基本都从改革开放中获取到红利,收入水平有较大的提高且财富积累较多,加上近几年新步入老龄化阶段的人口大部分属于退休人员,享有一定的退休工资收入,良好的经济基础为其提供了消费选择权。另一方面,生产力的飞速发展和全球化进程加快,带来了丰富的物质供给和相对低廉的产品价格,刺激了老年人的消费意愿。

### 2.2.2　健康需求消费占比增加

近年来,老年人的健康需求逐步增多并且呈现多样化的趋势。截至 2019 年,我国人口预期寿命已从新中国成立初期的 35 岁[①]提高到了 77.3 岁[②],长寿时代已经到来,但当前我国规定的退休年龄并未随着预期寿命的增加而延后。因此,从退休开始,相当一部分老人处于身体健康但"无所事事"的状态,有更多时间、资源和精力投入"治未病"的愿望,即预先采取措施以防止疾病的发生传播。此外,随着生产力的发展以及物质水平的不断提高,越来越高的生活质量使得老年人的"健康"意识逐渐觉醒,老年人对于健康保健的需求逐渐增多,在健康方面进行的预算开销也相应增大。由于以上原因,老年人在平时更加注重加强健康投资,未来银发经济的健康产业市场有着巨大的发展潜力:健康管理如健康

---

① 数据参见新华网的报道,http://www.xinhuanet.com/politics/2019 - 09/05/c_1124963756.htm。

② 数据来源:卫生健康委网站《2019 年我国卫生健康事业发展统计公报》(http://www.catcm.org.cn/bianqiqi/attached/file/20200626/20200626084969986998.pdf)。

养生、健康体检、慢病管理，以及体质测定、体育健身、运动康复、医疗旅游等多样化健康服务发展前景广阔。京东消费及产业发展研究院的报告《银发经济崛起——2021 老年用户线上消费报告》中的数据显示，随着适老化产品的线上交易形式越来越受到欢迎，老年人健康服务类别商品线上交易数量有着超过 10 倍的增长速度①。

老龄人口健康需求的另一个市场表现是越来越多的老年人对于异地康养也表现出了越来越浓厚的兴趣。当前，许多老龄人在身体允许的时候会选择到风景秀丽的地方进行短期康养。

除了上述两方面的健康消费以外，失能老人护理市场也日益壮大。随着消费观念与家庭观念的改变，越来越多的家庭倾向于为失能老人寻找专业的护理服务。据国家卫生健康委员会透露，在全国近 2.5 亿的老龄人口中，有超过 4 000 万的失能老人②。这些失能老人对专业的医疗护理服务所呈现的庞大而刚性的需求将会为专业康养市场的发展带来巨大的潜力。

### 2.2.3 旅游与娱乐消费越来越受到老年人的欢迎

老人收入水平的提高将在一定程度上改变老年人的消费理念。当前，老年人出游也是个火热的赛道。旅游已成为银发一族生活方式中重要的一部分，老年旅游市场一跃成为仅次于中年旅游市场的第二大旅游市场。根据国家老龄办和艾媒咨询发布的调查数据，2016 年至 2020 年，我国中老年游客旅游消费年均

---

① 参见京东消费及产业发展研究院官方公众号发布的《银发经济崛起——2021 老年用户线上消费报告》(https://mp. weixin. qq. com/s/Ip7IrMv44X6sQfvbRRzjdw)。
② 参见国家卫健委新闻发布会，http://www. gov. cn/xinwen/2019 - 08/29/content_5425729. htm。

增速达 23%①。在旅游产业之外,老年人的社交娱乐市场也迎来了蓬勃发展。老年人的社交娱乐主要是聚会交流、逛公园以及学习上网等。据艾媒咨询数据,从 2016—2021 年中国银发经济社交娱乐老年市场总体规模及预测数据来看,整体市场规模呈现阶梯状增长趋势,2016 年社交娱乐老年市场规模为 3 240 亿元,2018 年上升到 4 800 亿元,预计到 2021 年社交娱乐老年市场规模将达到 8 820 亿元②。

### 2.2.4 数字经济发展推动老年人消费方式多样化

线上购物和移动支付逐渐渗透老年市场,使得老年人更加习惯于移动端的购物,这推动了老年人群体消费方式的多样化。可以说互联网科技在老年人生活中的持续渗透为银发经济带来了新的发展趋势。截至 2020 年 12 月,50 岁及以上的网民群体占比由 2019 年 6 月的 13.6% 提升至 26.3%,其中 60 岁及以上的老人占比 11.2%。另外,银发人群每天花在互联网上的平均时间接近 4 个小时,有超过六成的老年用户通过京东客户端、微信、手机 QQ 等移动端网购③。人均可支配收入的增长和生活水平的不断改善,也给老年网民的线上购物需求清单增加了新的项目。个护、服饰鞋帽等生活必需品之外,健康、生活服务、旅游等项目也出现在了银发族的网购需求中,2021 年前三个季度银发人群各项消费中,健康消费、齿科消费和旅游消费分别增长了 2 倍、8 倍和 10 倍,生活缴费和

---

① 参见人民网的报道,http://finance.people.com.cn/n1/2020/1118/c1004 - 31934561. html。

② 数据来源:艾媒咨询《银发经济行业数据分析》(https://www.iimedia.cn/c1061/75835.html)。

③ 数据来源:中国互联网络信息中心 2021 年 2 月 3 日发布的第 47 次《中国互联网络发展状况统计报告》(http://www.cac.gov.cn/2021 - 02/03/c_1613923423079314.htm)。

洗衣服务也呈现了高速增长①。与年轻人一样,网络也成为了老年生活的重要信息来源以及社交、娱乐、消费等生活场景的重要工具,网络在老年人群中得到了日益增加的应用,也使得线上消费逐渐成为银发经济中重要的一部分。

通过上述分析可以发现,我国老年人的消费结构或许正处于转型升级的起步期,其消费行为正在实现从生存型向文化休闲型的逐步转变;这也给政府相关部门以及相关企业在关注老龄消费市场时提供了一个新的视角,老年人消费行为的特点较以往也有了新的改变,为银发经济产业的发展带来了新的方向。

## 第三节    影响老龄人口消费的因素

老年人消费需求可以划分为两类:物质消费需求和精神消费需求。前者满足老年人物质生活的需要,后者用以提高老年人文化思想生活的质量。诸多研究显示,老龄人口的消费较之年轻人会有所下降,但是提升老龄人口的消费水平能够促进我国经济健康平稳发展。因此,本小节分析影响老龄人口消费的因素,为提升老龄人口消费水平提供思路。

### 3.1    从可支配收入角度看老龄人口的消费能力

从增量角度来看,老年人逐步退出劳动力市场,失去了稳定的收入来源,其增量收入有限。如果除去退休工资收入,剩下的收入来源主要可以分为以下四个部分:保障性收入、经营性劳动收入、家庭转移性收入和资产性收入。后两项家庭转移性收入与资产性收入在老年人总收入中占比非常小,老年人收入来源

---

① 2021 年 10 月京东消费及产业发展研究院发布的《银发经济崛起——2021 老年用户线上消费报告》(https://mp.weixin.qq.com/s/Ip7IrMv44X6sQfvbRRzjdw)。

主要为前两个部分。

从保障性收入的角度看,我国养老金体系三大支柱制度尚未健全。一般来说,多层次养老保险体系包含三大支柱,第一支柱为由政府主导的基本养老保险,分为城镇职工基本养老保险和城乡居民基本养老保险,虽然我国养老金支付水平近几年持续增加,但是其增幅有限,老年人群体难以通过基本养老保险获得较高的收入;第二支柱即企业年金和职业年金,是与职业关联,由国家政策引导、单位和职工参与、市场运营管理、政府有关部门行政监督的补充养老保险,当前我国年金覆盖面较低,绝大部分老年人群体都无法通过年金获得退休后的收入;第三支柱包括个人储蓄型养老保险和商业养老保险,个人采取保险金融手段,可有效增加养老保障资金来源。当前,我国保险体系中第二和第三支柱的发展速度缓慢,目前仅靠第一支柱很难大幅提高老年人群收入,保障性收入的水平较低。

从经营性劳动收入的角度看,目前通过退休人员再就业来增加收入这一条路径缺乏法律法规的保驾护航,无论是用人单位还是选择再就业的老年人都无法享受法律保障的权力并承担其义务。且老年人多存在体力、学习能力等方面的不足,导致其作为劳动力时在劳动质量或者效率上有所欠缺,因而很难作为劳动力获得大量的经营性收入。

从信贷消费的角度看,由于没有稳定收入做保障,在我国老年人群中推广超前信贷消费几乎是不可能的。反过来说,因为抵押物的风险问题,也不会有很多的金融机构愿意放贷给一般的老年人。因此,国家在制定刺激老年人消费的政策时需要考虑到老年人对信贷并不敏感。

由此可见,老年人的收入水平低的这一现实情况在很大程度上限制了老龄人口的消费需求与意愿。

### 3.2 从消费意愿角度看老年人消费能力

事实上,消费意愿受到很多因素的影响,比如消费习惯、遗赠动机、社会氛围以及预防性支出等等。

从消费倾向角度看,老年人出于对未来收入预期有限等因素的考量,更倾向于依据其现期收入进行消费。"防患于未然"的想法导致老年人有与年轻人相比更高的储蓄率,老年人退休后不仅失去了固定的收入来源,随着年龄的增加患病的风险也在增大,在医疗开支方面大额支出的可能性也会更大,同时仍需要应对日常性必要开销,消费将更加谨慎。除此之外,客观上仍有一些因素正降低老年人的消费意愿。老年人生理上的衰老导致其欲望降低,也会削弱对部分物质消费的需求,例如,老年人的运动和消耗较之年轻人显著降低,从而降低了老年人摄入能量的需求,在一定程度上会降低老年人在饮食方面的消耗,运动需求的下降也降低了其对于服装的消耗。社会角色的转变也会导致老年人在许多方面的消费需求降低。老龄人口退休后,不再从事原来的社会工作,和原本职业相关的很多消费需求就会大幅降低甚至消失,比如,职业服装的采购需求、交通通勤的需求、应酬交际的需求等,这类需求的减少自然而然地降低了老年人的消费支出。

从遗赠动机的角度看,相较于西方国家,中国人在儒家文化的熏陶下更重视以家族或家庭为单位的利益得失,具体来说表现在他们认为家庭代际间利益是一致的,子女的生活水平和社会经济地位与自己的晚年生活质量相比有着同等重要、甚至更为重要的地位。因而他们认为自己有责任与义务帮助子代解决住房问题①。当前,高房价导致初入职场的年轻人因为自己积蓄微薄而无法应付房价,因而当代年轻人往往通过父母遗赠或与父母共享住房的方式解决住房问题。与此同时,传统文化促使老人愿意为子女甚至孙辈提供更多的福利待遇,这些因素都促使中国的老年人有很强的遗赠动机,从而削减了老年人的消费意愿。

从消费观念的角度看,我国老年人的消费习惯偏向于节俭性消费,普遍拥有较高的储蓄率。由于消费观念在青年时期成型,在目前逐步进入退休年龄的老龄人口的青少年时期,我国经济发展水平较低且物质较为匮乏,如今老年人的消费习惯也就有着更明显的储蓄倾向:当老年人获得一笔收入时,倾向于将其中大部分进行储蓄,而不是立马投入到消费之中。当然,每一个人的成长环境和教育环境的差异也会导致消费行为的差异。

从新增消费的角度看,老年人群也会促进消费增长。老年人随着年龄的不断增长,个人生活自理的问题凸显,加上国内空巢老人数量较大,独生子女政策以及城市化进程中的人口迁移等因素使得许多老人不能和子女一起生活。近年来,更多有财力的老年人倾向于雇佣服务人员或者机构来照顾自己的日常起居。日常照料需求的增加促进家政服务乃至养老机构的消费需求激增,与此同时,我国失能、半失能老人的人口基数也较为庞大,这一类老人需要护工、保姆等来佐助自己的日常生活,因此也产生了大批对于家政服务型劳动力的需求。

除此之外,老年人的精神消费需求也会因为空闲时间的激增而提高。一方面,老年人精神消费需求趋于稳定,即从整体上看是对原有精神消费需求的继承与延伸;另一方面,由于退休后的空闲时间激增,老年人的精神消费需求反而可能拓展出新的领域。很多老人年轻时因为时间紧缺而无法进行足额的精神消费

---

① 谌鸿燕.代际累积与子代住房资源获得的不平等基于广州的个案分析[J].社会,2017(4):119-142.

活动,在老年时间宽裕后可能会进行报复性消费。例如,有的老人在退休后开始学习自己爱好的乐器。所以总体上讲,老年人的精神消费需求相比年轻时会有所提升。值得指出的是,老年人的消费需求存在较大的个体差异性,这一特性在我国表现尤为明显:我国人口众多且地域辽阔,有着不同成长背景、不同人生经历的老人在消费需求问题上有着较大的差异,这一点在老年人消费的研究中也是不能忽略的问题,不能一概而论。

综上分析,老年人的消费意愿可能降低也可能增加,提升老龄人群的消费需要面对老年人在不同场景下消费意愿的变化而精准施策。

### 3.3 从消费市场的角度看老年人的消费

除了老年人的收入水平与消费意愿以外,养老产业市场发育程度,即符合老年人需求的消费品或消费服务供应情况也是影响老年人消费的重要因素之一。根据国家统计局的定义,养老产业是以保障和改善老年人生活、健康、安全以及参与社会发展,实现老有所养、老有所医、老有所为、老有所学、老有所乐、老有所安等目的,为社会公众提供各种养老及相关产品(货物和服务)的生产活动集合,包括专门为老年人提供产品的活动,以及适合老年人的养老用品和相关产品制造活动①。

从养老机构供给的角度看,近年来,养老与日俱增的市场化需求无法得到充分满足。以养老机构床位为例,不仅床位缺口较大,而且错配和不足的问题仍较为严重。从数量上来看,截至 2020 年年底,全国共有养老机构 3.8 万个,同比增

---

① 定义来源:国家统计局 2020 年 2 月发布的《养老产业统计分类(2020)》(http://www.stats.gov.cn/tjgz/tzgb/202002/t20200228_1728992.html)。

长 10.4%；各类养老床位 823.8 万张，同比增长 7.3%。① 然而，老龄人口的增长使得我国每千名老年人拥有的养老床位近五年来始终在低位徘徊。新增供给乏力与养老需求的增长叠加，导致了养老机构巨大的床位市场缺口。不仅如此，中国社会养老机构现有总体格局呈现"哑铃形"，一些开销高昂的豪华养老机构以及只能保证基本生活需求的简陋救助型养老机构占比较大。而大部分老年人需要的是针对失能和半失能老人的中档养老机构，能在确保基本生活保障照料的同时，兼有康复护理、医养结合功能，但是此类养老服务机构占比较少。社会商业养老机构总体供需存在结构性供求矛盾，空床率过半与排队拥挤情况并存。

从适老产品发展的角度看，我国老年健康产业虽然近些年迎来了高速发展，但在老龄产品供给方面，市场发展相对于老年人需求存在一定的滞后，无法达到老龄人的消费预期。如老年用品赛道细分度与产品丰富度仍远低于全球部分国家水平。目前全球康复辅助器具等老年用品有 6 万多种，日本有 4 万多种，中国仅有两千多种，且与国外先进产品相比，无论是质量还是功能都很难满足老年人的使用需求②。老龄产品市场不足主要存在以下两方面原因：在监管端，国内相关部门没有制定统一的设计制造标准；在产业端，我国适老产品行业尚未有专业性、规范化的行业标准，适老化产品生产企业普遍缺少精准定位和基础的研发投入，在技术、产品、模式等方面明显创新不足，导致产品同质化现象较严重。

从养老从业人员的角度看，我国面临较大的人员缺口。目前我国约有 4 000多万失能老人，占老龄总人口的 11.8%。③ 截至 2020 年，全国有 200 多万老人

① 数据来源：养老服务部际联席会议 2021 年全体会议（http://www.gov.cn/xinwen/2021－02/06/content_5585407.htm）。

② 参见《中国消费报》，https://zxb.ccn.com.cn/shtml/zgxfzb/20191206/144998.shtml。

③ 数据来源：国家卫健委新闻发布会，http://www.gov.cn/xinwen/2019－08/29/content_5425729.htm。

分散入住在约 4 万个养老院。若按照国际标准失能老人与护理员 3∶1 的配置标准推算,至少要有 70 万人次的护理员。但目前全国各类养老服务机构服务人员只有 37 万人,其中真正的护理员只有 20 多万,相当于一个护理员平均服务的老人数将近 10 个①。护理人才缺口大,不仅仅因为养老机构从业人员薪酬低,而且养老机构从业人员职称晋升通道与岗位技能培训都比较缺乏,招工困难、留工困难所导致的队伍不稳定是现在的养老机构普遍遇到的难题。

从养老市场培育的角度看,现有的市场乱象一定程度上打击了老年消费者的消费热情。当前,养老相关产业处于较低的发展水平,市场乱象频出,如现有品类存在创新能力差、工艺缺陷、质量残次、定价畸形等问题。具体来说,一些老年产品如老年保健品存在虚假宣传、诱导、欺骗老年消费者的情况,但是老年消费市场的监管不力以及相关评估和服务标准尚未统一导致老年消费者权益无法得到保障,从而影响其消费热情。在监管规则缺位的同时,与老龄人口相关的产业研发投入力度不够,工艺水平普遍偏低,产业链条不全等种种因素的综合作用导致市场提供的产品与老龄人口的消费预期不匹配。

从市场准入的角度看,企业主体进入养老产业的动力不足。现有环境与条件对从事老年产业的企业并不友好,在老龄人口消费占大部分的养老板块,企业正面临运转难题。以养老社区为例,养老社区在面临长投资周期、长投资回收期的同时,伴随着各种潜在的不确定性。泰康保险创始人陈东升曾表示,一个成熟的养老社区需要6～8年的时间才能做到收支平衡,8～10 年才能实现真正盈利。② 此外,促进养老产业发展的金融支持政策也有所欠缺,由于国内现有老龄

---

① 数据来源:国务院联防联控机制举行民政领域疫情防控与基本民生保障发布会,国务院新闻办公室网站(http://www. scio. gov. cn/ztk/dtzt/42313/42738/42742/42746/Document/1676044/1676044. htm)。

② 参见《北京商报》,http://app. bbtnews. com. cn/print. php? contentid=128651。

产业发展规律和前景并不明朗,相关机构风险评估机制尚不成熟,对相关产业的贷款审批缺少经验,导致大部分老龄产业的企业融资渠道匮乏。不仅如此,医养结合的进入壁垒也给企业带来了困难,卫生部门主管"医",而养老机构受民政系统的管辖,相关从业标准、薪资收费标准以及权利责任等各方面的规范都需要进一步协调落实。

## 第四节　提升老龄人口消费的主要路径

提升老龄人消费应从需求端和供给端两大路径出发。收入在老龄人口消费决策中起着决定性作用,因而应该提升老龄人口收入水平,帮助老龄人口建立满足基本开销、提升生活质量、储备应急三个需求的资金池。同时,还需要注重规范老年人消费的市场,培育适合老年人的新的消费领域。

### 4.1　通过完善多层次养老保障体系提升老龄人口收入水平

首先,基本养老保险要逐步扩大覆盖面,最终实现全面覆盖依法享有基本养老保险的所有人员。完善基本养老保险需要将人口结构变动中老龄化加深加速的因素纳入考量范围,对保险基金管理适当调整,实现"供给的均等化和社会保障给付的可持续"[1]。在基础养老保险传统缴费来源之外,社会养老保险资金应尝试更广泛的资金来源,比如采取提高国有资产划拨来充实社保基金等措施,以确保在老龄人口不断增加的未来,养老金支付具有可持续性。

其次,要大力发展企业年金和职业年金制度建设,夯实第二支柱的支撑作用,加快推进第三支柱养老保险的规范化和完善化建设。在政策上通过税收优

---

① 蔡昉.中国老龄化挑战的供给侧和需求侧视角[J].经济学动态,2021(01):27-34.

惠等手段鼓励企事业单位设立年金。商业保险公司作为第三支柱养老保险的主要提供者，需要提高管理服务水平和产品质量。在确保资金安全的基础上，鼓励保险机构拓展服务领域，结合人口老龄化趋势设计更多保本理财产品或者适合老龄人的保险产品，提高老年人的养老保险收入，助力"老有所养"的目标。

第三，发展完善社会保障体系需要兼顾农村城市的区域差异。普遍看来，城镇居民在收入和消费水平上都高于农村居民。我国农村地区推行的养老保险仍处于发展初期，随着人口流出、生育率降低，未来农村的老龄化程度或将进一步提高。因而国家需要进一步重视农村养老问题，需采取措施进一步发展农村养老保险，积极扩大其覆盖面。

### 4.2　鼓励延迟退休和老年人再就业提升其收入水平

老龄人口退出就业市场之后，其收入会明显下降，因此，鼓励延迟退休及老龄人口再就业是提升其收入的重要措施。为此，可以从三个方面开展工作。第一，探索并推广弹性退休激励机制，通过政策目标和个人意愿的激励相容提高实际劳动参与率，渐进推迟退休年龄。比如，将养老金发放与退休年限结合，对于延迟退休的人员可以适当提升养老金的发放额，从而提升低龄老年人延长就业年限意愿。第二，完善再就业方面的法律规范和相关保障，加强执法力度，切实保障再就业老年人的劳动权益，提高有能力、有工作意愿的老年人的实际劳动参与率。第三，提供配套设施与政策，鼓励老年人发挥余热。比如，可以建设老龄群体"人才库"管理体系，减少信息不对称与"劣币驱逐良币"的问题，提供老年人再就业的权威信息参考平台①。

---

　　① 魏瑾瑞，张睿凌. 老龄化、老年家庭消费与补偿消费行为[J]. 统计研究,2019,36(10):87-99.

## 4.3　提升老年人主观消费意愿

政府相关部门需要加强消费理念引导,让社会各年龄段人士和老年人自身正视老年人的社会地位,扩大消费者宣传教育,从而改变老年人的传统消费观念,引导老年人积极消费。例如,可以增强对适老化产品的宣传工作,如建立老年用品展览馆、举办适老化用品博览会等展会,通过加大消费者教育的开展力度来增强老龄人与其余中青年对适老产品的认识与接受度,从而促进老龄人口对相应产品的消费。商家需要进行精准的市场测算与产品定位,对产品不断迭代升级,向市场推出适合老年人使用的产品,还可以通过适当折扣策略等手段吸引更多老年人接受与购买相关产品服务。

## 4.4　通过公共设施改造促进老龄人口消费

老龄人口退休生活的一大显著特征是老年人与原有工作单位关联逐渐减少,与所在社区邻里的联系增强。这一特征突出了"社区治理"在银发族日常生活中的重要性,以及在提升老年人生活水平中起到的显著作用。基于此,可以通过城市更新与相应的基础设施建设改造,为老龄人口在社区营造适宜的消费场景,从而促进消费。以社区设施为例,可以从以下两个方面着力:其一,升级改造社区内的商业陈设,通过设置"老年购物站",集中陈列老年人日常生活必需品,一方面使得老年人日常购物更加简便、安全,不擅长线上购物的老年人也能完成基本消费。另一方面,也可以提高老年人的潜在购物频率。其二,丰富社区活动中心日常活动,通过开办老年联谊会、老年大学、书法摄影课程等文化艺术课程等培训项目,为老年人精神文化生活提供更多趣味与价值,也促进尚有余力、有兴趣的老人付费学习。

### 4.5　规范发展银发经济市场

习近平总书记指出,满足数量庞大的老年群众多方面需求、妥善解决人口老龄化带来的社会问题,事关国家发展全局,事关百姓福祉,需要我们下大气力来应对①。为提高银发经济相关产业的产业水平和产品质量,政府有关部门要起到推动老龄产业发展的主导作用,要不断加强对老年人相关产业的监管,出台相应的促进产业发展的措施,为老龄消费市场的发展营造健康有利的大环境。

在规范监管方面,要从以下三个方面入手:第一,老年群体由于身体素质、信息渠道等因素,作为消费者鉴别产品服务品质的能力相对中青年来说有所欠缺,政府有关部门需要尽快完善各类养老服务和老龄用品的产业标准,出台相关服务政策,提高行业准入门槛和行业标准,并监督企业保证售后服务质量;第二,推动建设标准化、专业化的第三方质量测试平台,推动建设老年产品服务信息平台,减少逆向选择和"劣币驱逐良币"的现象,以培养老年消费者的消费信心;第三,加大市场监管力度与执法力度,严格打击粗制滥造、假冒伪劣产品,维护老年消费者的合法权益。

在产业建设方面,要做到以下两点:第一,要严格落实企业质量主体责任,引导龙头企业起到行业引领作用,尽快提升老年用品质量,引导产业高质量转型;第二,针对老年群体生理心理的特殊之处,市场需考虑满足老年人的使用习惯,加快建立并完善与老年人日常生活息息相关的医疗健康、生活照料、精神慰藉等产品与服务的标准规范,在满足安全性和专业性的基础上加快产品研发力度,同时监管部门也需要加大对专利产品知识产权的保护力度。

---

① 参见人民网《加快建设养老服务体系》(http://theory. people. com. cn/n1/2019/0215/c40531-30676982. html)。

## 4.6　巩固银发经济细分市场

国家统计局在 2020 年更新了养老产业统计分类,以我国养老和相关产品供给为基础,充分考虑了提升养老服务质量等养老产业发展政策要求和养老产业新业态新模式,涵盖了第二产业和第三产业中涉及养老产业的全部内容,共分为 12 个大类,51 个中类和 79 个小类,服务涉及养老服务、医疗服务、老年健康促进与社会参与、老年社会保障、养老教育培训和人力资源服务、养老金融服务、养老科技和智慧养老服务、养老公共管理、其他养老服务、老年用品及相关产品制造、相关产品销售与租赁、养老设施建设等 12 个分类①。

不少细分行业面临着崭新的机遇与待开拓的市场,需要针对不同类型的老年人进行市场细分,开发不同特点的产品。以老年人的精神生活需求为例,老年人退休后精神生活不够充实,需要适当的文化娱乐生活,近年来,老年人消费已有偏向享乐型的趋势,银发旅游也有大幅的规模增长。因而要在做好充分的市场调查的基础上,综合考虑老年人群体的生理特征、消费心理,针对银发族文化休闲、旅游、健身娱乐等多个细分市场进行科学、合理的产品服务开发设计。总的来说,老年人需求的个体差异性和特殊性较大,企业需要展开充分的市场调研,进行市场定位和细分赛道补充,以需求为导向开发设计多样化、个性化、人性化的老年用品或者服务。

## 4.7　合理健康引导老龄人口智慧养老消费新趋势

在科技逐步渗透生活的时代,将创新科技融入老年消费市场中,发展"智慧

---

① 参见《养老产业统计分类(2020)》(国家统计局令第 30 号),http://www.stats.gov.cn/tjgz/tzgb/202002/t20200228_1728992.ht。

养老"也是大势所趋。因此,可以在老年市场中促进信息技术与养老产业广泛结合,通过融入互联网、云计算、大数据、物联网和人工智能等新技术、新途径,加快推进新一代信息技术和智能硬件在老年用品领域的深度应用。互联网的融入有利于促进老龄产业的转型升级以及相关养老服务与产品的理念更新,从而带来产品创新与产业结构调整,构建崭新的养老服务体系以满足老年人多样化、多层次与多类型的需求。以"智慧养老"产品的应用为例,此类产品将推动相关产品与服务模式进一步创新,如智能化"互联网+"养老服务平台的搭建,会涉及日常生活照料、文化娱乐、医疗保健、紧急救助、学习培训等社会养老服务的各个方面,且能有效整合政府、企业、社区等各类社会服务资源。

然而,此类产品尚处于发展阶段,且处于价格高位,不利于其大规模应用。此外,现有互联网技术在生活中大量应用,导致部分老年人因不会使用电子设备而生活受阻或受到坑蒙拐骗的现象出现。此类问题仍需要政府相关部门与企业协调解决,政府有关部门需主导搭建适合老年人使用的新基建平台,提高老龄人口"触网"率,并在各类场景中为不会使用智能设备的老年人保留绿色通道。

### 4.8  大力发展老年人在医疗健康领域的消费

医疗支出是大部分老年人无法避免的开支,极大地挤占了日常消费与其他消费空间,是影响老龄人口消费的重要因素。因而如何更高效地进行老年人的健康管理和疾病治疗,是调整老龄人口消费结构,提升整体消费质量的重要课题。

因此,政府有关部门需统筹布局养老医疗资源,降低老年人在医疗方面的支出。裴育、贾邵猛指出,民营医院的数量和服务质量与居民个人医疗支出负担呈现较显著负相关,更多的民营医院和更好的服务质量能明显降低居民个人在医疗支出上的负担,而当人口结构中老年人占比超过一个门槛值时,民营医院的发展将更有利于降低个人医疗负担。事实上,由于医院的投资成本高、回收周期长,受限于资金和人力成本,投资主体在基层和社区布局民营医疗机构的意愿更为强烈。而基层医疗机构恰好具有分布密、辐射范围小、就医者粘性较大的特点,能够有效覆盖社区中老年人的身体健康检测和慢性病管理等需求,老年人就医更便捷的同时也能提高医疗资源利用率,降低医疗开销①。因而需要根据老年人不同的医疗与康复需求,鼓励民营资本参与投资建设社区养老服务机构与社区医疗机构,以基层医疗机构覆盖老龄人身体健康检测、慢性病管理等需求,同时缓解中高端医院的就诊压力。

　　此外,要改变以往的医疗方式和理念,从积极主动预防、追求健康的理念出发,引导并满足老龄人口在疾病预防和健康管理方面的需求。对老年人个体来说,通过健康投资,能有效减少重大疾病的患病率,获得尽可能高的生活质量,还能够节省医疗方面的支出,提升整体生活质量。从产业发展角度来说,老龄人口的预防型健康消费也会带动相关行业的发展,对经济增长具有促进作用。

---

① 裴育,贾邵猛.民营医院发展与个人医疗负担——基于人口老龄化的面板门槛模型研究[J].南京审计大学学报,2020,17(05):83-92.

# 第四章　合理促进老龄人口再就业

人口老龄化对我国经济社会发展构成严峻的挑战。由于中国人口年龄结构持续老化与出生率继续处在历史低谷，劳动力供应不足、养老保险压力加大的情况也将越发严重。结合中国实际情况，推动延迟退休政策与促进老龄人口再就业，是缓解社会养老压力、激活人口二次红利，进而缓冲老龄化对经济增长不利影响的必然要求。但是延迟退休的政策还在制定之中，特别是不同行业的延迟退休政策的出台还需要时日。不仅如此，延迟退休政策出台之后，那些已经退休的劳动力如何继续发挥余热将成为值得研究的话题。因此，如何在充分保障老年人再就业权益的基础上，逐步提高老年人就业率，促进"老有所为"，成为一个亟待解决的问题。本章节将就合理促进老龄人口再就业进行讨论分析。

## 第一节　促进老龄人口再就业的意义

当前，促进老龄人口再就业无论是从提升个人收入、缓解家庭养老压力方面，还是促进人力资本再利用的角度，都具有重要的意义。本小节将在前人研究的基础上，对老龄人口再就业的意义进行讨论。

### 1.1　关于老龄人口再就业已有的讨论

促进老龄人口再就业在国内外学术界引起了广泛的探讨，国内外学者对于该话题的研究，主要从以下几个角度展开：老年人自身发展、家庭与社会可持续发展以及代际公平与就业结构等角度。

　　首先,部分学者从老年人自身社会价值实现与身心健康发展的角度展开研究。通过深度开发老年资源,让老人重新走入职场并发挥余热,在丰富老人晚年生活的同时也能够有效推动他们身心的发展。不仅如此,通过在新职位上发挥余力,还能够实现"老有所为"。老年人能够通过提升自己在社会中的角色得到更多信心,从而可以以更加积极的心态对待生命。根据马雪鹏的研究,通过再就业,老年人的心脑活动得以促进,体力得以加强,也有助于预防老年疾病的产生[①]。不仅如此,吕荣侃指出,退休人员再就业还有利于老年人发挥自身在知识、技术、工作能力方面的优势,在工作中将自己积累的从业经验、关键技能等传授给下一任[②]。

　　其次,部分学者从降低家庭与社会养老负担以及社会可持续发展的角度展开研究。让处于60至70岁这一年龄段并且精力充沛的老人重新进入职场是对人力资源的充分开发,可以进一步优化人力资本。推动老年人再就业,对于老年人来说,可以缓解经济压力,同时提高个人与家庭收入,提升生活水平;对于社会而言,有助于减轻社会养老的沉重负担,促进社会的可持续健康发展[③]。从老有所养的视角看,我国"未富先老"的现状以及养老保障体系的改革开始时间较晚是不争的事实。老年人在身体条件允许的情况下,充分发展自身在人脉、阅历、经验等方面的长处,力所能及地参与到社会活动中去,便可以有效地降低社会总抚养比,弥补目前养老资源供给不足的问题,进而降低社会养老负担。此外,许多老专家都有意愿为国家做贡献,倘若政府以及全社会能够合理开发与利用老专家的人力资源,充分挖掘老专家的就业潜能并调动其再就业积极性,必然能够

　　① 马雪鹏.关于老龄人力资源深度开发的探究[J].中国外资,2014(03):262-263.
　　② 吕荣侃.中国老龄人口再就业问题[J].人口研究,1991(02):15,27-29.
　　③ 张寅.发展老龄人口再就业市场的必要性与策略[J].劳动保障世界,2018(21):16.

改变当前专业领域人才匮乏的现状,并进一步促进社会可持续发展。不仅如此,明培培指出,老龄人力资源开发还有利于促进国内消费需求的增长,缓解由于人口老龄化出现的消费意愿衰退、经济增长速度放慢,进而降低人们退休养老基金的恶性循环问题①。

第三,部分学者从代际公平与就业结构的角度展开研究。对于老年人的再就业是否会对下一辈人的就业产生影响,国内不同学者持有完全相左的意见。周辉认为,尽管青老年劳动力之间可能并不存在直接的替代关系,但必然存在着间接的替代关系,倘若岗位没有大量增加,那么延迟退休与再就业便不可避免地增加年轻人的就业压力②。蒲晓红同样提出,出于降低青年人就业压力的考虑,不应当采取延迟退休年龄等方法③。但是,也有许多学者认为,老龄人口再就业不但不妨碍青年就业,长期来看反而扩大了青年就业的门路。金刚认为,延迟退休年龄与老年人再就业等行为能够促进人力资本的积累和充分利用,同时增强经济的影响力,由于两代人的就业岗位之间并无绝对的替代性,这种岗位上的错位使得再就业引起的挤出效应不明显④。采用退休返聘、延迟退休年龄等做法反而能刺激经济的增长,增加了劳动力的总需求⑤。

由此可见,关于老龄人口再就业已有的研究存在不同的视角。在此基础上,本小节余下的内容将从微观与宏观两个层面分析再就业对老龄人口自身、社会以及国家的影响。

---

① 明培培. 人口老龄化背景下我国老龄人力资源开发研究[J]. 商,2016(21):32-33.
② 周辉. 我国延迟退休年龄限制因素分析与建议[J]. 学术交流,2011(02):136-140.
③ 蒲晓红. 非正常"提前退休"对养老保险制度的影响[J]. 经济体制改革,2001(06):151-153.
④ 金刚. 中国退休年龄的现状、问题及实施延迟退休的必要性分析[J]. 社会保障研究,2010(02):32-38.
⑤ 阳义南,谢予昭. 推迟退休年龄对青年失业率的影响——来自 OECD 国家的经验证据[J]. 中国人口科学,2014(04):46-57,127.

## 1.2 从微观层面看老龄人口再就业

从微观层面上看,老龄人口再就业对于经济活动中的各类主体均有显著的积极意义。对于劳动者而言,促进老龄人口再就业一方面提高了老年人的收入,并且有助于他们身心健康的改善;另一方面也创造了更多的就业岗位,扩大了年轻人就业的门路。对于企业来说,老龄人口的再就业也能够降低专业技术人才的使用与培养成本,进而提高企业的生产效率。总的说来,促进老龄人口再就业具有以下四个方面的优势。

第一,有利于提高老年人收入,缓解家庭经济压力。从改革开放到现在,我国的养老金制度经历过多次改革,在不同的年代、不同行业之间,退休人员的养老金差距悬殊。不论是在何时退休的老年人,在其退休后,他们的经济来源主要是储蓄、子女的赡养费用、退休金以及养老金。随着经济增长与通货膨胀,老年人实际收入在逐年下降。在这种情况下,老年人选择再就业从而取得更多收入,就成了他们缓解退休后经济压力最为有效的方式。倘若老年人有机会重新进入职场获得新的补充薪酬,对于个人来说,有利于增加家庭收入、提升生活水平;对于社会来说,也可以缓解养老压力过大的问题;而对于国家来说,老龄人口再就业则可以缩小收入差距。

第二,有利于促进老年人的身心健康发展。自身的价值与意义,往往体现在自身所承担的工作上。工作是人们社会生活的重要象征,也是充分施展自身才能并实现自我价值的重要途径之一,代表了一个人在社会中的角色。因此,退休对许多人来说,不仅是离开了过去的职位,更是失去了曾经承担的社会角色,改变了多年以来养成的行为模式。正因如此,许多老年人在退休后常常会产生空虚无聊等负面情绪,不利于其身心健康发展。Havighurst 的活动理论认为,老人的社会参与层面越高,其精神与生活满意度也会随之增加①。因此,老年人应当积极融入社会,通过参与新的活动、承担新的角色,不断改善老人因为一直从事的社会角色被中断而产生的情绪低落问题。中国有句古话叫"老有所为",老而有所为可以改善晚年生活,防止"饱食终日,无所用心",充分丰富老人的精神世界。因此,开发老龄人口的人力资源,可使老年人无事可做的时间得以利用,在"有所为"中忘掉老,消除因为社会角色转变而产生的失落感,进而感受到社会的需要与认同,最终获得心理上的满足感。

与此同时,老年人再就业还可以起到强身健体的作用,促进心脑血管的活动与体力的提高,更有利于预防老年疾病的发生,带来身心健康的全方位提升。

第三,有利于扩大年轻人的就业门路。有研究认为,由老龄化引起的劳动力数量减少,其规模远低于目前庞大的劳动力存量,因此,老年群体对就业市场岗位的持续占有必定对青年群体的就业产生负面影响②。然而事实却恰恰相反,老年人与年轻人的就业岗位之间替代性较小。老年人的年龄与身体状况比较特殊,在就业中往往更适合承担需要较高科学技术水平或者较高劳动技能的指导性工作,这些工作通常需要丰富的经验,而这些经验又是年轻人所不具备的。老年人重入职场能够将自身丰富的工作经验与工作技能传授给年轻人,辅助青年人技能培训与观念塑造,以促进他们更快成长从而拥有更高的就业能力。同时,老年人与年轻人在就职岗位上往往存在一定的"互补性"。除了高技术水平与高技能劳动力的岗位外,还有一些并不需要较高的技术能力但需要更多耐心与细心的工作适合老年人,比如护理工作、保洁工作等,而这些工作年轻人往往不愿

---

① 王裔艳.国外老年社会学理论研究综述[J].南京人口管理干部学院学报,2004(02):37－39,42.

② 范琦,冯经纶.延迟退休对青年群体就业的挤出效应研究[J].上海经济研究,2015(08):11－19.

意担任,多为再就业的老年人承担。而且,大部分老年人并没有"养家糊口"的压力,他们对于收入并没有太高的要求。因此,通过延迟退休与再就业等方式,可以提高社会的劳动力供给,并进一步提升社会生产率,同时降低劳动力成本,在长期拉动 GDP 增长,并为全社会提供更多就业岗位。学术界的研究也支撑了老年人再就业有利于年轻人的结论,例如,阳义南、谢予昭在他们的文章中提及,当控制总产出不变时,两代人之间并不存在就业替代关系。相反,老年人劳动参与率的提高往往伴随着青年失业率的下降[①]。

第四,有利于降低专业技术人才的使用与培养成本。根据人社部、工信部于2017 年发布的《制造业人才发展规划指南》,仅在我国制造业的十大重点领域中,2020 年专业技术人才缺口已经超过 1 900 万人。同时根据预测,2025 年时这一缺口将逼近 3 000 万人,缺口率高达 48%[②]。考虑到企业生产制造中自动化程度的不断提高,对人才技能水平的要求也越来越高,这一缺口还会进一步拉大。根据供求理论,专业技术人才供需缺口的加大必然带来人力资本价格的提升,而对老专家人力资源的再开发则有助于弥补这一缺口,同时也降低了技术人才的培养成本。

高技能人才的缺口不仅体现在制造业领域,在卫生领域也较为突出。例如近年来,我国虽然在社区医疗卫生服务领域投入了大量的资金,但苦于医疗卫生服务机构数量庞大,投入的资金也仅仅能够满足一些设备的翻新与基础设施的建设,无力吸纳与招募更多医疗方面的人才。而我国医疗卫生行业退休医生中

---

①　阳义南,谢予昭. 推迟退休年龄对青年失业率的影响——来自 OECD 国家的经验证据[J]. 中国人口科学,2014(04):46 - 57,127.

②　数据来源:教育部、人社部与工信部发布的《制造业人才发展规划指南》,文件发布于 https://www. miit. gov. cn/ztzl/lszt/zgzz2025/wjfb/art/2020/art_496b8df6c3b74451ad6f7c2efeb3451c. html.

处于 60～69 岁低老龄阶段的人群,他们不仅知识水平、临床经验较为丰富,与患者沟通能力强,患者对其信任度较高,更重要的是,刚刚退休的老年人工作热情也更浓郁,更愿意继续为社会做贡献。倘若能够将这部分人力资源充分利用起来,使其继续为我国医疗卫生行业发挥作用,便可以降低医学技术人才的使用成本,大大缓解我国基层医疗机构劳动力供给不足的压力。

同时,再就业的老年人也能很好地发挥“传、帮、带”的作用,有助于解决新上岗技术人员由于业务不熟练、缺少操作经验等原因无法很好承担工作的问题,并帮助年轻的技术人员快速成长,大大缩短了新员工从入门到成为熟练工的时间,降低了企业专业技术人员的培养成本。由此可见,促进老龄人口的再就业能够为企业带来更多的经济收益。

### 1.3　从宏观层面看老龄人口再就业

从宏观层面上看,积极推进老龄人口再就业,有助于缓解劳动力供不应求的矛盾,同时减轻财政支出压力。

第一,有利于缓解劳动力供给不足的现状。2013 年后,随着人口老龄化的加剧,我国劳动年龄人口不论在绝对数量方面,还是在相对占比方面均呈现下降趋势。第七次全国人口普查数据显示,我国 15～59 岁的劳动年龄人口为 89 437.6 万,占比 63.35%,相比于 2010 年时的占比 86.69%,下降了 36.8%①,中国潜在劳动力出现了明显的下降,这显示出了我国经济发展与劳动力供给之间的矛盾。而近年来不断加剧的“用工荒”现象表明结构性失业的问题越发凸显。

此外,我国劳动年龄人口的年龄结构也发生了很大变化。随着老龄化的加

---

① 第七次全国人口普查公报参见国家统计局官方网站,http://www. stats. gov. cn/tjsj/tjgb/rkpcgb/qgrkpcgb/。

剧,劳动人口的年龄结构越来越偏向老化,高龄劳动人口的占比正在逐渐增加。由于刚出生的人口至少需要 10～20 年时间才能成为新的劳动力,当这些人达到劳动年龄的时候,由于低龄劳动力占比较低,劳动年龄结构总体呈现出高龄化的趋势。第五次与第六次人口普查数据显示,虽然目前我国 15～39 岁的中青年劳动力人口依旧占绝大多数,但 40～64 岁年龄段的高龄劳动人口所占比重越来越大,尤其是 45 岁及以上劳动人口增长速度更加明显,自从 2000 年以来,占比从原来的 19.06％上升至 2015 年的 27.87％,增加了大约 1/3①。根据陈可冀等的测算,在 1950—2050 年的 100 年间,我国 15～29 岁劳动年龄人口占总劳动年龄人口的比重要减少 13.6％;45～59 岁劳动年龄人口占 15～59 岁人口总数的比重要增加 14.14％②。我国劳动人口年龄结构的重心开始向高年龄段偏移。

由此可见,深度开发老龄人口资源可以为社会提供更多有效的劳动力,也是解决当前经济迅速发展但劳动力相比不足问题的有效途径。精力充沛的老人进入职场,是对老龄人口中有效存量资源的挖掘与再利用,可以使得我国人力资本配置更加优化,从而弥补社会劳动力供给不足的问题,进而增加我国经济建设的劳动力供给。如前文所述,我国就业市场对于高素质人才的需求非常强烈,老年人和年轻人相比,在技能、知识与人际关系等方面更有优势,而这些优势却又是年轻人短期内难以掌握的。不仅如此,老年职工与下一代职工共同工作,还可以传授实用的工作经验,无形中节省了一笔可观的培训成本,有效提升了青年从业人员的工作效率。

第二,有利于减少财政支出压力。大部分发达国家在进入老龄化社会时,其经济发展水平远超过我国现阶段的经济发展水平。相比较发达国家而言,我国

---

① 作者根据第五次与第六次人口普查数据手工计算。

② 陈可冀,张亚群,洪国栋,等. 积极应对我国老龄问题的建议[J]. 中国老年学杂志,2012,32(09):1777－1784.

老龄化进程表现出"未富先老"的现象,老龄化增速也快于这些国家。当前,我国经济发展与社会保障都需要财政资金的支持,在人口老龄化的背景下,老年人对于养老金的需求与经济发展之间出现了难以调和的矛盾。另外,随着机关事业单位改革的推进,机关事业单位逐渐实行养老保险改革,养老保险的隐性债务迅速增长,带来了巨大的转型成本。多年前,许多中老年人并未履行过相关保险缴费的任务,但等到退休时,却依旧享受相同的养老金待遇,这在一定程度上增加财政开支。同时,由于在改革前机关事业单位的退休金由政府财政直接拨款,在改革后,这部分的支出转由社会保障部门承担,进一步增加了社会与政府的负担。根据中国保险行业协会于 2018 年出版的《中国养老金第三支柱研究报告》显示,根据估计,在未来 5～10 年间,中国的养老金缺口将会扩大至 8 万亿～10 万亿元,这一差距会随着时间推移逐渐拉大①,这将对我国财政带来极为沉重的负担,进而影响中国的经济发展。促进老年人再就业,则可以在一定程度上缓解财政支出过大的压力。让那些有意愿、有能力工作的老年人重新投入到社会岗位中,增加了社会上的劳动人口,进而扩大养老金来源。同时,这部分再就业的老年人延迟申请支付养老金,也减轻了社会养老金支付的压力,减轻了社会与财政的负担。

不仅如此,从全社会资本形成的角度看,当老年人通过再就业获得收入之后,延缓了国家对于养老保障与社会保险的支付,使得社会的总储蓄水平上升,促进全社会资本的形成,并进一步促进经济的增长与可持续发展。当然,由于老龄人口再就业能够减轻政府财政支出的压力,政府还可以通过财政转移支付等方式将空余的资金投入社会保障领域或者经济建设领域,为宏观经济的平稳发

---

① 中国保险行业协会.中国养老金第三支柱研究报告[M].北京:中国金融出版社,2018.

展提供资金支撑。

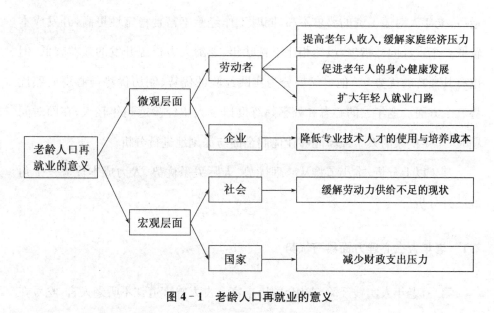

**图 4-1　老龄人口再就业的意义**

## 第二节　老龄人口再就业的优势

　　前一小节分析了促进老龄人口再就业的意义,事实上老龄人口再就业还具有相当多的优势。在这方面,学术界也做了较多的研究。例如,金易将老年人再就业的优势概括为五个方面,即实践经验优势、人生阅历优势、心理成熟优势、社会交往优势以及低成本开发优势①。他认为,老年人经过长期的社会实践,积累了大量的知识与技能,具有其他人无法比拟的经验与阅历。而这些经验和阅历不会随着年龄的增长而消失,反而会变得越发丰厚。同时,老年人在感情方面不易冲动,降低了因为情绪激动而影响思维与判断的可能。此外,老龄人群经历过

---

① 金易.论老龄人力资源深度开发[J].学术交流,2012(01):117-121.

人生的甜酸苦辣,见多识广,建立了广泛的人际关系网,能想尽办法解决难题。最后,老年人对于工资的要求不高,同时工作经验丰富且稳定性更高,开发成本较低。李永红同样指出,虽然相比于青壮年,老龄人力资源开发的效益较低,但也有其独特的优势①。他将优势分为实践经验的优势、阅历优势与心理成熟优势三个方面。老年人的心态和处事熟练度以及人生经验远超年轻人,在面对问题时,多年积累的人生经验能够让他们全面与深刻地进行分析。

基于以上分析,本小节将从心理优势、人际关系优势、人力成本优势三个角度展开分析。

## 2.1    老年人在心理方面具有优势

第一,老年人实践经验与社会阅历丰富。古人曾言道:“不听老人言,吃亏在眼前”。诚如是,对比年轻人,虽然老年人在反应力、记忆力和体力上较弱,但他们在知识的积累与思维的概括等方面的经验则强于年轻人。老年人在漫长的人生与丰富的经历中积累了大量的知识、技能与智慧,拥有着年轻人难以比拟的经验与阅历,经验使得他们能够更加深入地进行思考,善于透过事物的表象抓住本质。因此,老年人在考虑问题时常常更加全面、深刻且富有远见。在总结了过去众多成功与失败的基础上,他们有着更加成熟的思想与认知。这些优势不仅对于自身价值的施展、社会事业的进步有非常重要的影响,对年轻一代的教育培养、社会文明的长远发展也意义重大。所以说,老年人所积累掌握的经验、待人处事的方法、乐观积极的心态、扎实淳朴的作风、兢兢业业的精神以及观察、分析、判断的能力是老年人再就业的首要优势。

第二,老年人心理更加成熟,处事更加老练。由于老人退休前经历的事情很

---

① 李永红.论老龄人力资源深度开发[J].管理观察,2014(31):40-42.

多,他们的人生阅历相对丰富,感情不易冲动,在遇到问题或者困难时更倾向于采用理性与经验去思考,不会因为情感波动过大而影响自身的思维能力。正所谓"姜还是老的辣",相比于年轻人,老人往往更成熟老练。老年人经历过人生的酸甜苦辣,见过社会上的各种"大风大浪",待人接物的功夫也更加老道。他们拥有更强的协调与处理问题的能力,说话做事留有余地,能够合理地统筹兼顾各方的感受,起到"粘合剂"的作用。无论是在办公室内还是谈判桌上,一名老年人的加入往往能让尴尬的气氛得以缓解,让剑拔弩张的形势得以缓和。因此,企事业单位在雇佣老年人的时候可以充分发挥其心理成熟的优势。

## 2.2 老年人在处理人际关系方面具有优势

第一,老年人可以充当导师,指导和培养晚辈。"尊重老人"是中华民族的传统美德,老人凭借自身丰富的阅历、广博的知识、充足的经验以及成熟的风度受到晚辈的尊敬。"德才兼备"的老年人往往具有更大的感召力,在协调处理问题方面更容易让人信服。因此,在许多领域可以充分发挥老年人的优势,及时对晚辈提出需要改进的问题与疏漏并促进年轻人的成长,从而形成更好的团队氛围。例如,在教育领域与医疗卫生领域,可以让一些已经退休的老教授、老医师再次就业,发挥其"品牌效应",也会吸引很多年轻人前来拜师学习,促进年轻人更快地成长;在一些工程技术领域,老年人凭借其经验与知识也可以大大减少事故的发生,可以通过建立专家工作室等形式吸纳年轻人加入团队进行学习。

第二,老年人交友广泛,人际网络资本充足。在较为信任的互动关系中建立合作是许多商业合作的基础,因此广泛的人际网络资本可以促使企业建立更多相互合作、互利共赢的关系。老龄人口接触社会的时间较长,阅历更加丰富,有着广泛的人脉资源,许多老年人既了解行业的动向,又熟悉公司的能力和文化,同时能够给公司带来年轻员工还尚未具备的外部知识与关系。一方面,相比于年轻人,掌握着更多更丰富人脉资本的老年人更易于得到及时性与准确性都较高的信息,有利于及时把握市场状况,降低交易成本;另一方面,老年人广泛的交友可以使他们在处理企业各种外部事务时游刃有余,如鱼得水。因此,在促进老年人再就业的过程中,要充分有效利用起老年人的人脉这条隐形富矿,为年轻人与新生代企业更快地成长提供支撑。

### 2.3　老年人在人力成本方面具有优势

第一,老年人对职位期待较低,薪酬成本较低。年轻人往往充满了事业心,他们会渴望在更短的时间里做出更加卓越的成就,以此来谋求更高的工资与地位。虽然这会提高他们的工作效率,但是也会对雇主有更高的薪酬要求,不可避免地会引起雇佣成本的上升。相比于年轻人,再就业的老年人往往没有晋升的压力以及工作调动等因素的困扰。同时,对于"再就业"的心理认知使得他们对于工资的期望不会太高。排除这些外物的干扰后,再就业的老年人往往能更安心地从事工作,发挥他们的价值与优势。这样,企业便能够以相对低廉的价格获取较高质量的劳动,所获得的经济优势是显而易见的。

第二,老专家技能水平高,再就业时人力开发成本较低。人力资本一般可以被定义为:存在于人体之中的具有经济价值的知识、技能和体力等质量因素之和,这些因素是天赋与投资相结合的产物。在科技、教育以及医疗等领域的退休的老年人,其人力资本正是长期的高投入的结果。拥有高学历的退休老人往往拥着较高的知识积累、丰富的实践经验以及快速投入生产的能力。这些老年人在退出工作岗位后,附着于其身上的人力资本并没有消失,而是依旧蕴藏在老龄群体之中。比起技能水平不高的年轻人,老年人对工资的要求不高,相对较为合理,工作经验却又极为丰富。同时,就劳动力的开发层面而言,他们培养的时间较短,投入少、成本低、回报快,一经上任就可以承担比较复杂的工作或者解决困难的实际问题,且稳定性更高,有着"拿来就可用"的独特优势。许多老年人不仅有着充足的经验,有些甚至还拥有专利发明,其理解能力较强,工作刻苦认真。因此,应该充分发挥老专家的作用,为提高全社会的生产效率提供人力资本的支撑。

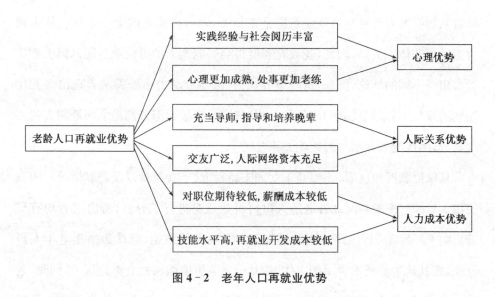

图 4 - 2　老年人口再就业优势

## 第三节　老龄人口再就业的影响因素

在老龄人口再就业意愿的影响因素方面,国内学者开展了大量的实证研究,将意愿主要归咎于自身原因、家庭状况与经济需求三个角度。

从自身原因角度看,有研究证明性别的影响较大。闫志俊等发现,再就业的老年人中,男性比例要超过女性①。除此之外,年龄与身体状况对于老年人意愿

————————————

① 闫志俊,王年.人口老龄化背景下江苏省低龄老年人力资源开发体系构建研究[J].辽宁工业大学学报(社会科学版),2018,20(06):14-16.

的影响也是不可忽视的。方志得出随着年龄进一步增长,老年人的再就业意愿会逐渐降低①;在他 2011 年发表的另一篇文章中指出,虽然健康状况未能通过显著性测验,但从数据上我们也可以大致看出,健康自评好的人再就业比重更大②。而受教育程度对于再就业意愿的影响一直是一个充满争议的话题。部分学者认为受教育程度与再就业意愿呈正相关,因为再就业的老年人往往从事脑力劳动而非体力劳动,因此,受教育程度将会影响老人的再就业意愿。但也有学者得出了不同的结论,例如,雷晓康等认为,由于劳动力市场需求表现出多元化发展的现状,高知识技能的职位数量相对较少,且很大部分都是采用返聘方式再次就业,因此受教育水平的影响并不显著③。

从家庭状况角度看,主要是子女的支持程度、子女数量以及婚姻情况。闫薇使用 Logistic 模型对河北省老龄人口再就业意愿进行了分析,得出三者均有显著影响④。而雷晓康也用相同的模型得出了类似的结论,他认为由于老年人再就业,尤其从事低技术含量的工作时,其子女有可能面临社会舆论压力,同时,老年人在家庭中还经常扮演着照顾孙辈的角色,更会让老年人面临再就业选择时会考虑家人的建议⑤。

————————

①　方志. 生产性老龄化视角下的中国老年人才开发研究[D]. 首都经济贸易大学,2017.

②　方志. 家庭"暂时不养老"现象:经济学与社会学的双重分析[A]. 北京市社会科学界联合会. 科学发展:社会管理与社会和谐——2011 学术前沿论丛(下)[C]:北京市社会科学界联合会,2011:9.

③　雷晓康,王炫文,雷悦橙. 城市低龄老年人再就业意愿的影响因素研究——基于西安市的个案访谈[J/OL]. 西安财经大学学报,2020(06):102-109[2021-03-08]. https://doi.org/10.19331/j.cnki.jxufe.20200814.001.

④　闫薇. 积极老龄化视角下河北省老年人再就业意愿的影响因素及对策研究[D]. 河北大学,2020.

⑤　雷晓康,王炫文,雷悦橙. 城市低龄老年人再就业意愿的影响因素研究——基于西安市的个案访谈[J/OL]. 西安财经大学学报,2020(06):102-109[2021-03-08]. https://doi.org/10.19331/j.cnki.jxufe.20200814.001.

最后是经济需求方面。根据现实状况,经济条件较差的老人常常更愿意再就业,以提高他们的经济水平。而多数研究也证实了这一点。但是,在方志的研究中,经济需求并未通过显著性检验①,他认为,其原因可能是实验中对于家庭收入条件衡量的标准采用的是相对收入水平而非绝对收入水平。

此外,关于老龄人口再就业中会遇到的问题,国内研究主要集中于法律风险以及权益保障缺失等方面。张金平指出,在老年人就业的过程中,面临的法律风险包括其与单位间法律关系的模糊、再就业过程中的权益保障缺失、遭受损害后救济途径有效性低与老年人就业权益、法律保护意识淡薄四个方面的问题②。此外,额尔登高娃还指出,目前还存在权益保障制度建设不完善、权益保障中政府职能缺失、权益保障救济途径不够系统明确等问题,在一定程度上打击了低龄老年人再就业的信心,不利于挖掘低龄老年人的再就业潜力③。

由前文对于老年人再就业的可行性以及必要性的分析,我们可以了解到,老年人再就业有一定的客观条件与社会基础。基于此,有必要探究影响老年人再就业的相关因素。

### 3.1 影响老龄人口再就业的个人与家庭方面的因素

老年人退休后再就业受到个人与家庭等方面多重因素的影响。

第一,性别差异可能会阻碍老年人就业。不可否认,不同行业之间存在着普遍的性别要求差异。在某些工作岗位上,诸如重体力劳动方面,男性相比于女性更占优势,男性数量也会较多;而在医疗看护制造等领域,女性更加地精细,数量

---

① 方志.生产性老龄化视角下的中国老年人才开发研究[D].首都经济贸易大学,2017.
② 张金平.低龄老年人再就业的法律风险分析[J].人力资源,2021(02):102-103.
③ 额尔登高娃.低龄老年人再就业权益保障问题与对策研究[J].就业与保障,2020 (23):186-187.

占比则会多于男性。但是随着体力的下降,重体力劳动行业对于老年人再就业就显得不够友好。同时,受到传统社会文化与家庭分工的影响,男性更多地会承担在外工作的任务,而女性则需要负责家庭日常工作,这使得退休之前从事就业的男性工作者多于女性,而许多老龄女性依然在再就业方面表现比较保守。不过,随着社会发展,受男女平等因素的影响,越来越多的女性开始摆脱固有思想束缚,选择在职场上工作,在她们退休后,同样也有再次就业的意愿。同时,随着经济发展,家庭日常工作也逐渐被科技产品完成,这使得老年女性同样有时间再就业。

　　第二,老年人体力下降使得其再就业时的岗位选择具有局限性。促进老龄人口再就业需要视其身体状况而定。随着年龄的增加,人们的身体机能也在不断降低,老年人在身体素质方面远远落后于年轻人。这一劣势或许在以知识、经验为主导的行业并不明显,但涉及以体力为主导的领域,这一差距便被进一步拉大了。然而,目前社会上的工作压力较大,"996"的高强度工作几乎成了现今企业的普遍现状。年轻人尚可以凭借优秀的身体条件完成工作,但老年人受限于自身的身体状况自然无法承担如此繁重的劳动。相比之下,更多老年人会倾向于弹性工作制或者较短工作时间,即每天工作 4～6 个小时,每周工作2～3 天等,较短的劳动参与时间使得老年人再就业受到影响。同时,倘若安排较为沉重的工作给老人,也会使他们产生疲劳、倦怠感,甚至产生对工作的厌恶心理。这种心理持续一定时间后,其工作效率便会进一步下降。以上情况使得企业原先制定的工作计划无法完成,而这对于企业来说显然是一笔不小的损失。因此,相比于退休时间较长、技能熟练度有所降低的中高龄老年人,刚刚退休、业务操作更加熟练、接受新鲜事物能力更强、身体状况也更好的低龄老年人往往更符合用人单位的要求,用人方也更愿意聘用他们。

　　第三,老年人知识体系相对固化,在接受新兴技术方面存在不足。社会的发展日新月异,理论知识与科学技术的更新也在不断加速,各种专业的理论与技能都在迅速更新。在这种情况下,再就业的老年人原先所具有的经验与知识可能会成为一柄双刃剑,虽然其经验与积累的技术水平可以促进其再就业,但是也可能阻碍他们吸纳新的知识与技术工艺。特别的是,由于部分老年人的思想较为保守,容易出现知识体系固化的问题。在遇到问题时,他们会自然而然地依照原有的经验去解决问题,一旦过去的经验与知识无法发挥作用,就有可能陷入手足无措的境地。例如,在医学领域,新疾病的产生不断催生着治疗措施与治疗理念的更新,但在缺少外界压力的情况下,很多再就业的老年人往往不愿意去更新自己的治疗理念,原先陈旧的知识反而成了掣肘。更有甚者,部分较为固执的老年人可能会凭借自己的权威阻止延缓治疗手段的更新,造成不必要的损失。同时,伴随着信息化、智能化时代的到来,科学技术也在不断发展更新。但是,新的科技在应用过程中往往更多注重年轻人的需求,而较少考虑老年群体,老年人面临的"数字鸿沟"使得老龄人口在面对信息化的工具与手段时学习与适应能力较差,在接受新鲜事物方面会觉得非常吃力。例如,由于缺乏对于互联网信息技术的了解,很多老年人无法适应某些新型职业的岗位要求。

第四,家人与同辈人的行为常常影响老年人的再就业意愿。毫无疑问,在中国传统文化中,"家"一直是一个核心的问题。家庭因素的内涵非常广泛,包括家庭成员的身体与工作状况、家人对再就业的支持程度、子女对老年人的依赖程度等。这其中,家人对于再就业的支持程度往往占了很大比重。受中国传统文化的影响,老年人出去再就业往往会被误认为是子女的不孝。同时,出于固有认知,很多子女会认为老年人"再就业"中付出的劳动与获得的收益并不成正比,因而反对父母再次工作。因此,很多老年人在综合考虑子女的想法后,会打消再次就业的想法。此外,配偶的状况也会影响老年人再就业的意愿。通常情况下,夫妻双方之间的相互约束与激励作用非常明显,老年夫妻往往愿意一同工作或者同时赋闲在家,因此,就业意愿在老年人夫妻双方中往往呈现出同步性,一方对于再就业的态度将在很大程度上影响自己伴侣对于再就业的选择。同理,同龄人尤其是具有相似境况的老年人之间往往也会相互影响。不可否认,出于攀比与从众心理的影响,当身旁的其他老年人选择再就业时,那么老人再就业的可能性也会更高。不仅如此,很多再就业的老年人还会鼓励未就业的老人一同参与工作,这进一步增加了老年人再就业的意愿。除此之外,子女对于老年人的依赖程度也同样影响着老年人的再就业意愿。工作压力的增加使得很多年轻人无暇顾及自己的家庭生活,尤其是照料小孩,而受限于传统文化的影响,很多老年人即使有再就业的能力与意愿,也会选择在退休后的空余时间里帮助子女照顾孩子、做家务等,这些问题降低了老龄人口再就业的意愿。

第五,个人经济状况的好坏在老龄人口再就业方面起着重要作用。经济因素主要包括老年人收入与支出情况。目前,国内大部分研究都认为,经济状况越差,老年人再就业的意愿也就越高。这是符合现实逻辑的,为了弥补收支缺口、缓解经济负担、提高家庭收入、改善生活水平,更多老年人更愿意在较低年龄段时继续从事轻体力劳动。另一方面,如今社会竞争压力增大,年轻人面临着越来越大的工作压力,在生活中的各个方面往往离不开父母的支持。例如,随着年轻人经济负担的加重,很多年轻人在买房、结婚时都需要父母的资金支持,庞大的资金压力迫使老年人再次就业以减轻经济负担。

第六,不同行业的"工作惯性"对再就业意愿影响也不同。人们在考虑是否再就业的时候,不可避免地会受到退休前工作的影响,即所谓的"工作惯性"。对于从事不同行业的人来说,这一影响效果并不相同。对于那些退休前具有较快工作节奏的员工而言,他们的再就业意愿会略高一些。由于许多企业工作节奏较快,工作强度较大,员工已经逐渐养成了习惯,在退休之后,他们可能一时难以适应无所事事的慢节奏生活,这使得他们会更愿意找一些兼职工作进行过渡,同时贴补家用。对于在退休前从事节奏较慢事务性工作的老年人而言,其工作强度较小,这使得他们更能够适应退休后的生活。另一方面,有些行业在老年人退休后能够提供较多养老保险金与退休金作为老年人收入,这也进一步减少了这类退休人群再就业的意愿。

## 3.2　影响老年人再就业的制度因素

当前,促进老年人再就业还存在很多制度上的不足。主要表现在权益保障、用工关系等几个方面。

### 3.2.1　再就业的权益保障框架不完善

依据主体的不同,老年人再就业的权益保障框架可以分成多个方面。从国家的角度看,我国老年人再就业权益保障制度的建设并不完备;从监管部门的角度看,在权益保障中存在着政府职能缺失的问题;从劳动者的角度看,老年人的权益保障思想同样有所缺失。

第一,我国老年人再就业相关权益保障制度的建设并不完备。目前,涉及保障劳动者正当权益的法律中,并未对老年人再就业权益做出解释。例如,在《中华人民共和国劳动法》第四十六条①中提及的"同工同酬",仅考虑到劳动者工作绩效、工作技能等方面,却并未囊括劳动者工作年龄等因素。而《老年人权益保障法》作为保障老年人合法权益的法律,却并未对再就业老年人的权益做出明确

---

① 《中华人民共和国劳动法》第四十六条规定:"工资分配应当遵循按劳分配原则,实行同工同酬。"

规定,仅仅针对老年人再就业与获得报酬的权利提供了部分原则与意见①②。上述法律均未对老年人再就业的权益做出详细解释,使得老年人在劳动力市场中一直居于弱势。同时,法律的不完善使得企业与老年人间权责界定非常模糊,为了避免劳动纠纷,更多企业宁愿选择年轻人。

第二,在权益保障之中存在监管职能缺失的问题。由于老年人权益保障相关事项较为复杂,且现行法律法规缺少相关的明确阐述,政府需要设置相关管理机构进行审查与备案。但是,目前政府部门并未构建与老年人再就业相关的管理机制,老年人正当权益难以受到监管,甚至经常出现"踢皮球"的现象。同时,老年人维权意识的薄弱与维权途径的缺失使得政府管理部门与再就业老年人间存在"脱节",无法针对老年人再就业中存在的问题进行有效的预防、监管与维护,进一步扩大了监管职能缺失的问题。

第三,老年人的权益保障思想有所缺失。在面对拖欠工资、被安排加班等侵权现象时,部分老年人往往选择私下解决或者寻求亲友帮助甚至是忍气吞声,而不是通过合法途径维护自身的再就业权益。同时,全社会很少关心老年人再就业权益的维护问题,进一步导致各类侵权事件屡禁不止。究其原因,一方面,部分老年人法律观念淡薄,在思想上更看重人情而非法律,意识不到要动用法律手段来维护自己的权益,而老年人即使愿意采取法律途径,也常常因为身体状况、精力不足等问题最终放弃;另一方面,很多老年人获得再就业的机会比较困难,因此他们非常珍惜当前的工作,在面临自身权益受到侵害的状况时,为了保住工作的机会,会选择忍气吞声而非诉诸法律程序。权益保障意识的缺失使得老年

---

① 《中华人民共和国老年人权益保障法》第六十九条规定:"国家为老年人参与社会发展创造条件。"
② 《中华人民共和国老年人权益保障法》第七十条规定:"老年人参加劳动的合法收入受法律保护。"

人在就业市场上居于弱势，也打击了老年人再就业的意愿。因此，增强老年人权益保护意识迫在眉睫。

### 3.2.2　老年人再就业时用工关系的法律属性认定存在分歧

第一，老年人身份在法律中的认定较为模糊。对于超龄劳动关系的认定是保障老年人再就业权利的关键。然而，目前对于退休老年人是否具有劳动者主体资格，这个问题一直饱受争议，无论是理论界还是实务界都并没有给出统一的结论。部分学者认为，由于劳动的权利是宪法赋予公民的基本人权，因此，再就业的老年人毫无疑问是劳动者。同时，现行劳动立法仅规定了劳动者年龄的下限，并没有对劳动者丧失其劳动能力的年龄做出明确的限制，故而将他们排除在劳动者之外的想法是不可取的。另一种想法则恰恰相反，认为再就业的老年人不能像适龄劳动者一样享受劳动法中赋予的劳动权利。否则，那些享受了养老保险的人员对比弱势劳动者来说就具有了很明显的优势。而他们再次进入市场也很可能挤占劳动力市场的资源与名额，这就造成了极大的不公平。不过，无论劳动者是否存在差异，相比于用人单位而言，其从属性地位都没有改变。我国劳动立法未对劳动者概念进行明确具体的定义，是造成退休再就业人员劳动者身份难以统一认定的原因之一。

第二，用工关系的法律属性认定存在分歧。不仅再就业老年人劳动者主体资格的认定存在差异，退休再就业人员用工关系的法律属性认定同样存在着分歧。有的认为其应当属于劳动关系，有的则认为应该属于劳务关系，也有的认为应该属于特殊的劳动关系。根据最高人民法院《关于审理劳动争议案件适用法律若干问题的解释(三)》规定,其用工关系为劳务关系①,所以,在再就业的过程中,双方并不能够签订劳动合同。但根据我国《宪法》中第四十五条②可知,国家设定公民享有的退休权,是为了保护合法劳动权益,而非强制退休的义务。换言之,虽然老年人已经超过了法定退休年龄,但不能据此判定其不属于劳动者。只要劳动者与企业存在劳动关系,就应当适用《中华人民共和国劳动法》。由此可见,用工关系的法律属性依据不同法律条款会有不同的判断,而现实中,不同地区的法院也出现过不同的判决结果。正因如此,老年人与用人单位发生用工纠纷时很难运用法律去解决问题。

### 3.2.3  由工资判定不清晰导致实际用人成本的提高可能抵消了再就业的优势

与年轻人不同,再就业的老年人由于身体状况的原因,往往无法承受较为繁重的工作任务与压力。同时,老年人受心理因素的影响也时常出现疲惫、倦怠的情况,导致他们的工作效率大大下降。而大部分单位都是以追求效率为目标,依照正常的工作标准,退休人员常常会因为请病假、工作效率低等原因出现工作无法完成的现象,产生工资克扣的问题,从而打击他们再就业的情绪,并造成恶性循环。

因此,对老年人的工资判定应当有别于正常的劳动者。由于身体状况的特殊性,老年人应当在完成同样任务目标的前提下获得更多的收入,这一点尤其应当在那些需要较多重体力劳动与工作收入不稳定的行业体现出来。对于那些事务繁

---

①  最高人民法院《关于审理劳动争议案件适用法律若干问题的解释(三)》第七条规定:"用人单位与其招用的已经依法享受养老保险待遇或领取退休金的人员发生用工争议,向人民法院提起诉讼的,人民法院应当按劳务关系处理。"

②  《中华人民共和国宪法(1982年)》第四十五条规定:"中华人民共和国公民在年老、疾病或者丧失劳动能力的情况下,有从国家和社会获得物质帮助的权利。"

杂、体力耗费较多的工作,应当给予老年人更多的工资;而对于收入不稳定的工作,最好设置一定限额的底薪,再辅以提成补贴老年人。此外,老年人的身体素质也决定了他们患病与受到工伤的可能性较高,受到的伤害也更大。在发放福利补贴时,用人单位也应当以工伤保险、医疗保险与重大疾病保险为主。但是,这样做的后果便是使用人单位的用人成本上升,进而抵消了采用再就业老年人所带来的优势。而正如前文所言,由于老年人在法律定位方面的模糊性,在相同的经济成本下,企业更宁愿选择年轻人来从事相同的工作,这就使有意愿再就业的老年人在劳动力市场上无法获得心仪的工作。

## 3.3 影响老年人口再就业的其他因素

### 3.3.1 由老年人自身与社会文化产生的就业歧视问题

排除一些确实不适合老年人就业、不利于老年人身心发展的岗位,在很多领域,针对老年人的就业歧视非常普遍。所谓老年就业歧视,是指用人单位在没有合法事由的情况下,仅仅由于年龄因素而侵害劳动者就业权和劳动权的行为①。目前,在劳动力市场上,存在着两种不同原因的就业歧视。

第一种是对老年人身体素质、工作效率的劳动性就业歧视。出于对老年人的刻板印象,很多用人单位会认为再就业的老年人在体力、智力水平上都逊于与之竞争的年轻人,致使他们的工作效率大大下降,也无法承担高强度的工作。而他们墨守成规、不易变通的特点,使他们难以接受新的知识与技能,无法适应科技日新月异的发展。在这种心理的影响下,用人单位往往会给予老年人以歧视性对待,不愿意招募再就业的老年人。

---

① 宋贻强.延迟退休语境下老年就业歧视的法律规制[J].法制博览,2019(07):33-36.

第二种是受到传统社会文化影响的文化性就业歧视。我国的文化传统中一直强调要尊老爱老,似乎老年人由于身体状况的原因是弱势群体需要颐养天年,不应该再从事其他任何工作。从社会上主流观点来看,让老年人再就业,就是子女未尽到孝顺的责任,雇佣老年人的企业也被冠上"压榨"的骂名。因此,即使很多企业有意愿雇佣一些老年人,但为了企业的声誉,他们会拒绝聘用老年人。

两种歧视并不是完全对立的。一方面,文化性就业歧视的产生归根到底还是由于老年人身体素质,即受到劳动性就业歧视的影响。另一方面,由于劳动性就业歧视常常为人所诟病,考虑到社会舆论的影响,很多企业会拒绝聘用老年人。

### 3.3.2 技术变革对老年人再就业产生双重影响

社会的不断发展不可避免地产生技术的更新与进步。而技术进步对于老人的影响也是有好有坏。

一方面,技术进步可以使老年人"扬长避短",对再就业产生明显的积极作用。首先,技术进步能创造出许多新的产业,带来就业岗位的增加;其次,劳动节约型技术降低了工作强度,减少了工作时间,这对在身体素质上居于弱势的老年人来说是非常有利的。在相同条件下,老年人更能发挥出他们在经验与技能方面的优势,进而获取更多的工作岗位。

另一方面,技术的更新也会改变目前市场上的就业结构,对老年人再就业起着阻遏作用。由于生理方面的劣势,老年员工在学习新技能等方面要逊色于年轻人。当技术发生更迭时,老年人从技术进步获得的收益将会远远低于年轻人。同时,由于技术与劳动之间的替代效应,新设备的引进会不可避免地迫使许多传统岗位逐渐消失,进一步减少了老年人再就业的门路。

依据技术进步所节省的生产要素不同,可以把技术分为劳动节约型技术与资本节约型技术,而不同的技术对于老年人再就业起到的影响也大不相同。根据龚红等的实证分析结果,劳动节约型技术通常会促进老年人的再就业,发挥"补偿效应",而资本节约型技术则恰恰相反。同时,技术变革的程度也会对老年人再就业产生影响。在技术变革程度较小时,技术往往会阻遏老年人的就业,起到"侵蚀效应";而当技术变革的程度较大的时候,技术的"补偿效应"往往会占据主导地位①。

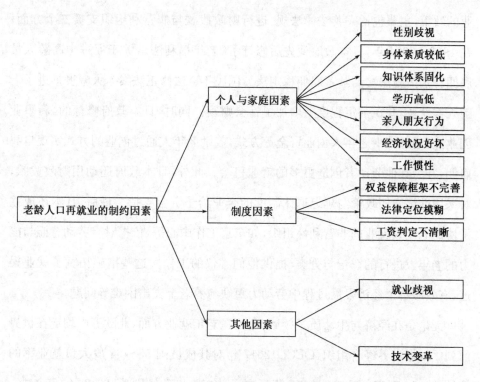

**图 4-3　老龄人口再就业的制约因素**

---

①　龚红,罗岩,彭姗.技术进步对老年再就业产生了"补偿"还是"侵蚀"效应?[J].中国软科学,2017(11):77-85.

### 第四节　老龄人口再就业的渠道与路径

#### 4.1　国外促进退休老年人再就业的政策

日本对于老龄人口再就业的研究较早,且已经出台了不少促进老年人再就业的政策,主要包括完善法律法规、进行财政拨款与非营利组织支援三个方面。在 1963—2004 年,日本政府便先后修订了《老年福利法》《关于促进中高龄人员雇佣特别措施法》《高龄者雇佣稳定法》《国民年金法修正法案》,大幅度推进了老龄人群就业,并在一定程度上增加了社会财富。同时,日本政府修订的《新事业创业法》通过减少老年人创业资金等方式,鼓励老年人通过创业的方式实现自我雇佣,并为其他劳动者创造更多的就业机会。此外,日本政府还动用财政拨款,对采用继续雇佣政策与延迟退休制度的企业给予资金支持。最后,日本还成立了协助老年人就业的非营利性组织,如东京工作中心等,依据对有劳动意愿与能力的老年人进行的登记与分类,提供他们心仪的工作。这些措施拓宽了就业渠道,有效缓解了经济发展过程中劳动力短缺与养老金支出困难等问题。[①]。

无论是在经济与生活质量领域,还是在老年就业方面,北欧五国均走在世界前列。根据世界经合组织(OECD)2017 年对其成员国 55～64 岁人口就业率的统计,冰岛、瑞典、挪威、丹麦、芬兰的平均就业率分别为 83.0%、76.4%、71.6%、69.1%、63.6%,五者均高于其成员国的平均就业率[②]。同时,北欧国家

---

① 李鑫,侯冰洁. 日本退休老年人再就业政策分析及对我国的启示[J]. 投资与合作,2020(08):169-171.

② 数据来源:世界经济合作与发展组织网站,https://www.oecd.org/employment/emp/ageingandemploymentpolicies.htm,其中冰岛数据为估计值。

通过了一系列法律法规，逐步完善了老年人的就业保障，改善了老年人的就业环境，更进一步推进了老年教育。以冰岛为例，冰岛法律规定，67 岁以上老年人可以领取养老金，并取消了领取养老金的最大年龄限制。同时，冰岛的劳动法也对于解除再就业老年人的合同的通知时间做出了一系列规定，以此来优化就业环境。此外，冰岛政府在 2010 年通过《成人教育法》，通过提升老年人的职业技能，改善与解决老年人就业中遇到的不公正问题[①]。

面对数量不断增多的老龄人口，美国从"健康""参与""保障"三条路径入手推进积极老龄化实践。在"健康"方面，美国构建多层次、多类型的老年健康保障体系，并制定了《长期护理保险示范法规》。在"参与"方面，美国则积极推进有弹性的延迟退休制度，其规定的退休年龄在 66 岁左右，下限为 62 岁。随着退休时间的延迟，能够领取到的养老金也越多。同时，美国政府也通过退休返聘等手段吸引老年人继续工作。这部分老年人既可以获得正常的养老金收入，也可以获得额外的工资收入。此外，政府还通过技能培训帮助再就业老年人提高就业技能。最后，在"保障"方面，美国则先后制定了《美国老年人法》《职工退休所得保障法》《反老年人就业歧视法》《老年人公平法案》等[②]。

通过对国外促进老龄人口再就业案例的分析，延迟退休依然是应对老龄化的主要措施之一。因此，在老龄人口再就业制度、环境尚未成熟的时候，依然要把延迟退休政策的制定、执行作为当前的主要任务。参考国外通行的做法，可以采取如下措施推进延迟退休政策的实施。

---

① 杨志超.北欧老年就业政策对我国延迟退休制度的启示[J].学术界,2013(07):214 -221,312.

② 凌莉.美国积极老龄化政策和实践及其对我国的启示[J].经济研究导刊,2018(33):45 - 46.

## 4.2　我国首先应当积极推进延迟退休政策

### 4.2.1　延长退休年龄的可行性

首先,随着人均寿命的增长,旧有的退休政策不再适应。随着社会的发展与科技的进步,生活水平与医疗水平有着明显的提高。目前,我国的人均预期寿命已经从 1981 年的 67.77 岁上升至 2015 年的 76.34 岁[①]。但是,我国现今使用的法定退休年龄标准依旧是根据 1978 年的情况制定的[②],这已经明显无法适应人们生活与社会发展的需要了。人均寿命的逐年增长为延迟退休政策的实施提供了客观基础,在如今劳动力短缺的前提下,延长退休年龄并挖掘人均寿命延长后老年人的就业潜力,重视开发老年人劳动力资源就显得尤为重要了。

其次,随着受教育年限的增长,劳动力进入劳动市场时间延迟。伴随着人们平均寿命增长的是人们平均学历的提高以及与之相伴的受教育年限的延长。随着经济社会的发展,我国劳动力受教育年限逐年增加,2021 年教育事业统计数据结果显示,全国劳动年龄人口平均受教育年限为 10.9 年[③]。毫无疑问,虽然学历的提高使人们更能高效率地胜任工作,但由于旧有的退休政策,人们不得不在规定的年龄退休离开就业岗位。在退休时间不变的情况下,受教育年限的延长会不可避免地导致人们工作的时间占整个生命周期的比重下降。尤其是当培养一名专业人才的时间很长时,这一问题将更加突出,很多高素质、高学历的人才还未充分发挥自身价值就已经达到退休年龄,造成人力资本的严重浪费。因

---

①　数据来源:国家统计局国家数据网站,https://data.stats.gov.cn/easyquery.htm?cn=C01&zb=A0304&sj=2021。

②　信息来源:中国人大网,现行有效法律目录,http://www.npc.gov.cn/npc/c30834/202204/d221d65dc57f4c649886c15257cf8634.shtml。

③　受教育年限数据引自教育部官网 2021 年教育事业统计主要结果:http://www.moe.gov.cn/jyb_xwfb/gzdt_gzdt/s5987/202203/t20220301_603262.html。

此,在劳动力进入市场时间延迟的背景下,延长退休年龄可以充分挖掘高学历人才的价值,进而更加合理有效地利用人才资源。

第三,延迟退休不一定使得就业形势更加严峻。目前,很多人由于对延迟退休与劳动力市场状况了解不充分,认为延迟退休意味着年长的人占据着重要岗位,会加剧就业市场的严峻形势,挤压年轻人的就业空间。但事实上,劳动力无限供给的时代即将过去,我国劳动力已经逐渐由买方市场转变为卖方市场。虽然现阶段劳动力总量依旧较多,但已经隐隐有供给不足的趋势。王金营、蔺丽莉预测,我国的就业人数已经接近峰值,无论是否考虑老年人的再就业问题,我国的劳动力供给都会在 2050 年前后大幅减少①。因此,延迟退休并不必然带来就业形势的严峻。相反,延迟退休增加了市场中的劳动力供给,降低了劳动成本,社会的生产效率也有所提高。长期来看,也会拉动我国 GDP 的增长,转而提供更多的就业岗位,对于年轻人的就业有促进作用。

第四,延迟退休也是世界各国的通行做法。依照国家或地区简单平均计算,全球的"法定退休年龄"为男性 61.3 岁,女性 59.89 岁,二者均高于我国的平均退休年龄②。而在过去的几十年里,提高退休年龄以应对老龄化已经成了世界各个国家的共识。多数国家近年来都出台了与延迟退休年龄相关的法律法规,或者有计划延迟退休年限。韩国在 2013 年将领取养老金的年龄变为了 61 岁,并计划在 2033 年进一步提高至 65 岁;美国也将领取全额养老金的年龄从 65 岁提高到 67 岁。在世界经济合作组织的所有成员国中,只有西班牙、芬兰、荷兰、墨西哥、冰岛、英国这些国家并未延长退休年龄,但早在半个世纪之前,这些国家

---

① 王金营,蔺丽莉. 中国人口劳动参与率与未来劳动力供给分析[J]. 人口学刊,2006 (04):19-24.

② 郝君富,李心愉. 退休年龄国际比较与退休年龄延迟政策发展趋势研究[J]. 中国地质大学学报(社会科学版),2015,15(06):68-76,168.

的退休年限就已经保持在 65 至 67 岁之间了①。

### 4.2.2　延长退休年龄带来的优势

第一，延迟退休有利于缓解市场劳动力短缺状况。目前，我国劳动力人口数量呈现出下降趋势，无法再依靠过去的"人口红利"实现经济的迅速发展。同时，劳动年龄人口的年龄结构也愈发趋于高龄化，高龄劳动人口的占比持续增加。要想解决劳动力短缺的问题，有两条途径：第一是提高生育率，第二是延迟退休与再就业。虽然我国已经通过相关政策提高了人口的出生率，但在短时间内，想要大幅度增加劳动人口的供给并不现实。因此，较为有效的方法是采用延迟退休与促进老龄人口再就业的方式增加当前劳动力的总量。但再就业针对的是已经退休的老年人，相比于延迟退休有一定自愿性质。通过延迟退休的手段，能够在短时间内缓冲劳动力不足的问题，并且在一定程度上减小用工成本上行压力，缓解工资膨胀的问题。

第二，延迟退休有利于减轻家庭的养老负担。通过延迟退休的方式，可以延长老年人的工作年限，增加老年人的养老金收入，提高人均资本积累水平。同时，随着工作年限的延长，个人缴纳社保的年限也相应增加。一般来说，老年人在退休后，他们的经济收入主要依靠养老金与子女补贴的赡养费用。伴随着通货膨胀，老年人从养老金方面获得的收入逐年降低，他们会更加依赖子女的赡养，这也增加了子女的生活负担。而通过延长退休年龄的方式，可以令老年人获得额外的资金来源，为家庭创造收益，缓解家庭的经济负担并提高生活水平。

第三，延迟退休有利于降低公司运营的成本。随着我国老龄人口比重增加，巨大的离休与退休费对于企业来说是一笔不小的开支。而延迟退休，对于企业

---

① 数据来源：中国养老金发展报告 2011[M].北京：经济管理出版社，2011.

来说可以减轻支付压力。同时,在员工招募方面,当下年轻人更偏好热门的新兴产业,而对很多冷门的工作不屑一顾,这使得这些部门往往出现"一将难求"的情况。伴随着老年人的逐渐退休,从事这些工作的人数逐年减少,这使得招聘费用与培训费用节节攀升。但是,这些部门的很多老年人并不逊色于年轻人,甚至由于经验与技能的熟练度较高,比年轻人更有优势。通过延迟退休的方式留住这些老年人,可以缓解人才紧缺的问题,降低招聘成本。此外,通过退休返聘等方式就业的老年人,很多时候对于薪资的要求并不高,这进一步减少了企业的用工成本。此外,在职的老员工对于新招聘的新员工还有着激励与指导作用,能够降低新员工的培训费用。

第四,延迟退休也有利于减少国家及政府养老金的开支。一方面,由于我国在养老基金管理与养老保障制度的设计方面还存在着不足,使得养老金的缺口逐年增长;另一方面,人口老龄化问题愈发严重,退休人员激增,这使得国家在养老金方面面临着较大的支出压力。而通过增加在职员工缴费率、减少退休人员养老金替代率等方式增加收入或减少开支,都容易引起人们的不满,在短时间内难以执行,无法取得理想的效果。因此在现阶段,延长退休年龄是缩小养老金缺口最合理的方式。通过渐进式退休的方式,能够缩短养老金的偿付时间,从而缓解政府的财政压力。根据林义在《养老保险改革的理论与政策》一书中的计算,当我国法定退休年龄每增长 1 年,养老统筹基金可以增收约 40 亿元,减少支出约 160 亿元,共计减缓养老金的缺口约 200 亿元①。

第五,延迟退休也有利于促进就业公平。从男女平等的角度来讲,目前,我国对于不同性别采用不一样的退休年龄政策,其中男性的退休年龄比女性延长五年,过早退休可能使女性在事业上的追求无法充分满足。因此,可以根据女性

---

① 林义.养老保险改革的理论与政策[M].成都:西南财经大学出版社,1995.

的生理与心理特点,适当提高女性的退休年龄,以促进社会的公平。此外,不同职工受教育程度不同,其在劳动市场上发挥的作用也不同,采用"一刀切"的退休政策,不利于发挥高素质人才的价值。采用延迟退休年龄,尤其是分行业分步骤实行弹性退休年龄的政策,可以兼顾不同人群的就业公平。

### 4.2.3　延长退休年龄可能带来的问题

虽然当前推进延迟退休政策具有必要性,但是延迟退休年龄也具有一些不足之处。

第一,延迟退休可能对重体力劳动者不公平。由于工作环境较差、工作强度较高等原因,从事重体力的劳动者身体受到的损害往往较高。这部分人工资相对较低,同时又要缴纳养老金,达到原定退休年龄又要进一步延迟退休,可想而知,延迟政策的出台必然会遭遇强烈反对,对社会的和谐稳定产生不利影响。同时,对于那些收入较高的劳动者,延迟退休可以让他们得到更多的利益。这在一定程度上会拉大收入差距,加剧社会的不公平。

第二,延迟退休在一定程度上忽视了企业与老年人的意愿。不可否认的是,随着年龄的增长,绝大多数老年人会在思维与体力上出现退化,其工作的效率与强度都远低于年轻人。而原本的退休制度在一定程度上有利于企业快速吸收新鲜血液,激活企业的活力并促进企业发展。在"一刀切"的延迟退休政策实施之后,用人单位将不得不聘用很多老年人,这就造成了经济上的损失。同时,对于那些希望安享晚年的劳动者来说,延迟退休政策与他们的想法产生了冲突。很多已经做好退休准备的老年人将不得不继续工作,极大地影响了他们的心理与生理健康,也容易造成社会的不稳定。

因此,为了解决延迟退休可能带来的问题,政府相关部门应当充分研究、分类指导,针对不同行业以及不同的单位制定灵活的延迟退休政策。

### 4.2.4 延迟退休年龄的实施路径

第一,为了有效推进延迟退休政策,必须杜绝"一刀切"的方式,采用弹性退休制度。由于不同员工在身体素质、教育程度等方面并不相同,仅仅是采用简单的"一刀切"方式延长退休年龄会引起社会公平性的缺失。因此,可以根据实际情况,设立有弹性的延迟退休制度,通过设置退休年龄的年限范围,员工在达到这一范围之后自愿退休。

采用弹性退休制度,既推迟了退休的年龄,延长了缴纳养老金的年限并增加了缴费人数;也延迟了人们养老金支付的时间,改善收支平衡;同时也兼顾了社会公平性。那些有能力、有精力的老年人可以继续工作,发挥自己的价值;而那些重体力劳动者也可以自己选择退休。此外,在采用弹性退休制度的同时,可以采用渐进式改革的方式,以避免出现步子过急对一些人的利益造成损害的情况,使民众更易于接受。

第二,完善养老保险激励机制势在必行。当前,我国的养老保险制度还存在着很多不足,与延迟退休政策在一定程度上存在冲突。而想要充分发掘老年人的价值,就必须在延长退休年龄的基础上进一步完善我国现存的养老保险制度。例如,可以借鉴美国的做法,建立"长缴多得"等激励机制,并提高延长缴纳年限之后的收益比,让选择延迟退休的劳动者受益更多,通过越推迟退休而领取的养老金越多的方式,来鼓励晚退休。此外,结合养老保险激励机制,让延迟退休时间越长的老年人得到更多的收益,降低政策制定时遇到的阻力,进而被更多的民众所接受。

综上所述,延迟退休政策确实能在一定程度上缓解劳动力供给短缺问题,但其实施带有一定强制性,一定程度上忽视了企业与老龄人口的意愿。同时,延迟退休政策难以权衡各行业间的具体差别,在一些重体力行业并不具备延迟退休的条件。此外,延长退休年龄也并未考虑到政策实施前已经退出市场的那部分劳动力。

因此,想要从根本上发掘老龄人口资源,解决劳动力供给不足的问题,积极推动老龄人口的灵活再就业势在必行。

### 4.3 老龄人口再就业的岗位选择与实施路径

#### 4.3.1 老龄人口再就业的岗位

第一,知识与经验导向型职业比较适合老年人再就业,如大学教授、医院专家等。正如前文所说,相比于年轻人,许多老专家的优势在于其知识面丰富且具有专长,甚至有部分老年人是专业领域的知名专家,是国家宝贵的人才资源。因此,开展高智力老龄人口的再就业具有重要的意义。正因为如此,这部分老年人可以承担许多依靠知识、经验为导向的职业,诸如大学教授、医院专家、高层次管理人才等等。这些职业大都不需要高强度的体力劳动,而是以经验传递与知识讲授为主,这使得再就业的老年人们可以采用弹性工作制等方式规避体能下降带来的缺憾。以科研机构为例,对于那些身体条件尚好的老教授、老专家等,可以考虑通过延迟其退休年龄等手段,充足学校的师资力量。学校既可以通过返聘他们回到原来的研究岗位的方式,也可以通过成立老年科技者协会、教育研究会等手段,将这些高智力老龄人口资源重新组织起来,使其继续从事科研工作。

不仅如此,刚退休下来的老教授、老医生等人群本就处于专业学科领域的前列,对于新知识的接受能力较强,不易出现思维固化等问题,而且这部分老年人对于科学技术发展的热情与积极性都较高,也更乐于继续从事先前的科研教学工作。这部分人群的再就业可以将曾经的经验与知识传递给青年的科技工作者,有助于年轻人进一步提高与扩充自己的知识储备。

此外,在一些老教授退休后,还可以考虑将他们向一些社会办学或者是传统院校之外的教育机构转移,使得他们既可以参办社会中各种各样的培训机构,也可以在其他的普通专科类院校中任职。而老教授的任职同样可以吸引一批慕名而来的学子，从而改善培训机构与普通专科类院校教师资源不足的问题。当然，目前国内还出现了教育资源在地域上分布不均的问题。内陆地区生活成本较低，但教育资源相对匮乏；沿海地区教育资源充足，但生活成本较高。因此，可以适当让一部分退休老教授从沿海地区向内陆地区转移，这样做一方面可以促进当地教育发展，另一方面也可以改善退休老人们的养老环境。

第二，阅历与人脉导向型职业，如企业顾问、心理辅导人员等适合老年人再就业。相比于刚步入社会的年轻人，老年人掌握了极其丰富的社会经验以及巨大的人脉关系网。这些都是尚未被充分挖掘的隐形财富，也往往是那些刚刚步入社会的年轻人所并不具备的。因此，诸如企业顾问、心理辅导工作、公益性组织的筹款工作等等，可以吸纳老龄人口再就业。让老人承担顾问工作，可以使他们更容易将自己的技能与经验传授给同行业中的青年人，使得职业生涯中的专长得以被充分利用。而且上述岗位工作时间灵活，这正是老人找工作所必要的。同时，老年人的丰富阅历使得他们能够更容易理解与认同他人，所以让他们担任心理辅导的工作也是不错的选择，可以通过由老年人分享自己的阅历与见识，开导前来寻求帮助的年轻人，形成某种意义上的互帮互助。一方面，老年人自身的经历可以开导年轻人，使其得到慰藉；另一方面，年轻人愿意倾听老年人的故事，也有助于缓解老年人无人交流的孤独空虚感。此外，由老年人在公益性组织进行筹款工作也是不错的选择。老龄人口往往有着丰富的人脉，由老年人进行筹款工作，可以充分挖掘老年人的人脉资源，更好地促进公益事业的发展。

第三，鼓励老年人从事照护与服务导向型职业，如护理工作等。不同于知识与经验导向型的职业，以服务照护为主的职业特点在于不需要太高的学历但是需要较好的耐心，而且就业压力并不大，收入较为稳定，适合那些空闲时间较多的老年人。服务导向型职业包括：宿舍管理员、学校及小区保安、商场清洁工人、护理工作等等。以服务为导向的职业,虽然对于知识、技能的要求并不高,但是对于责任心、心理素质的要求更高,而这些特点又恰恰是已经退休的老年人所具备的。

以养老护理行业为例,当前我国居家社区养老现状不容乐观,很重要的一个原因便是医疗照护人员的缺失。《全国护理事业发展规划(2021—2025 年)》指出,尽管"十三五"以来护士队伍的数量与学历进一步提高,但仍存在发展不平衡、不充分的问题。同时,报告还特别指出,应当加快发展老年医疗护理,增加从事老年人医疗护理服务的护士数量,强化人员培养培训[①]。由于老年人之间年龄代沟较小、共同话题较多,彼此之间的交流与沟通更加的亲密,这样做既可以减轻护工行业的负担,也能够给再就业的老人找到适合交流聊天的对象,实现双向共赢。因此,让更多低龄老年人去照顾年龄更大的老年人,从事照料护理工作并进而缓解我国护理人员供给不足的现状非常有意义。

第四,鼓励老年人创业。除上述岗位之外,老年人还可以从事自主创业的工作。与年轻人相比,老年人的创业一般是比较稳健的,他们会对国家政策顺势而为,基本不会选择有太大风险的创业行为。相比于其他几种类型的职业,自主创业对于具有一定人脉、阅历、知识、经验的老年人比较适合,应该让那些在某一方面有着一技之长的老年人主动站出来,利用他们在原先领域所掌握的知识,将其转变为商业价值,进而促进经济的发展。总体来看,再创业的这部分老年人在身体素质方面与心理年龄方面要具有一定的优势。其中,那些具有高学历、高素质,手上甚至握有专利的老人,更适合成为老年人创业的主力军。例如,高校中商学院、法学院的老教授,可以在退休后建立会计师事务所、律师事务所,提供专

---

①　参见卫健委官网,国家卫生健康委关于印发《全国护理事业发展规划(2021—2025年)》的通知,http://www.nhc.gov.cn/yzygj/s7653pd/202205/441f75ad347b4ed68a7d2f2972f78e67.shtml。

业的会计、法律服务;大医院的专家,也可以开展线上问诊服务,为医疗保障事业做出贡献。不仅如此,老年人群体还可以跨行业进行合作,联手进行创业,如让一些生物科学专业的老教授与农学专业人才合作,共同开发新的生物技术等等。

### 4.3.2　促进老年人再就业的路径

第一,立法先行,政府应当出台相应法律法规为老年人的再就业提供保障。就如前文所述,目前,我国在老年人就业的立法方面依旧处于起步阶段,鲜有专门章节针对老年人再就业做出系统的规定。这些法律法规中,对于老年人的权利大都是粗略的一笔带过,并未涉及具体利益问题。这使得我国老年人再就业时不仅难以享受法律以及政策所提供的保护与优待,反而因为雇主的年龄歧视无法得到救济。因此,我国需要在相应法律法规中专门规定与老年人再就业相关的各种保障问题,明确老年人再就业时所享有的权利与应该履行的义务,明确界定雇主对于就业老年人的权利和义务,明确监管部门人员的责任,确保老年人再就业时有法可依。同时,我国也可以参考北欧国家的做法,编制反歧视方面的法律法规,借此杜绝在招工过程中可能出现的年龄歧视问题,为老龄人口再就业提供制度保障。

第二,建立与完善老龄教育体系,鼓励老年人不断接受教育。一方面,在面对日新月异的科学技术时,老年人的接受能力较弱,无法满足如今高新技术行业就业的要求。同时,在老年人就业过程中也可能出现盲目性。很多老年人并不了解市场行情,人云亦云,盲目跟风,再就业不仅未获得任何收益,甚至还可能产生不必要的经济损失。因此,可以适当开展针对老年人的职业培训计划,为老年人提供全方位的就业培训。同时,还应当尤其注重针对老年人开展信息技术方面的培训,传递讲授一些基础的互联网知识,让他们在信息化的时代紧跟队伍,跨越“数字鸿沟”,深切感受到信息化与智能化的方便。

　　另一方面,伴随着老人的退休,他们的心理上也不可避免地产生出空虚与失落。此时,加强老年人的继续教育也可以缓解他们心中的孤独寂寞感。同时,很多老人可能因为年轻时时间不够等原因,无法涉足自己感兴趣的领域,在退休后,出于完善与提高自身文化素质或者追赶上时代步伐的需要,很多老年人也会选择进入老年大学。为此,我国政府和社会组织应当建立与完善针对老年人的终身教育体系,满足老年人对于新知识的渴望以及对于完善自我发展的需要。

　　目前,我国老年教育已经取得了很大的进展,但相比于持续增长的老年人口,我国的老年教育还存在着许多不足,例如,过分关注开展文娱活动等。国家教育发展规划应当将老年教育纳入终身教育体系之中,通过"老有所学",进而"老有所乐"与"老有所为",最终实现全面发展。通过正规教育与非正式教育等多种渠道对那些有就业意愿的老人提供辅导和训练课程,也可以为主动接收教育的老年人推荐就业。政府也应该适时建立为老年人提供职业培训与帮助老年人再就业的职能部门,促进更多的老年人再就业。

　　第三,拓宽老年人再就业的渠道,改善退休制度,同时采用退休返聘等多手段促进老年人就业。当前,我国实行的强制退休制度在一定程度上造成了人力资源的浪费以及加重了社会负担,"一刀切"的强制退休制度亟待改革,我国应当逐渐引入弹性退休机制并鼓励用人单位建立返聘制度。政府还可以给予招聘退休人员的企业一定数额的补助与优惠,调动企业的积极性。

　　第四,搭建老年人力资源开发平台。在劳动力市场需求与老年人之间存在着"信息断层",很多老年人空有再就业意愿与能力,却不知如何就业、在何处就业,一些企业即使有意愿招募退休老人,却苦于无处寻觅理想的人才,双方之间的"信息断层"使得老龄人口再就业愈发困难,搭建老年人就业信息平台可以有效解决这个问题。社区可以成立就业中介所,搭建属于老年人的就业信息平台。根据老年人的技术、爱好、专长等,利用互联网建立老年人力资源信息数据库,帮助单位与老年求职者建立畅通有效的就业关系，而老年人也可以借由数据库迅速了解当今市场行情与需求，有针对性地准备、充实与完善自身，更好地适应再就业的要求。另一方面，可以推动建立老年人互助的群众团体，促进老年人自我组织、自我管理、自我参与、自我服务，通过建立"老年协会"等群组织，让退休员工找到归属感，同时为他们创造各种各样的活动与工作机会。

第五，通过媒体等宣传手段逐步提高全社会对于老年人就业的认可度，借此逆转就业歧视现象。受传统观念的影响，我国很多人依然认为老年人是需要照顾的弱势群体，老年人再就业是子女的"不孝"。同时，对于老年人再就业会减少年轻人的工作岗位的认知也较为普遍。因此，相关部门要为老人的继续工作做好充足的准备，通过新闻媒体等手段逐渐扭转人们对于老年人工作的看法。

第六，通过多种措施鼓励老年人参与社区治理。社区环境关乎着每一个社区居民的幸福感，而社区环境的提升则需要社区群众的广泛参与。但由于社区工作常常在白天开展，大部分年轻人与上班族都无法参与其中，使得社区工作的开展因为人手不足的问题而变得困难重重。而退休赋闲在家的老年人则是承担这一工作的最佳人选。部分老人白天无事可做，又无人可以交流谈心，往往觉得孤单寂寞。通过退休老年人组织成立社区工作小组，参与社区的治安巡逻、社区卫生清扫等工作，能够有效解决社区工作人手不足的问题。此外，一些具有基础医护背景的老年人，也可以主动承担照护失能老人的工作，以缓解社区居家养老过程中照护人员数量不足的困难。在参与社区工作的同时，退休老年人还能够遇到年龄相近的同伴，彼此之间加强交流，增强对于社区的归属感。

# 第五章　社区居家养老的困境与应对

国务院办公厅《关于推进养老服务发展的意见》(国办发〔2019〕5号)提出"持续完善居家为基础、社区为依托、机构为补充、医养相结合的养老服务体系"①，国家发展改革委、民政部、国家卫健委共同制定的《"十四五"积极应对人口老龄化工程和托育建设实施方案》②也明确提出鼓励"居家养老"，由此可见国家有关部门对于居家养老的重视程度。因此，我们需要对居家养老的基本概念与内涵、面临的困境与挑战进行更为深入的研究，并在此基础上提出应对措施。本章节将在前文分析的基础上就此专题进行更进一步的讨论。

## 第一节　社区居家养老的概念与内涵

在讨论居家养老的相关话题之前，需要对"居家养老"的概念与内涵进行准确的界定。很显然，"居家养老"不能简单理解为老年人自主进行养老，而应该是在整合社会各类资源的基础上，由全社会参与的养老模式。本节将在梳理专家学者以及政府相关部门政策的基础上，对"居家养老"的概念与内涵进行探讨与界定。

---

① 该意见全文参见中国政府网，http://www.gov.cn/zhengce/content/2019-04/16/content_5383270.htm。

② 该方案全文参见中国政府网，https://www.gov.cn/zhengce/zhengceku/2021-06/25/5620868/files/04b844773d1e4bb78dde9b8309aff945.pdf。

## 1.1　国内文献对于"社区居家养老"的讨论

在学者已有的研究中,对于社区居家养老的称呼各有不同,诸如"社区型居家养老""居家养老""社区居家养老"等。穆光宗、姚远[1]指出:"居家养老是建立在个人、家庭、社区和国家基础之上,以居家养老为形式,以社区医疗网络为基础,以国家制度政策、法律管理为保证,家庭养老和社会养老相结合的养老体系。"敬义嘉、陈若静[2]从养老服务提供的角度出发,他们认为:"居家养老指政府和社会力量依托社区,通过建立专业化的服务机构,为在家居住的老年人提供生活照料、家政、康复护理和精神慰藉等服务。"张奇林、赵青[3]对社区居家养老进行了如下定义:"社区居家养老作为一种养老方式(区别于传统的家庭养老和机构养老)与各种形式的收入保障制度(包括基本养老保险、职业年金、个人储蓄等)共同构建起社会养老保障体系。"

由此可以看出,学者对社区居家养老的定义虽然各不相同,但是基本围绕社区居家养老的地点、出资以及模式等方面对居家养老的概念进行了总结与剖析,并且普遍认为居家养老不是简单地由老人自身负责养老的养老模式。

## 1.2　国内政策对于"社区居家养老"的表述

近年来,国家相关部门对"居家养老"出台了诸多支持政策,这些政策对"居家养老"的概念、模式等都进行了相关论述。从 2000 年以来,关于"社区居家养

---

①　穆光宗,姚远. 探索中国特色的综合解决老龄问题的未来之路——"全国家庭养老与社会化养老服务研讨会"纪要[J]. 人口与经济,1999(02):17,58 - 64.

②　敬义嘉,陈若静. 从协作角度看我国居家养老服务体系的发展与管理创新[J]. 复旦学报(社会科学版),2009(5):8.

③　张奇林,赵青. 我国社区居家养老模式发展探析[J]. 东北大学学报(社会科学版),2011,13(05):416 - 420,425.

老"的相关政策文件如下表所示。

表 5‑1　近年来关于"社区居家养老"的政策①

| 时间 | 政策文件 | 文件要点 |
|---|---|---|
| 2000 年 8 月 | 中共中央国务院《关于加强老龄工作的决定》 | 发展养老服务业要按照政策引导、政府扶持、社会兴办、市场推动的原则,逐步建立和完善以居家养老为基础、社区服务为依托、机构养老为补充的服务体系 |
| 2006 年 2 月 | 国务院办公厅转发《关于加快发展养老服务业的意见》 | 鼓励发展居家老人服务业务。要通过政策引导,鼓励社会资本投资兴办以老年人为对象的老年生活照顾、家政服务、心理咨询、康复服务、紧急救援等业务,向居住在社区(村镇)家庭的老年人提供养老服务,为他们营造良好的生活环境 |
| 2013 年 9 月 | 《国务院关于加快发展养老服务业的若干意见》 | 到 2020 年,建成以居家为基础、社区为依托、机构为支撑的养老服务体系 |
| 2014 年 9 月 | 《国家发展和改革委员会、民政部、财政部等关于加快推进健康与养老服务工程建设的通知》 | 到 2020 年,全面建成以居家为基础、社区为依托、机构为支撑的养老服务体系,每千名老年人拥有养老床位数达到 35～40 张。 |
| 2015 年 2 月 | 民政部《关于鼓励民间资本参与养老服务业发展的实施意见》 | 明确提出"支持建立以企业和机构为主体、社区为纽带、满足老年人各种服务需求的居家养老服务网络",为社会力量参与养老服务业发展在投融资、用地等方面提供了有力支持。各地立足实际,在社区居家养老中探索建立政府购买服务制度 |
| 2021 年 6 月 | 国家发展改革委等《"十四五"积极应对人口老龄化工程和托育建设实施方案》 | 文件明确指出,支持家庭养老,完善社区居家养老服务网络 |

通过对近年来相关政策的梳理,我们不难发现,政府相关部门关于"居家养老"的定义主要从养老资金、服务、技术等方面展开,主要内容包括:重视居家社

---

①　本表格中相关政策参见相应发布单位的官网。

区养老、引入社会资本、加强政府补贴和建立好服务网络等。

## 1.3　"居家养老"的概念与内涵

在上文分析的基础上,综合老年人生活、经济支出以及政策演进等要素,本文对"社区居家养老"的概念与内涵作出如下阐释。

"社区居家养老"是在社区和居民家庭高度融合的基础上,老年居民直接居家进行养老,享受由社区提供的照料、医护等服务,并且有一定的养老机构进行介入、补充的一种养老模式。居家养老区别于过去的家庭养老,它的最大特征就是强调社区在其中发挥不可替代的重要作用。借由社区所提供的养老服务,老年人能够在熟悉的家中有所养、有所依、有所乐,一方面解决了集中在机构养老所产生的亲情淡薄、忽视老人心理的问题;另一方面,对传统的家庭养老做出了补充与更新,在儿女不及之处提供了养老支持。

从供给的视角看,"社区居家养老"由家庭养老与社区养老相结合组成。家庭养老的优势在于其不仅包含了经济上的赡养与生活上的照料,还包含了家庭之间亲情交流所带来的精神上的慰藉。当然,随着"少子化"趋势的逐步形成,家庭养老也面临着家人因为精力不足而无法顺利进行的事实。社区养老的优势在于可以通过社区内部公共养老设施的供给、社区不同家庭之间的互助以及上级民政部门的关心对家庭养老进行有效的补充。

从需求的视角看,"社区居家养老"面对的是在老龄化阶段具有自我生活能力的老人。这些老人虽然已经退休,但是由于其身体健康状况良好,能够在一定的范围内完成自己照顾自己的行为。随着我国老年人预期寿命的不断延长以及医疗水平的提高,今后"社区居家养老"会成为社会养老方式的主要形式。

从资金来源角度看,居家养老的资金可以采用家庭支付、社会资本与政府投入相结合的方式进行筹措。对于社区中可以盈利的部分可以引入社会资本,对于公共养老设施的改造可以由政府相关部门进行投入。

## 第二节　发展社区居家养老的背景与意义

随着我国人口老龄化程度的不断加深,庞大的老龄人口养老问题亟待通过"社区居家养老"这种模式来进行化解。在新的发展阶段,发展"社区居家养老"具有特定的时代背景与重要的意义。

### 2.1　发展社区居家养老的背景

社区居家养老的背景需要结合国家经济发展以及社会变迁的大环境来看。宏观背景上,国家政策支持发展社区居家养老;行业背景上,社区居家养老行业发展态势良好;家庭背景上,居家养老符合中国人生活习惯。这些情况都说明了居家养老发展模式是适合中国国情的,是必要且亟待发展的。

第一,政策支持力度大。随着我国老龄化问题的日益突出,2019 年国务院办公厅印发的《关于推进养老服务发展的意见》[①]明确提出,要"构建居家为基础、社区为依托、机构为补充、医养相结合的养老服务体系,更好满足老年人养老服务需求。"《"十四五"积极应对人口老龄化工程和托育建设实施方案》[②]也明确指出,要支持居家养老,完善社区居家养老服务网络。特别是伴随着城市化进程的持续以及人们生活方式的改变,独居空巢老人或者与子女不同住的老人在社区的比例进一步提高,社区已成为大多数老年人提供居家养老服务的重要载体。

---

①　该意见全文参见中国政府网,http://www.gov.cn/zhengce/content/2019 - 04/16/content_5383270.htm。

②　该方案全文参见中国政府网,http://www.gov.cn/zhengce/zhengceku/2021 - 06/25/content_5620868.htm。

第二,庞大的养老市场缺乏相应的服务供给。第七次全国人口普查结果显示,中国 65 岁及以上人口比重已达 13.5%[①],中国已拥有了全世界总量最庞大的老龄群体。然而,庞大的老龄人口对于居家养老的需求却没有足够的服务供给去满足,国内的护工人员和养老机构的数量都小于应有的标准值,造成了养老服务市场明显供小于求的现状。居家养老在空间上依赖于已经成熟的社区,社区以及政府有关部门提供的养老服务在很大程度上实现了老年人生活质量的提升,有可观的发展前景和极强的生命力。

第三,养老资金的缺乏需要发展社区居家养老。根据国家统计局发布的数据,截至 2021 年,全国居民人均可支配收入已达 35 128 元[②],但距离发达国家的收入水平仍然较远。在养老的支出方面,老年人因为收入下降会挤压其在养老方面的消费。以江苏省为例,如前文第一章所述,调研数据中大部分的老龄人口月收入较低。受访人群中,50%的老年人的月均消费低于 2 000 元,仅有 8%的老年人每月消费额高于 5 000 元;从收入来源看,75%的受访老人收入主要来源于退休金或其他社会保障,投资收益、再就业等其他收入来源占比极低,总体收入方式单一;从收入保障的角度看,享有商业保险等其他保障措施的老人仅占比 8.3%,老年群体抗风险能力相对脆弱;同时,仅有 6.7%的受访老人雇佣保姆或护工,还有部分老人在访谈中表示,自己的基本生活质量因为无力雇佣护工而受到影响。因此,发展居家养老可以提供价格较为低廉的养老服务,对于收入较低的老年人具有重要的意义。

第四,社区居家养老相关行业迎来了较好的发展机遇。近年来,党和国家对居家养老行业非常重视,相继出台了一系列的居家养老相关行业政策,加上我国

---

① 参见全国人口第七次普查公报,http://www.stats.gov.cn/tjsj./tjgb/rkpcgb/。
② 该数据引自中华人民共和国 2021 年国民经济和社会发展统计公报,http://www.stats.gov.cn/tjsj/zxfb/202202/t20220227_1827960.html。

社区治理水平逐步提高,使得发展居家养老可以通过上门服务和日间照料等方式把居家养老与社会养老有机结合起来。所以不管是从政策还是从社区治理的角度来看,居家养老行业都迎来了较好的发展机遇。

第五,社区居家养老符合中国人生活习惯。享受天伦之乐是中华传统文化的一部分,也符合中国大多数人的生活习惯。当前,老年人多与子女共同生活,大部分与子女共同居住的老年人并不愿意离开家庭入住养老机构。社区居家养老既能够让这部分老年人享受到养老基础设施和基本医疗服务,又能够让老年人继续感受到家庭的温暖。同时,社区居家养老能够应对老人身边偶尔无人照顾的情况,方便老年人的日常生活,社区里的文化娱乐健身的场所也能很好地满足他们的需求。因此,发展社区居家养老对于家庭和睦以及弘扬家庭美德具有积极意义。

## 2.2 社区居家养老的意义

在前文分析的基础上,本节就居家养老的意义进行讨论。总的来说,居家养老对于弘扬中国文化以及解决资金、人员等多方面供需矛盾具有积极意义。

### 2.2.1 社区居家养老对于弘扬传统文化具有积极意义

不同的文化对养老模式有很大的影响。西方国家的养老强调社会和国家的整体参与,东亚地区则更突出家庭的重要地位。我国是一个重视孝道的国家,儒家文化主张"百善孝为先",着重强调家庭中子女应该对父母进行赡养,这决定了我国是以社区居家养老为主流养老方式。

"孝"是儒家文化的核心思想之一,更具体的表现为:老人非常在乎子女对自己的赡养,没有亲自赡养老人的儿女则通常会被周围的人际关系圈谴责为不孝。因此,即使是在养老机构日渐完善的现代社会,入住养老机构仍然不被传统的孝道观认可。社区居家养老一方面能够让子女与老人住在一起,满足人们的孝道观,另一方面也能由社区提供一部分帮助,减轻子女的负担。此外,从商周延续而来的中华传统文化中的宗族观影响深远,中国社会一直以家为最小单位维系关系。老人们期望儿孙满堂,宗族兴旺,社区居家养老能够满足老人的心理需求,对子女而言,其家族的归属感也能得到满足。

因此,从实际出发,我国发展居家养老与弘扬中华民族孝道文化的要求是一致的,我国应当鼓励发展以家庭为基础的社区居家养老服务模式,探索具有中国特色的低成本、高效率、高幸福感的社区居家养老服务模式。

### 2.2.2 社区居家养老可以缓解专业养老机构供求矛盾与成本高昂的困境

在我国,较早的关于养老服务格局的探讨始于上海市 2007 年 1 月 24 日颁布的《上海民政事业发展"十一五"规划》,在该文件中提出了"9073"的养老服务格局,即老年人中 90％由家庭自我照顾,7％享受社区居家养老服务,3％享受机构养老服务[1]。后来,在 2017 年 2 月 28 日国务院颁布的《"十三五"国家老龄事业发展和养老体系建设规划》中又将居家养老与社区养老合并表述,新的提法是"夯实居家社区养老服务基础"[2]。我国老年人的养老方式更多依托于社区服务居家养老,背后的原因是市场的供需状况。从供给的角度来看,我国养老机构目前建设尚不完善,发展不成熟,存在一系列的困境与挑战,导致了老年人入住困难、入住体验差等一系列的问题,因此老年人入住机构进行养老的意愿不强。当前,专业养老机构面临的主要的问题有以下几个方面:

---

① 该规划全文参见上海市政府官网,https://www.shanghai.gov.cn/nw16920/20200820/0001-16920_10052.html。

② 该规划全文参加中国政府网,http://www.gov.cn/zhengce/content/2017-03/06/content_5173930.htm? trs=1。

第一,供求矛盾明显突出。随着老龄化进程持续演进,全社会对专业性养老机构的需求持续增长,而此时养老服务有效供给并不充足,专业化的养老服务供给更显不足。截至 2020 年年底,全国共有各类养老机构和设施 32.9 万个,养老床位合计 821.0 万张,每千名老年人拥有养老床位 31.1 张。其中:注册登记的养老机构 3.8 万个,床位 488.2 万张;社区养老照料机构和设施 29.1 万个(其中,社区互助型养老设施 14.7 万个),社区养老服务床位 332.8 万张①。这一比例远低于发达国家 50‰至 70‰的平均水平。在已有的养老机构中,现有大部分养老机构的服务功能较为单一,只包含基本的饮食起居照料,在医护服务方面存在明显不足,难以满足老年人的多样化需求。以江苏为例,根据 2021 年江苏省消保委发布的《江苏省养老方式及服务需求研究报告》,目前老年人的养老服务需求排前几位的依次是:清洁(27.1%)、医疗(看病就医、买药)(24.7%)、代办服务(代购、代领、代缴等)(17.1%)、日常餐饮提供(16.6%)等需求②。但是,提供多样化的养老服务对养老机构提出了较高的要求,护理服务主要集中在一些设施较为完善的养老机构,而这些机构收费普遍较高。

第二,养老机构招聘护理人员存在较大的困难。原卫生部在《护理院基本标准(2011 版)》③中做出了如下要求:护理院的临床、医技和职能等科室不得少于14 个,且要根据收住对象划分病区;每 10 张床或每病区至少配备 1 名具有主管护师以上专业技术职务任职资格的护士,每病区设护士长 1 名;全院每床至少配

---

① 该数据引自《2020 年度国家老龄事业发展公报》,参见国家卫健委官网,http://www.nhc.gov.cn/cms-search/xxgk/getManuscriptXxgk.htm?id=c794a6b1a2084964a7ef45f69bef5423。

② 该数据引自中共江苏省委新闻网,http://www.zgjssw.gov.cn/yaowen/202110/t20211012_7263046.shtml。

③ 该标准全文参见中国政府网,http://www.gov.cn/gzdt/2011-03/21/content_1828316.htm?from=androidqq。

备 0.8 名护理人员,其中注册护士与护理员之比为 1∶2～2.5。现有的人员投入和医疗设备很难实现这一要求。一方面,相关护理人员和专业人员方面有较大的人力资源缺口;另一方面,这也对养老机构的规模和资金投入提出了较高的要求和门槛。在人员方面,由于护工的工作具有工资收入低、工作脏、累的特点,民办养老机构的护理人员大部分来自周边的农村或者下岗职工,年龄大约在 40 岁到 50 岁之间,甚至有 60 岁以上的人员。同时护理人员还存在着专业水平低下、文化不足、工作满意度不高、性别比例失调等问题。此外,由于相关知识能力和意愿的欠缺,外加护理人数不足,大部分护工日常工作的范围仅仅局限在基本生活保障,老年人的生活质量和精神生活却无法得到有效保障。护工中专业医护人员和基础医疗的缺位使得机构中老人生病时更加难以得到及时的发现和救助。

第三,养老机构整体运营成本高昂,前期投入与中期运营资金需求量大。养老机构设立与运营有一个较为复杂的过程,当前有关养老机构在土地、贷款、购买服务和相关经费等方面的政府配套措施与政策没能及时完善,社会资本力量投入建设养老机构的积极性受到打击,民间资本力量的缺乏使得养老机构的供给乏力。而老年人不愿意进机构养老的原因也在于费用高,"便宜的养老院不想去,贵的住不起,中档的太少"的客观情况制约了老年人入住养老机构。以江苏为例,老年人入住养老机构平均的支付水平为 2 350 元/月①,这与养老院的运营成本差距较大。

综上所述,从我国发展的实际看,推行居家养老在中国具有必要性,同时推动社区居家养老具有两个方面的优势:有利于弘扬传统文化,有利于解决养老机

---

① 资料来源:江苏省消保委发布《江苏省养老方式及服务需求研究报告》,中共江苏省委新闻网,http://www.zgjssw.gov.cn/yaowen/202110/t20211012_7263046.shtml。

构存在的供求矛盾、成本高昂、人员配备不齐等问题。

## 第三节　社区居家养老的案例与模式

鉴于前文所述的社区居家养老的背景以及深远意义,对社区居家养老的研究迫在眉睫。因此,有必要在梳理剖析国内外社区居家养老方面卓有成效的案例的基础上,为进一步完善我国社区居家养老模式提供参考。

### 3.1　国外"社区居家养老"的典型模式与案例

#### 3.1.1　东亚国家在社区居家养老方面的探索

长期以来,东亚国家深受传统儒家文化影响,更加注重家庭观念。在东亚地区,传统的养老模式多为家庭自主养老,主要的养老费用都是家庭承担。然而随着时代的发展,东亚地区许多国家也面临着人口老龄化与生育率降低的挑战,中青年群体的负担将会更加沉重,完全由家庭负担养老费用的模式已经不能适应社会发展。在这种情况下,各国都在积极探索发展公共养老模式,如冯麒婷(2012)所述:"以家庭和亲戚的纽带关系为前提,公共福利服务和市场化服务为补充,并出台政策鼓励中青年赡养老人,大力推进同住型家庭养老的新模式。"这能够做到物质与精神上的双重养老保障。以日本为例,日本转向家庭养老和社会养老并重的社会养老模式具体表现为护理保险制度,2000 年 4 月日本《介护保险法》开始实施,政府、社会保险和个人共同承担养老费用,养老制度由社会福利制度向社会保险制度转变,不仅如此,日本政府还非常重视民间力量对养老服务事业的参与①。

韩国则实施"家庭照顾第一,公共照顾第二"的养老政策,并且利用税收减免政策支持养老。韩国政府制订了细致的税收优惠政策来支持居家养老,例如2008年7月韩国颁布的《老年长期护理保险法》中提到对赡养父母的子女的优惠政策:赡养父母的子女继承遗产时给予税收额减免;可免除部分遗产税和所得税;与父母共同生活者可免除一方出租或出售房屋的所得税;可以获得政府优惠贷款用于购置、新建住房;使用医疗保险卡为父母看病时实报实销②。

在新加坡,政府认为"孝"可以起到由稳固家庭到稳固国家的作用,与此同时政府积极推动"以房养老"。自1993年以来,新加坡政府推出了4个专门的"敬老保健金计划";1994年制定了《赡养父母法》;1996年又设立仲裁法庭,拒绝赡养老人的儿女可能会受到刑责。同时,政府也制定了一系列的优惠政策鼓励子女与父母同住:在分配政府组屋时,对三代同堂家庭给予价格优惠并优先安排;规定单身青年不可租赁或购买组屋,除非其愿意与父母一同居住③。

### 3.1.2　欧美国家在社区居家养老方面的经验

20世纪初期欧洲许多国家逐渐完善国家福利体系,国家养老成为其主要的养老模式。但20世纪中后期的经济危机令西方国家财政难以支撑福利事业,国家面对债务危机时削减福利支出的需要与人们对高福利的期望形成冲突。在这种情况下,国家养老体系的重点逐渐转移到社区养老。

---

① 冯麒婷.国外长期照护保险计划比较分析——以日本,德国为例[D].中国社会科学院研究生院.
② 张兴祥,邱锦秀.国外促进培训和技术发展的税收优惠政策——以日本,新加坡,韩国为例[J].涉外税务,2012(6):4.
③ 郑阎.以日本和新加坡的"以房养老"为例探索我国"以房养老"模式构建路径[J].中外企业家,2018(35):2.

以英国为例①，英国于 1990 年首次颁布了《社区照顾》，2014 年又颁布了《社会服务法》，对"社区照顾"进行了更加明确的规定。相关法律中提道：英国的社区照顾坚持"以人为本"的宗旨，以政府为主导，以英国国民健康服务体系为保障，由国家提供财政支持，由机构提供多元化服务。该模式为官办民助模式，政府与独立机构签订合作合同购买服务。在实践中，政府往往通过对社区的养老资源进行合理化的整合再进行分配，实现为老年群体提供优质高效、均衡持续的医养结合服务的目标。

以美国为例②，随着老龄化加剧，专业医疗型的养老机构很难提供足够的养老服务。在此情况下，美国转向了社区养老。截至 20 世纪 90 年代，社区养老已经成为一种重要的养老模式。社区养老模式主要表现为针对老年人的全面照顾计划，即整合型照护模式，旨在为社区中的老年人提供日常照护、医疗保健、心理咨询与社会支持等多元化养老服务。美国政府相关部门于 1981 年就推行了家庭医疗补助和社区服务计划。同时，对老年群体制定普遍适用的优惠政策，通过设立专门的老年人福利养老院以及老人日间托护中心等措施来保障养老服务业的发展③。美国的社会组织也积极参与社区养老服务，并具有规模化的发展趋势。同时，在美国的社区养老中，社区非营利组织是主要的服务提供者，可以采取非常灵活的方式筹措资金④。美国社区养老服务也强调民众的参与。美国鼓励青少年参与社区服务，将青少年的志愿时长和义工时长与奖学金挂钩，部分大学明确将参与社区服务设为必修科目。在这种情况下，逐步形成了全员参与社

① 郑少卿.英国社区养老模式对我国的启示[J].商场现代化,2012(20):2.
② 万江,余涵,吴茵.国外养老模式比较研究——以美国、丹麦、日本为例[J].南方建筑,2013(2):5.
③ 王臣.美国养老地产三种模式及典型案例[J].全球商业经典,2017(9):8.
④ 周琳.非营利组织供给公共产品的制度研究——以美国为例[J].太原大学学报,2015(3).

区养老的氛围①。

以德国为例②,2006 年德国启动了"多代屋开放项目"。德国的"多代屋"是指开放的会面地点,可以使多个年龄代的成员会面、交流并取得彼此的支持。目前全德共有四百多个"多代屋",各代人可共同生活在其中。在此,老年人能和年轻人和儿童形成双向互助。老年人传授自己的经验、知识、技能给年轻人与儿童,年轻人帮助和照看老年人,儿童给老人带来欢乐的同时也得到了老年人的照料和看护。"多代屋"促进了各代之间的良性互动与和谐相处,也将知识和经验在各代之间传承发展。

### 3.2　国内城市在"居家养老"方面的探索

近年来,随着国家与地方各个层面越来越重视"一老一小"相关工作,许多城市在推动养老服务方面做出了一些探索。本节就国内部分城市的探索进行一些梳理与总结。

当前,国内一些城市积极推动居家养老服务入户来推动社区居家养老。以青岛市南区为例③,青岛市市南区的居家服务包含了信息网络与服务网络。在信息网络方面,以区级、街道级社区服务中心的联网为基础,形成信息资源网络;在服务网络方面,以街道为单位,通过与服务行业联合形成庞大的服务网络体系,将社区安全保障、生活服务以及养老服务覆盖到社区内每一个有需要的家

---

①　李艳青,朱桂祯. 国外社区居家养老服务的经验及对中国的启示——以英国、美国、日本、瑞典为例[J]. 现代养生,2017(16):2.

②　彭伊侬,周素红. 行动者网络视角下的住宅型多代屋社区治理机制分析——以德国科隆市利多多代屋为例[J]. 国际城市规划,2018,33(2):7.

③　李璟. 城市社区居家养老模式研究——以青岛市市南区为例[D]. 中国海洋大学.

庭。以南京市鼓楼区为例①，社区借助于 96180 生活服务热线，通过语音和信息技术的使用整合了南京近 400 家相关服务企业（家政服务、家电维修、法律服务、就业介绍等领域企业），形成了一个新的服务平台，这项服务使得老年人可以通过社工或相关人员的走访和电话热线建立与服务提供者之间的联系，使老年人能够在自己的家中或社区中接受护理服务，并实现居家养老与入户照顾相结合的效果。养老服务入户以外，上海的照顾者支援服务在缓解护理人员不足的方面探索出了一些经验②，上海的照顾者支援服务包括：协助和支持护理人员在家照顾老人；缓解护理人员因照顾老人而产生的负面情绪；让护理人员分享护理经验；在护理人员之间建立资源库，进行资源交流和共享；提高护理人员的能力，从而提高养老服务质量③。

相比较于东部地区的实践，西部地区也开展了许多居家社区养老的探索，以遵义市红花岗区兰家堡社区④为例，社区建立了专门为身体机能中度或严重受损的体弱老年人开设的老年人日间照顾中心，提供一系列日间照顾和支援服务，帮助老年人维持最高程度的活动能力。在推进社区养老过程中，遵义同时产生的"春风小院"红色饭堂帮助老人解决一日三餐，"红色物业"志愿服务延伸服务内容，面向失能或行动不便老年人提供免费送餐、理发、采买、水电修理等服务，最大限度满足老人们的生活需求。

除了上述实践的案例之外，许多政策制定部门也就如何更好地推行社区居

---

① 郑莉琳. 社区居家智慧养老服务现状及对策研究——以南京市鼓楼区为例[J]. 青年时代，2018.

② 曾莉，周兰姝. 老年人家庭照顾者支持性服务利用的影响因素[J]. 中华护理杂志，2011,46(4):4.

③ 陆群峰. 上海市老年人家庭照顾者支持性服务需求的质性研究[J]. 同济大学学报：医学版，2012,33(3):5.

④ 资料来源：遵义市红花岗区人民政府官网，http://www.zyhhg.gov.cn/zxzx/zjdt/202107/t20210715_69020257.html。

家养老展开了讨论。例如,陕西省人大代表崔荣华建议:"应当成立养老人才交流中心,中心能够负责养老产业发展的人才培训教育、职称评定等工作,同时可以对普通高校毕业生、中高等职业学校毕业生、养老服务机构专职从事养老服务的工作人员以及养老护理员等统筹安排奖励和服务津贴等。与此同时,关注养老从业人员的职业发展规划,及时将养老从业人员的激励政策落实到位。[①]"再比如,浙江省人大代表苏卫琴提议:"首先,政府可以鼓励职业类学校开设专业护理类的培训,出台优惠政策,鼓励学生报考护理专业。与高校合作开设养老专业,吸引年轻人学习养老护理知识,鼓励毕业生到养老机构实习。另外,还可以挖掘50岁至65岁的退休妇女,对她们进行养老、护理方面的培训,帮助她们二次就业,投入到养老事业当中。最后,可以制定再就业培训计划,对符合培训标准进入养老行业的人员给予补贴。[②]"

　　根据上述国内外在社区居家养老方面的探索,我们发现,国外非常注重政府政策的支持以及外部资本的引入,使得社区养老与居家养老相辅相成,诸如"多代屋"等模式也增强了社区内部人与人之间的联系,给居家养老服务注入活力。国内各地也在社区居家养老的人才、技术以及模式等方面进行了探索。

## 第四节　社区居家养老的困境和应对

### 4.1　我国居家养老服务目前面临的困境

　　我国社区居家养老的困境目前集中在以下四个方面:人员缺口、资金缺口、

---

　　①　本段内容引自《陕西日报》,http://sl.china.com.cn/2021/0127/106041.shtml。
　　②　本段内容引自中国新闻网:《浙江两会话养老现状:直面老龄化问题力求"老有所养"》(http://www.xinhuanet.com/politics/2016-01/28/c_128681056.htm)。

公共空间以及设施缺口方面,本节将对这些问题进行讨论。

### 4.1.1　社区居家养老的人员缺口分析

第一,社区养老护理人员严重缺乏。社区护理人员存在流动性高、稳定性弱的问题。目前许多社区养老服务的质量水平依靠管理者对问题的重视程度以及居民的道德觉悟水平,具有很大的偶然性,难以实现可持续发展和持久的自我造血功能。同时,护理行业还存在社会保障体系不完善,人员流失严重的问题。当前,我国护理人员社会保障体系的缺陷主要体现在参保人数较少以及签订劳务合同人数较少,一方面是由于老年护工群体自身的文化程度较低,尚未形成缴纳社保的意识;另一方面,一般护工同公司合作都采用熟人介绍与口头约定等方式,加之护理企业赚取利润空间低,无力承担所有员工的合同,导致仅仅有少量的老年人护理人员能够获得签订劳动合同的机会。以上种种原因无疑限制了护理人员的供给数量和质量。

第二,养老护理人员服务理论知识与专业技能掌握不足。专业的养老服务人员在专业知识和文化素质方面存在不足,许多养老机构专业的养老服务人员平均年龄较大,甚至都没有接受过最基本的护理专业培训。这一方面是因为城市社区专业化培训组织次数较少且内容简单低级;另一方面养老服务任务繁重,工作人员没有多余的时间和精力去学习。当前,对养老护理人员教学工作培训大多是采取传授制,先由社区敬老院等机构中高资质护理人员向低资质的护理人员直接传授,较低资质的护理人员再在护理实践操作过程中不断摸索与学习,还没有形成一套完整的方法。不仅如此,有些社区居家养老服务人员基本素质也堪忧。例如,当前有些社区对于居家养老服务人员的招聘标准并不完善,甚至会将其作为解决剩余劳动力就业的手段,这种对居家养老服务的轻视忽略了其服务人员的文化素质。在这种情况下,护工人员的文化素质和学历都难以保证,绝大多数人员都是初中及以下学历。服务人员队伍的素质良莠不齐导致服务质量堪忧,甚至在进行养老服务时有虐待老人事件发生,频频引发负面舆论,以至降低了社区养老服务的质量和可信程度。

第三,社区养老服务的供给与服务对象的需求存在不匹配现象。当前,许多社区提供的养老服务无法满足老人的需求。例如,许多社区养老服务忽视了那些半自理、完全无法照顾自己的老年人,对半失能老人适用的养老院、康复中心和上门专业护理服务也很少;部分社区设立的养老院、托老所的服务设施陈旧,提供的护理内容与老年人的实际需求存在较大差异;一些社区服务仅限于基本生活服务,忽视了老年人高层次的精神需求和发展需求。

### 4.1.2 社区居家养老的资金缺口分析

目前社区居家养老的资金来源主要有四种:第一是财政补贴;第二是公益基金的支持;第三是社会慈善捐助;第四是有偿性服务报酬。在具体的地方实践当中,社区通常混合以上四种方式来进行资金的筹措。随着全社会对老龄化问题认识的不断深入,近年来政府的一般公共支出在城乡社区支出上的投入不断增加,社区在养老服务的投入上有了更大的"底气"与"能力"。虽然当前以 PPP 模式为代表的企业参与养老运营的合作模式已经开始兴起,但是当下社区在实际的资金筹措上遇到的困难与问题也是不争的事实。大体可以归纳为以下三个方面。

第一,财政资金支出难以应对加速的老龄化。当前,我国人口老龄化率还处于快速上升期,但是财政资金不可能向社区居家养老过大的倾斜。多年来,由于经济建设的需要,我国大量的财政资金用于经济发展等领域,随着 GDP 增速的放缓,财政资金增长幅度有限,在既要促进经济发展又要保障民生的背景下,财政资金在养老方面的支出很难大幅度上升。另一方面,社区居家养老具有社会福利的刚性,服务支出有不断上升的趋势。由于资金不足而带来的人手不足、设施投入不足、活动预算有限等诸多不足制约了社区养老服务的进一步开展。

第二,专款专用账户尚未建立,传统资金来源有待调整。尽管政府每年在城乡社区支出上投入上万亿资金,但是这部分财政支出被用于包括城乡公共设施建设、城乡人员管理支出等多个项目,并未在预算中对社区养老支出单独列项,更谈不上进行专款专用,具体的划拨情况由当地政府根据自身发展需要决定,各类资金和基金流入社区居家养老的份额均未被明确披露。由此来看,社区居家养老的资金总量容易受到当地工作计划影响而产生实际可用资金总量不足的问题。

另一方面,虽然根据国务院印发的《"十三五"国家老龄事业发展和养老体系建设规划》[①],要求有超过50%的福彩公益金需要用于养老服务业,但最终用于社区居家养老事业的比重未知,并且在数额上相较于政府拨款,福彩公益金、社会慈善捐助以及有偿服务购买只是占了很小的一部分。尽管有少部分地区正在探索拓宽社区居家养老的资金来源渠道,但目前并未建立高效的多方资金供给机制。因此传统的资金筹措模式亟须进行调整以落实专项资金投入,满足社区居家养老服务建设的需要。

第三,过于依赖政府补贴,资金来源结构有待优化。绝大部分地区的社区养老建设资金主要来源是政府的财政补贴。传统的慈善捐助的主要模式分两种,一是由社会集体或个人对慈善机构进行不定向捐款,再由慈善机构对于特定项目进行捐赠;二是针对重大自然灾害、贫困山区儿童等传统类目进行定向捐款。随着老龄化趋势日益严重,社区资金缺口不断扩大,但专业化慈善机构在此方面

---

① 该规划全文参见中国政府网,http://www.gov.cn/xinwen/2017-03/06/content_5174100.htm。

缺乏定点合作通道和精细化运营措施,导致社会资本流入受阻。另一方面,社会资本参与社区养老运营的模式尚未成熟。考虑到养老产业相关项目大都回报率低且回报周期长,很多民间资本仍保持观望态度,对社区居家养老的真正介入积极性不高。同时,一些地方政府在选择社区硬件设施改造供应方和养老相关服务提供方时,设定门槛较高,将部分民营企业排除在外。总之,政府和民营企业合作过程中针对社区居家养老服务的定向合作渠道有待畅通,民间资本和社会捐款很少参与到社区居家养老的建设当中。

### 4.1.3　社区居家养老的其他缺口

推进社区居家养老,除了护理人员缺口与资金缺口以外,在公共空间与设施上依然存在不足。

第一,社区居家养老缺乏相应的公共空间。公共空间,广义上不仅仅是个地理的概念,还包括进入空间的人们,以及在空间中人们的广泛参与、交流与互动。社区的公共空间是老年人日常活动、社交休憩的空间载体,是居家养老生活中不可或缺的重要场所。居家养老作为我国现阶段最主要的养老模式,应当在社区中建有公共养老空间,使老年人的活动空间不只局限于自己房屋室内。同时,公共空间也可以作为养老机构入驻的场所。然而,目前社区公共空间供给则具有以下两个方面的不足:一方面,社区邻里的互帮互助作用不强,公共空间整体缺乏“温度”,由于城市中小区的固有弊端,城市中邻里交流比较少,邻里关系淡薄,因此对于公共空间的利用不够充分。要想合理利用公共空间,必须先从邻里关系入手,充分动员并且恢复邻里之间的关系,使社区之间充满温暖和关怀,才能够让人们对公共空间敞开心扉,更好地利用公共空间。另一方面,社区公共空间设计对老人不够友好,没有专门针对老年人设计的友好公共区间,比如基础设施的道路以及景观等没有进行适老化改造。老年活动中心也比较粗糙和简陋,没有进行科学的设计,不能完整地发挥出其功能。当前的社区公共空间设计应当逐渐以适老化为发展方向,从老年人的生理和心理出发,关注老年人的社交、出行等多方面的需求。不仅如此,部分现有的社区养老服务中心在服务质量和内容上也存在较大差距,急需专业的基础养老设施供应商和高素质的养老服务工作者的帮扶。

第二,适老化的公共设施建设的缺乏。健康对老年人来说,重要性是毋庸置疑的,而合适的锻炼方式、丰富的老年生活、良好的心理状态对于身体健康来说也非常重要。促进老年人合理锻炼以及丰富老年人的精神生活需要社区提供高质量的设施。但是,国内大部分小区由于规划建设水平没有考虑老年人的需求,适老化的公共设施比较缺乏,大部分小区的设施整体质量较差,是为居家老人提供养老服务的重要缺口。

第三,推动社区居家养老过程中社会力量参与不足,缺少整体的统筹协调机制。目前,社会组织参与社区居家养老服务发展仍存在三个方面的障碍:一是关于社会组织参与养老服务的进入、退出、盈利分配以及税收支持等政策有待完善;二是政府自身关于居家养老相关的服务机制、服务标准、配套建筑施工标准等法规尚未健全;三是社区居家养老服务的外部监管力量尚未完善。此外,社区志愿者和社会工作者与老年人、养老机构以及社区之间的联动性不强,与美国广泛的社区志愿者相比,我们的社会力量仍需加强参与度。从城乡差异看,在养老服务配套设施建设与社区治理能力方面,城乡之间仍存在较大差异。由于城市化进程等多种原因,大量人口向城市迁移,农村的社区居家养老问题没有被足够重视。农村社区居家养老起步较晚,且发展水平远不及城镇,普遍存在设施简陋、辐射范围小等情况。

## 4.2 促进社区居家养老的解决措施

根据前文的分析,社区居家养老在政策上得到了大力的支持,市场前景广阔,但是推进社区居家养老工作也面临一些困境。促进社区居家养老需要做好以下几个方面的工作:

### 4.2.1 强化政府主管部门职责

(1)相关部门应大力支持护理人员的培养,提升护工的"质"与"量"。

第一,完善护理工作者的职业评价制度。人社部门应当建立并完善针对养老行业的护理人员职业资格制度,根据工作难度差异设立护理人员分级培训考核制度。各地在招聘社区护理工作人员时,应当规范招聘流程,提高招聘标准。同时,建立并发挥考核评价制度的有效作用,加强监督与制约,对于工作能力差、工作态度差的护理工作人员实行及时清退,并且记入相关"黑名单"。在鼓励护理人员提升方面,要通过梯度化的管理和考评给予护工更多的动力去寻求提升,完善自我,给护工行业注入持续的活力。

第二,在职业技术学院开设相应课程,进行专业化培训。从国家层面看,有关部门非常重视护理人员的培养。2014年6月,民政部配合教育部出台了《教育部等九部门关于加快推进养老服务业人才培养的意见》(教职成〔2014〕5号)①,该文件提出以促进就业为导向,按照"积极发展、多种形式、全面加强、突出重点"的原则,大力发展养老服务相关专业,不断扩大人才培养规模,积极开展岗位培训和在职远程教育培训。当前,我国正在推行职业教育改革,新修订的

---

① 该意见全文参见教育部官网,http://www.moe.gov.cn/srcsite/A07/s7055/201406/t20140618_170939.html。

《中华人民共和国职业教育法》于 2022 年 5 月 1 日起正式施行,应当抓住职业教育改革的契机,大力推进护理人员培养。事实上,由于部分职业学校存在就业难问题,而养老行业存在用工荒问题,在这种情况下,职业教育尤其是护理行业的职业教育改革迫在眉睫。接下来,可以在职业技术学院开设专门的护工课程并设立资格考试,鼓励职业学校的学生参加资格证书认证考试,将人员导流进入养老护工行业。同时,加大已有护理人员的在职培训,未来可以由专业养老机构与职业院校共同培养专业护理人才,以满足养老市场日益庞大的需求。

第三,完善护理人员的社会保障体系,健全人才激励制度。各地可以通过法律法规的形式,将护理工作人员强制纳入社会保障体系。比如,可以要求企业、政府部门或者其他用工单位和护工签订规范的合同,在医疗、保险等多方面保障护工工作和生活,稳步提升护工的待遇,分层次晋升提高护工工资,从而保障护理工作人员群体的稳定性。

(2)确保社区养老资金专款专用,提高监督和引领水平

第一,确保社区养老资金专款专用,逐步提高各类福利基金、公益资金进入养老服务业的比重。为防止城乡建设中的其他工作挤占社区资金来源、提高社区在养老方面实际可用的资金规模,政府应当加快确立社区居家养老建设资金专款专用的制度体系,保障财政资金持续稳定支持社区居家养老,使更多资金用于有利于解决老年居民直接痛点的设施建设和服务供给。同时,应当进一步提高以福彩基金为代表的公益基金对社区居家养老相关项目的支持力度,共同保障社区养老资金持续稳定增长。

第二,发挥金融杠杆作用,带动产业资本投资养老商品和服务市场。各地区可以在国务院出台的诸多鼓励养老产业发展的意见指导下,从市场化运作、降低准入门槛等角度出发出台相关政策来支持鼓励社会力量深度参与养老服务,逐步培育社会力量成为养老服务业的提供主体。政府相关部门应当采取措施促进

社区养老相关产业的发展,如建立公平公正的市场环境、落实相关税收优惠政策、建立相关激励机制等措施,从而合理鼓励社会资本进入社区居家养老服务市场,丰富养老服务业态与产品品类。因此,应当引领企业积极投身居家养老相关产品的研发,增加老年人居家养老用品供给,丰富老年人的物质生活和精神生活,提升老年人的生活质量,让老年人享受优质的养老服务。同时,分层居家养老老人的服务要求,通过引入社会资本来提供优质服务,例如,合众人寿将"养老＋商业保险＋养老地产"有力结合的复合型养老模式就是典型的正面示范。①

第三,加强专项资金监督管理和效益考核机制。在增加社区居家养老资金的同时,应当加强对政府财政拨款的监管,逐步建立起一套行之有效的资金使用管理体系,严格规定并监督资金的使用方向和金额,使得每一笔资金使用有依据、可溯源。例如,可以规范并透明化资金的使用流程并定期进行公示;逐步完善外部监督机制,疏通群众反映渠道,广泛接受来自社会各界的批评意见与监管。同时建立专款专用资金考核机制,定期对各单位部门落实相关要求与资金花费情况进行考核,对成绩突出的予以表扬,对出现不合规的行为进行通报批评,责令其改正并追究其责任。

(3) 增加对社区适老化设施的建设以及养老公共空间建设的引导

第一,应当加大对小区以及公共空间的适老化改造。一方面,政府应当集聚资源推进老旧小区养老服务设施补建以及适老化改建。同时,要合理利用现有资源,将闲置用房改建成公共养老空间,吸引能够提供养老服务的机构入驻。另一方面,住建等相关部门应当积极调整相关的法规,对于新建小区要求标准化养老配套设施以及养老公共空间进行统一规划,使得养老配套设施与周围环境相适应的同时还能够满足小区老人的要求。特别应当注意的是,欠发达地区不能

① 陈俊秀. 复合型养老模式研究[D]. 浙江大学,2015.

因为经济发展水平低而放松养老设施的建设,应当正视老年人的合理需求,促进养老公共服务在不同地区均衡化发展。

第二,以智慧养老建设为突破口,发挥数字技术对社区居家养老的作用。当前,以信息化、平台化、物联网为代表的社区养老建设新方案正在成为社区居家养老要素重组和结构性优化的重要突破口。政府相关部门应当投入资源,大力推动社区相关养老资源集成到信息化平台,方便老年人使用各种服务。例如,城市的工信部门可以通过信息网络搜集社区老年人的需求,吸纳养老机构在信息平台发布服务信息,方便老年人选取各种信息服务。

第三,引导多元化养老服务在社区落地。政府有关部门应当推动多样化的养老服务走进社区服务老人。比如,全方位开发和培育养老服务市场,使养老行业服务内容不断扩展、服务范围不断延伸、服务形式不断创新;还可以引进第三方养老服务组织进社区,及时为老人提供更加个性化的、点对点式的生活帮助、日间护理、医疗康复等社区居家养老服务。当前,国内外部分城市在社区养老服务多样化方面已经做出了一定的探索,如前文提到的"红色物业"、"互助型"社区居家养老模式等,充分体现了"以人为本"的理念。接下来,有关部门应当积极调动多方力量,为老年人营造更多样并且更加适宜的养老环境,使社区老人对养老生活的形式和内容能有更多更好的选择。

## 4.2.2 充分发挥社区的主体功能

(1)充分发挥社区治理作用,了解并满足老年人的需求

第一,进一步发挥网格化管理的作用,充分搜集老年人的需求信息。社区工作人员可以借助目前我国各个地区网格化分层次管理的体系,主动上门调研,更好地捕捉老年人的需求,从而提高对老年人服务的精准度与效率。同时应当对居家老人养老需求的具体内容进行细致划分,为居家养老提供精准服务打好基

础。之后,社区需要定期对老年人进行走访调研并进行动态评估,制定更加合理的工作发展规划。这样才能切实提高老年人生活质量,激发养老服务市场的活力,使老年人享受与家人相伴、与社区互动的美好晚年生活。

第二,通过科技手段精准捕捉老年人的养老需求。社区应当采用科技手段加强对于老年人信息的搜集能力,可以通过搭建信息平台来了解老人的基本情况和具体需求,还可以依托大数据技术构建老人的画像,对居家老人开展个性化的服务,从而实现智能化、精细化和科学化的管理。同时,社区应当改进传统养老服务管理方法,使老人享受更高质量的养老服务。例如,社区工作人员通过社区智能信息系统可以查询到每个老人的信息,方便了解老人的疾病、年龄和各项身心状况,从而更好地开展个性化服务。社区的微信公众号和微信社群可以方便社区工作人员及时发布社区的相关通知。社区的监控等信息共享设备可以将老人、子女、社区和护工结合在一起,便于及时的沟通和调整服务,使管理透明化,加强社区和子女的责任感,并且加强了对于护工的监管。社区的管理系统可以与政府工信等部门的大数据系统相连接,实现大数据互通共享,充分了解老年人的身体状况、收入状况,做到精准帮扶,对整个社区的养老提前做好规划和部署,更好地为老年人进行服务。

(2) 充分挖掘社区资源,提升社区服务老年人的水平

第一,借鉴德国的"多代屋"模式,提高小区服务老年人的能力。"多代屋"体系为当前我国推进社区居家养老提供了借鉴,各种家庭都可在社区的"多代屋"内得到物质和精神层面的关怀与照料[1]。各类小区在借鉴"多代屋"模式时,可以因地制宜,结合小区公共空间的特点,针对性地推出各类养老服务项目。

第二,利用"时间储蓄"模式完善志愿者参与机制。在推动共同参与社区养

---

① 程鑫,房志勇.德国"多代屋"对我国城市养老和发展模式的启示[J].城市住宅,2015(5):4.

老的过程中,可以通过政府与社区机构联动建立"时间储蓄"体系,将社区志愿服务化为时间纳入社会信用体系,将志愿时长存入个人的时间银行账户,未来用于就业、教育、金融信用等方面,或者将志愿时长反馈于自己老年时购买养老服务,为自己或家人的老年生活作保障,从而吸引学生、社区工作者、老年人以及其他居民等各方人群参与社区养老志愿服务。"时间储蓄"模式的建立可以充分鼓舞身体健康的老年社区志愿者以及各方人员加入社区养老服务的队伍中,提高社区的服务能力从而为居家养老模式提供保障。

第三,促进邻里沟通,加强老年人同辈之间的互助。邻里之间建立更多的信任与情感可以促进更有"温度"的社区养老。当前,城市小区建设大多是独门独户,社区邻里的互帮互助作用以及人际关系的温情体现不明显,需要社区通过大力宣传并组织相关的社区活动,促进邻里之间建立更多的信任与情感。只有当邻里之间更加熟悉之后,社区公共空间才能够更好地发挥作用,使得老年人更加乐意使用公共空间。另一方面,社区要针对尚有余力的老年人制定相应的政策,鼓励老年人进入社区再就业,比如社区可以组织老年人相互之间提供帮扶护理服务等。由于老年人之间年龄代沟较小,共同话题较多,让老年人参加互助养老活动,能够实现双向共赢,既减轻了护工行业负担,也能够激发老年群体的活力。

第四,完善社区居家养老服务站。目前我国大部分地区的社区养老服务体系已初具规模,但是依然具有改进的空间。张薇等认为"可以将社区服务站升级为综合服务中心,逐步扩宽项目范围,增加精神慰藉、社交活动、文体娱乐等服务内容,重点提供日常生活照料、基础医疗保健服务、其他生活帮助等,让老年人在熟悉的环境中享受到高质量的晚年生活,减轻家庭照料的压力。"①在推动社区

---

①　张薇,张韵波.武汉市社区居家养老服务站实态调查与设计思考[J].华中建筑,2014,32(1):4.

居家养老服务站建设过程中,可以将政府采购服务与社会力量积极结合。以南京江宁区为例,从 2019 年 6 月开始,江宁区民政局与一些连锁中式餐饮品牌合作,将老年人社区周边的社会餐饮门店发展成老年人助餐点,老年人自己只需要支付 1 元钱就可以吃到早餐,同时推动"小江护家"信息系统建设,亦即采用了人脸识别技术,在老年人上传申请人身份证及人脸照片审核通过后,老人到现场,只要"刷脸"就可以立即识别并和后台数据比对,次日即可享受助餐服务,补贴由政府直接和企业结算。①

第五,通过基层社区党组织建设提升社区居家养老水平。随着越来越多的党员干部退休,基层社区党组织接收的党员会越来越多。未来应当更加关注基层的党团组织建设,通过党组织活动将老年人聚集起来,团结起整个社区的老年人,从精神上熏陶老年人。同时,积极开展基层党建,也使部分退休党员发挥余热,不断提升自己。

### 4.2.3　积极引导社会机构参与社区居家养老

（1）积极引导社会养老机构参与社区居家养老

第一,引入市场机制,将养老机构功能嵌入养老社区,建立社区综合照护体系。可以通过引入市场机制,将专业养老机构和企业等多方主体引入社区居家养老的道路上来,根据社区的特点和老年人的分布及年龄段特征,有针对性地完善社区基础服务设施,同时增强社区养老设施的经营能力,让多方主体共同受益。例如,参考日本的社区综合照护体系,我们可以将居家养老与机构养老的优点相补充,社区综合照护体系可以让老年人居住在自己已经习惯居住的社区养

---

① 信息来源于南京江宁发布官方公众号,https://mp. weixin. qq. com/s/UaxGg6sP44_W1CoZ0j7xKQ。

老,将不同资源包括医疗服务等一体化,共同服务于整个社区①。

第二,从家居细节入手,提高居家养老安全性与舒适度。提高居家养老的舒适度,要大力发展家居安全装备,在老人家中装置配套设施,比如靠墙的护栏扶手等,尽量避免摔倒、磕碰等事故的发生来减少老年人的危险。这不仅能减少护工的需求,还能从根本上增强老年人的自助能力,减少医疗费用的增加。现在已经有部分地方开始实践居家养老设施的改造。例如,为防止出现老人在家中意外去世而没人知道的悲剧,有些地区已经为符合条件的家庭安装了报警系统,即红外探测器,这种家居的实践可以推广到全国各地。

第三,鼓励房地产开发商、建筑商以及物业关注小区基础设施的"适老化"改造。随着家庭空巢化的趋势加剧,老年人的交往需求日益强烈,老年人的交往行为包括交谈、休憩、健身、户外活动等。因此,在小区道路设计建设过程中,应当构建更为人性化的道路系统。物业应当综合考虑老年人的身体和活动需求,在道路布局模式的适老化方面,优先考虑"老人友好型"的道路布局,合理规划公共空间的步行体系,保障老年人的出行安全。在小区公共空间建设中,应当构建更加多元化的交往空间,以满足老年人不同的交往行为和意愿。根据前文的介绍,还可以借鉴遵义市的措施,由社区领办"红色物业"服务公司,采取向困难群众无偿、大多数居民低偿的方式,提供卫生保洁等服务②。同时,"红色物业"还始终将公益性质摆在首位,在营收中拿出大部分用于改善小区设施,这些措施都能够进一步将社区居家养老落到实处。

（2）积极引导社会资金参与社区居家养老

从国内的实际情况出发并结合他国的经验,想要增加社区在社区居家养老

①　田香兰. 日本社区综合护理体系研究[J]. 社会保障研究,2016(6):5.

②　本段内容参考遵义市人民政府官网,http://www.zyhhg.gov.cn/zxzx/zjdt/202107/t20210715_69020257.html。

的实际可用资金总量,不仅需要完善多元结合的资金投入机制,引导以社会慈善资金、产业投资基金为代表的各类社会资本投入社区居家养老建设事业,扩大资金来源,还要提高应对老龄化专项资金的使用效益。

第一,动员慈善机构等社会力量投入居民社区养老建设。进入深度老龄化阶段,居家养老社区建设关系到民生福祉与现代化建设。如前文所述,我国推进社区居家养老过程中依然面临资金供给、设施配套等方面的压力,亟须社会各界力量的帮助与扶持。在这种情况下,应当鼓励支持引导企事业单位、非营利组织、社会各界人士等多种社会力量参与社区居家养老服务,帮助中低收入水平的老年居民切实改善生活条件,提高晚年生活水平。引入资金过程中,要注重推广以 PPP 为代表的多主体供给方案和市场参与机制,进一步发挥 PPP 对社区居家养老的支持作用。具体而言,政府需要规范化 PPP 各类标准,以公开招标方式,引导合适的民间资本参与社区养老建设并通过优化制度安排、推广优惠政策等手段,对民营资本提供激励并进行监督①。

第二,借鉴日本《介护保险法》实施的相关经验,利用社会保险对养老行业进行保障。将保险制度引入养老行业,通过介护保险的方式保证被保险人独立自立并且有尊严地生活已经被日本的实践证明有效。根据张莹(2011)的研究,日本“介护保险”具有三大特点:一是保险覆盖面大,日本介护保险采用的是强制社会保险模式;二是支付范围广,介护服务注重人性化设计;三是支付比例高,介护服务费用的 90% 由介护保险承担、个人只需负担 10%,且低收入者可以减免②。在这种情况下,我国在发展社区居家养老过程中可以逐步实行护理保险制度,提高老年群体消费能力,确保每一位老人能够享受到由保险付费的高质量居家养老服务。

---

① 张海良.PPP 模式创新养老服务供给的制度设计[D].西南财经大学,2017.

② 张莹.日本介护保险制度中老年长期护理分级标准研究[J].中国全科医学,2011(22):2.

# 第六章　社会养老机构发展现状与趋势

当前,我国老龄化程度日益加深。这一背景下,我国必须实施积极应对人口老龄化国家战略,扩大养老产业有效供给,促进养老服务供需匹配。进一步提升社会养老服务的供给数量与供给质量,有赖于社会养老机构发挥其在建设养老服务体系中的重要作用。社会养老机构是在市场经济基本框架下,由社会力量举办,为实现其经济效益和社会效益,为身心需要照护的老人直接提供服务的组织或机构,其可以立足老年群体需求,提供针对性服务,充分体现了"精准养老"的新型养老服务观念。社会养老机构的本质是发挥市场在资源配置中的决定性作用,通过多元化主体的积极参与实现养老服务有效供给,从而满足老年群体的多样化养老需要。因此,需要对我国社会养老机构发展现状进行细致分析,并就其发展趋势做出深度研判。

## 第一节　发展社会养老机构的背景与意义

### 1.1　促进社会养老机构发展的背景

随着我国经济社会不断发展,老龄化程度呈现不断加深的趋势。第七次全国人口普查数据显示,我国 60 岁及以上人口达 26 402 万人,占 18.70%;而 65

岁及以上人口为 19 064 万人，占 13.50％①。人口老龄化是我国社会发展的重要趋势，也是今后较长一段时期我国的基本国情。这一背景下，《中华人民共和国国民经济和社会发展第十四个五年规划和 2035 年远景目标纲要》明确指出，我国要"实施积极应对人口老龄化国家战略"，"推动养老事业和养老产业协同发展"，"构建居家社区机构相协调、医养康养相结合的养老服务体系"②。可见，完善养老服务体系建设是我国积极应对人口老龄化的重要工程。

积极应对老龄化需要进一步扩大社会养老服务供给，充分发挥社会养老机构在建设养老服务体系中的重要作用。可以说，做到居家养老、社区服务、机构养老相协调，让社会机构对国家养老服务体系起到支撑作用，从而不断满足我国老年群体持续增长的养老服务需求，对我国实施积极应对人口老龄化国家战略具有重大而深远的意义。

## 1.2　促进社会养老机构发展的意义

如上文所述，在我国老龄化程度不断加深过程中，促进社会养老机构高水平发展具有多层次的重要意义。对老年人自身而言，社会养老机构有利于改善老年群体生活质量，满足老人日益增长的多层次养老服务需要。对相关产业而言，社会养老机构的建设和发展可以促进上下游产业链蓬勃发展，形成"银发经济"增长新动能。对政府而言，社会养老机构发展可以与政府公益性养老事业形成有效互补，并通过政府购买服务等形式，使社会机构成为传导社会福利的重要载体。

---

①　数据来源：国家统计局《第七次全国人口普查公报》，国家统计局网站，http://www.stats.gov.cn/tjsj/tjgb/rkpcgb/qgrkpcgb/。

②　参见《中华人民共和国国民经济和社会发展第十四个五年规划和 2035 年远景目标纲要》第四十五章，中国政府网，http://www.gov.cn/xinwen/2021－03/13/content_5592 681.htm。

### 1.2.1　满足老年群体日益增长的多层次养老服务需要

对于老年人而言,想要入住养老机构的老年群体其自身需求表现出多样化的特征,有的需要基本生活照料,有的需要慢病护理,有的需要精神关怀。但是,由政府民政系统出资建设和运营的福利性养老机构具有公益和社会福利性质,通常只能够满足老年群体的基本生活需要。在引入市场或者社会主体之后,养老机构则可以根据供需关系和价格机制提供多样化服务,满足老年人多层次的养老需求。社会养老机构作为养老服务的重要供给主体,对老年群体的意义可以从以下两个层面理解。

首先,社会养老机构有利于完善基础养老服务供给,保障基础民生。从基础养老服务供给来看,社会养老机构可以对社区居家养老服务网络形成有力补充,有利于满足我国日益增长的养老服务需要,是保障民生的重要一环。具体而言,随着老龄化成为我国长期基本趋势,老龄人口快速增长,且中国家庭正在向小型化、少子化趋势演化,加上因城镇化和人口流动导致的代际分离等原因,对社会养老服务有所需要的老年人日益增多。全社会在发展普惠型养老机构、健全基本养老服务体系的过程中,正在面临供不应求的现实困境。在这一过程中,鼓励社会养老机构以合理方式进入养老服务供给体系,不仅可以扩大有效供给,通过政府和社会资本合作等方式迅速补齐社会供给缺口,而且相较于传统"政府包办"模式,社会养老机构也会根据市场的变化调整自身定位,不断提升营运能力,提高服务质量。从需求侧看,养老服务需求也伴随经济发展水平提高和老年人养老观念转变而逐渐提升,中国家庭对养老服务的"量"和"质"均提出了更高要求。伴随时代发展和人民生活质量提升,老年群体不仅需要基础的生活照料,对于膳食、医疗、康养、照护服务的需求也越来越旺盛,从而对社会养老机构形成强大依赖。此时,社会养老机构的发展能够更成功地保障民生。

其次,社会养老机构可发挥市场优势,创造多层次、高质量的养老服务供给。

党的十九大报告指出："我国社会主要矛盾已经转化为人民日益增长的美好生活需要和不平衡不充分的发展之间的矛盾。"[①]随着经济社会发展,基础养老服务已经不能满足很多老年人的实际需要,人们期待更高质量的晚年生活,也就产生了多层次、多元化的养老服务需求。正如心理学家马斯洛把人的各种需求归纳为5个层次:生理需求、安全需求、尊重需求、归属需求和自我实现需求。[②]进入新时代以后,老年人在实现基本生活保障的基础上,也对安全、尊重、归属和自我实现提出了更高要求:一是老年人的安全需要更为迫切,希望老有所医、老有所养、健康长寿;二是老年人的尊重需求不容忽视,其中既包括自尊,也包括得到他人的尊重,获得他人的良好评价;三是老年人的归属需求更受重视,老年人同样渴望得到他人的接受和重视,也需要参与一定的社会活动,保持和社会的密切联系;四是老年人的自我实现需求更加强烈,老年人同样希望发挥自己的潜能和余热,完成更多心愿并在与社会的深层接触中实现自身的价值。

为满足老年群体对上述更高质量晚年生活的种种期待,作为市场化力量的社会养老机构可以发挥更大的力量,面向不同层次和不同需求的老年群体提供针对性的养老服务。在市场这只"看不见的手"的作用下,每家养老机构会积极寻求自身差异化定位,从而整个市场可以自发形成养老服务供给的有效分层,有效满足老年群体的差异化需求。当传统的社区居家养老和民政福利养老院难以满足老人更高水平需求的时候,社会养老机构正在发挥其巨大价值,提供分层次、多元化、高品质的服务,帮助老人更好满足自身对美好生活的向往。

---

① 参见《决胜全面建成小康社会夺取新时代中国特色社会主义伟大胜利》,中国政府网,http://www.gov.cn/zhuanti/2017-10/27/content_5234876.htm。

② Maslow, A. H. A theory of human motivation[J]. Psychological Review. 1943,50(4).

### 1.2.2  带动上下游产业链蓬勃发展

社会养老机构的蓬勃发展，不仅是一个行业和几家企业的发展，更具有"以点带面"的联动作用和"以小见大"的杠杆效应，对我国实现产业升级进而促进经济高质量发展具有积极意义。

从"银发"产业链视角来看，社会养老机构同时具有前向和后向的辐射带动作用。对于养老机构的产业链，可以分为建设和运营两大阶段。在重资产投入建设阶段，主要参与方有政府、开发商、消费者等。在该阶段，建设养老机构涵盖了土地供应、土地获取、前期规划、建筑设计、建筑施工、地产销售的完整价值链，还包括顾问策划和营销策划等企业服务。在养老机构的服务及运营阶段，不仅涵盖物业运营、物业租赁、资产管理等一系列基础服务，还包括护理照料、服务管理、运营管理等价值链延伸。随着社会养老机构逐步迭代升级，分工更加细化，其发展离不开产业链和价值链中每个环节的有效配合，涉及宽领域、多层次的各个社会门类，对于带动产业发展具有重要意义。

养老服务进入精细化运营的高质量发展阶段以后，还有利于促进"大健康"相关产业的蓬勃发展，推动我国高端制造业和现代服务业转型升级，为各类企业提供了广阔的增长空间。在器械及设备领域，有利于推动可穿戴检测器械、老年病诊断器械、日常生活器械和照护器械的市场增长；在养老软件及信息系统领域，有利于促进远程医疗、紧急呼叫服务、信息管理平台、大数据分析处理相关企业的发展；在医疗管理服务领域，有利于带动日常护理、照护服务、医疗服务等高端服务业的发展；在文化生活领域，还可以带动旅游养老、老年大学等社会服务业的进一步增长。

### 1.2.3  与政府公益性养老事业形成有效互补

政府公益性养老事业是民政保障网的重要一环，近年来已经取得诸多成效，但依然存在供给能力不足、覆盖范围有限、运营效率低下等诸多局限。在这一情况下,社会养老机构可以与政府公益性养老事业形成有效互补,发挥其特殊优势为老年群体更好地提供服务。首先,发展社会养老机构,有利于克服政府公益性养老事业的内在限制,发挥市场竞争和价格机制在提高资源配置效率中的作用,实现市场与政府更好协同,提升养老服务质量。其次,在政府提供基础保障性养老服务的同时,社会养老机构可以形成"补位",针对老年群体不同种类需求提供差异化服务。养老需求的多样性势必要求养老供给的多元化,而政府在实际操作过程中很难满足各类人群的多种需要。如果养老供给由多主体承担,特别是尽量减少政府直接提供服务,更多由各类社会主体采用多样化的形式提供,则可以有效推动养老服务多元化、多层次、多领域协同发展。

自 2013 年开始实施的公办养老机构改革正是推动社会力量与政府公益性养老事业形成高效互补的典型案例[①]。自 2013 年起,国家开始推行公办养老机构公建民营改革[②],并于 2016 年再次要求加快公办养老机构改革,鼓励社会力量通过各种形式参与养老机构建设[③]。其实质正是通过减少政府直接参与养老机构建设运营比例、扩大市场化主体参与的方法,提高养老服务供给效率和供给质量并推动养老服务供给多元化发展。完善养老服务体系建设正是需要这样一种有为政府和有效市场的高效协同:一方面,政府有保障基本养老服务的责任,国家明确政府保障基本养老服务的责任"确保人人享有基本养老服务"[④],政府

---

①　林宝.党的十八大以来我国养老服务政策新进展[J].中共中央党校(国家行政学院)学报,2021,25(01).

②　参见《国务院关于加快发展养老服务业的若干意见》,中国政府网,http://www.gov.cn/zhengce/content/2013-09/13/content_7213.htm。

③　参见《国务院办公厅关于全面放开养老服务市场提升养老服务质量的若干意见》,中国政府网,http://www.gov.cn/zhengce/content/2016-12/23/content_5151747.htm。

④　引自《国务院关于加快发展养老服务业的若干意见》,中国政府网,http://www.gov.cn/zhengce/content/2013-09/13/content_7213.htm。

通过出台政策、兴办福利院等形式为基础养老服务"托底";另一方面,增加养老服务供给,关键是社会力量参与。社会养老机构对提升养老服务水平的贡献,不仅体现在"量"上,更体现在"质"上。只有不断开放市场,放松管制,促进社会养老机构不断发展,引导更多社会主体积极参与,才能发挥出社会主义市场经济的内在优势,提升养老服务水平。

总之,社会养老机构可以在政府保障基本养老服务的基础之上,通过市场化力量提升养老服务供给能力,优化供给质量,丰富供给层次,推进养老服务高质量发展,从而更好满足老年人的养老服务需求。

### 1.2.4　作为传导社会福利的重要载体

政府可以通过购买服务、公私伙伴关系(PPP)等方式,通过社会养老机构传导社会福利,发挥其"载体"功能。近年来,随着鼓励支持民间养老机构的法律法规和政策相继出台,养老服务机构的基本性质、建设方式和运营模式等各个方面都有所变化,越来越多的社会养老机构在谋求自身盈利的同时,可以作为载体通过与政府合作传导社会福利。

传统上,养老机构是针对定向少数弱势群体的特殊帮扶,政府部门主要面向城乡"三无""五保"、低保、特殊群体等提供老年福利服务,其中很大一部分属于社会福利的性质。随着老龄化程度加深,"积极应对人口老龄化"上升为国家战略。在这一背景下,政府可以通过财政补贴、税收优惠等形式鼓励养老机构发展,并通过政府购买服务等形式通过社会机构向人民群众提供服务,养老机构越来越多地承担起提供普惠社会福利的职能,对促进提升民生福祉具有重要意义。

其次,社会机构提供的养老服务日趋多元化,运营模式日趋开放化,从而可以惠及更多民众。传统养老机构提供的服务主要局限在以日常生活照料为代表的基础供养型服务,而今养老机构提供的康养、医养、照护服务可以更多惠及普通民众,对周边社区具有辐射作用和溢出效应。得益于政策放宽,养老机构呈现出投资主体多元化、从业人员多样化、分工协作专业化、机构运营连锁化、业务范围扩大化等趋势,从而使得养老服务的辐射作用和溢出效应更加显著。同时,通过社会养老机构的政策传导效应,更多惠民政策可以通过社会机构更好触及日趋庞大的老年群体,从而有助于实现老龄人口治理现代化,也可以对社会繁荣稳定、国家治理能力建设起到积极推动作用。

## 第二节　我国社会养老机构的发展现状与典型案例

### 2.1　社会养老机构定义

确定社会养老机构的概念范围,首先需要界定社会养老服务的内涵。有别于传统家庭养老,社会养老服务是由社会力量为身心需要照护的老人直接提供的服务,是由供需双方通过政府引导下的市场机制实现的市场化服务,体现了老年人在养老地点和照料主体选择上的差异。具体而言,包括日常用品、生活照料、健康服务、体育健身、文化休闲、资产管理等诸多方面内涵。特别是针对高龄或失能、半失能老人,社区居家养老服务和功能已经无法满足这类老人在日常生活中需要的服务,社会养老服务在这一场景下更凸显出其重要价值,社会养老服务是对居家养老服务的有效补充和重要支撑。

社会养老机构是社会养老服务的供给主体。当前,我国的社会养老机构还具有以下四个方面的特征:第一,不同于完全由政府出资建设和运营的福利院,社会养老机构主要由社会力量举办,是提供养老服务的社会力量和市场力量。第二,社会养老机构提供的服务不仅包括传统意义上的身体照料,也包括慢病管理、生活照护以及对老人精神层面的关照,即对老年群体身心全方位的照护服务。第三,不同于政府依据职能提供基本的养老服务,社会养老机构提供商品和服务,这一行为本身是依照市场化机制运行的,是在政府政策引导下,需求方和供给方作为平等主体自愿参与的市场化行为。第四,社会养老机构的运营目标是经济效益与社会效益的有机结合,一方面养老服务机构投资成本高、回报周期长、经营风险大,但具有显著正外部性,另一方面养老服务机构的持续经营依赖其自身的经济造血能力,因此养老机构在实际运营中通常需要兼顾经济效益和社会效益。

因此,本文讨论的社会养老机构是指:在市场经济基本框架下,由社会力量举办,为身心需要照护的老人直接提供服务的组织或机构,这类组织或机构不仅可以取得自身经济效益,也能够产生社会效益。

### 2.2 促进社会养老机构发展的相关政策演进

进入 21 世纪以来,为了应对逐年上升的老龄化率,国家相关部门针对社会养老机构出台了系列化指导政策,对社会养老机构发展产生了深远影响。

"十二五"期间,以居家为基础,社区为依托,机构为支撑的养老服务体系开始形成。2013 年国务院印发《关于加快发展养老服务业的若干意见》,社会养老服务机构自此迎来蓬勃发展。该文件指出,到 2020 年全面建成以居家为基础,社区为依托,机构为支撑的养老服务体系;该文件还提出,要完善投融资、税费优惠、人才培养和就业等政策,鼓励公益慈善组织支持养老服务①。2015 年,《关于鼓励民间资本参与养老服务业发展的指导意见》出台,鼓励民间资本在城镇社区举办或运营老年人日间照料中心、老年人活动中心等养老服务设施,采取股份

---

① 参见《国务院关于加快发展养老服务业的若干意见》,中国政府网,http://www.gov.cn/zhengce/content/2013 - 09/13/content_7213. htm。

制、股份合作制、政府和民间资本合作等模式建设或发展养老机构①。同年，民政部、卫计委等9部门联合印发《关于推进医疗卫生与养老服务相结合的指导意见》，提出到2017年，医养结合的政策体系、标准规范和管理制度初步建设，我国建成一批兼具医疗卫生和养老服务资质和能力的医疗卫生机构或养老机构②。

　　"十三五"初期，多层次养老服务体系逐步完善，养老服务市场全面放开。《中华人民共和国国民经济和社会发展第十三个五年规划纲要》明确提出，建设以居家为基础、社区为依托、机构为补充的多层次养老服务体系，推动医疗卫生和养老服务相结合，探索建立长期护理保险制度。全面放开养老服务市场，通过购买服务、股权合作等方式支持各类市场主体增加养老服务和产品供给③。2016年，全国老龄办等25部门联合印发《关于推进老年宜居环境建设的指导意见》，提出支持适老住宅建设，鼓励发展通用住宅，对开发老年公寓、老少同居的新社区和有适老功能的新住宅提供相应政策扶持④。同年，国务院在《关于全面放开养老服务市场提升养老服务质量的若干意见》中明确，全面开放养老服务市场，放宽营利性养老机构市场准入条件，鼓励社会力量以公建民营的形式参与机构改革，推进居家社区服务全面覆盖⑤。2017年，国务院颁布《"十三五"国家老龄事业发展和养老体系规划建设》，进一步指出"十三五"期间以居家为基础、社

---

① 参见《关于鼓励民间资本参与养老服务业发展的指导意见》，中国政府网，http://www.gov.cn/zhengce/2016－05/22/content_5075658.htm。

② 参见《关于推进医疗卫生与养老服务相结合的指导意见》，中国政府网，http://www.gov.cn/zhengce/content/2015－11/20/content_10328.htm。

③ 参见《中华人民共和国国民经济和社会发展第十三个五年规划纲要》第六十五章，共产党员网，https://www.12371.cn/special/sswgh/wen/。

④ 参见《关于推进老年宜居环境建设的指导意见》，中国政府网，http://www.gov.cn/xinwen/2016－11/25/content_5137617.htm。

⑤ 参见《关于全面放开养老服务市场提升养老服务质量的若干意见》，中国政府网，http://www.gov.cn/zhengce/content/2016－12/23/content_5151747.htm。

区为依托、机构为补充、医养相结合的养老服务体系更加健全,大力发展社区居家养老服务,推动养老机构提质增效、推动医养结合①。

　　"十三五"中后期,围绕市场准入、资金、税费、土地、技术、人才等方面,我国推出一系列鼓励政策,进一步促进社会养老机构发展。2017 年财政部印发《关于运用政府和社会资本合作模式支持养老服务行业发展的实施意见》,鼓励运用政府和社会资本合作模式推进养老服务行业供给侧结构改革,加快养老服务业培育与发展,形成多层次、多渠道、多样化的养老服务市场,推动老龄事业发展②。2018 年公布的《国务院办公厅关于促进"互联网＋医疗健康"发展的意见》指出,支持医疗卫生机构、符合条件的第三方机构搭建互联网信息平台,开展远程医疗、健康咨询、健康管理服务,促进医院、医务人员、患者之间的有效沟通③。2019 年,国务院印发《关于推进养老服务发展的意见》,提出支持养老机构规模化、连锁化发展,推动解决养老服务机构融资问题,提升医养结合的服务能力;推动居家、社区和机构养老融合发展;实施"互联网＋养老",在全国建设一批"智慧养老院",推广物联网和远程智能安防监控技术,形成示范效应④。自然资源部于同年颁布《自然资源部关于加强规划和用地保障支持养老服务发展的指导意见》,明确养老服务设施用地范围,统筹规划养老服务设施用地空间布局,规定年度国有建设用地供应计划时应当优先保障养老服务设施用地需求,加强

---

①　参见《"十三五"国家老龄事业发展和养老体系规划建设》,中国政府网,http://www.gov.cn/zhengce/content/2017 - 03/06/content_5173930.htm。

②　参见《关于运用政府和社会资本合作模式支持养老服务行业发展的实施意见》,中国政府网,http://www.gov.cn/xinwen/2017 - 08/21/content_5219295.htm。

③　参见《国务院办公厅关于促进"互联网＋医疗健康"发展的意见》,中国政府网,http://www.gov.cn/zhengce/content/2018 - 04/28/content_5286645.htm? trs=1。

④　参见《关于推进养老服务发展的意见》,中国政府网,http://www.gov.cn/zhengce/content/2019 - 04/16/content_5383270.htm。

养老服务设施用地服务和监管①。2020 年,《关于推动物业服务企业发展居家社区养老服务的意见》颁布,提出充分发挥物业服务企业常驻社区、贴近居民、响应快速等优势,推动和支持物业服务企业积极探索"物业服务＋养老服务"模式,支持养老服务品牌化连锁化经营,促进养老产业联动发展,切实增加社区居家养老服务有效供给,更好满足广大老年人日益多样化多层次的养老服务需求②。

　　"十四五"期间,积极应对老龄化上升为国家战略,多层次养老服务体系重要性进一步凸显。《中华人民共和国国民经济和社会发展第十四个五年规划和2035 年远景目标纲要》指出,我国实施积极应对老龄化国家战略。具体而言,包括推动养老事业和养老产业协同发展,健全基本养老服务体系,大力发展普惠型养老服务,支持家庭承担养老功能,构建居家社区机构相协调、医养康养相结合的养老服务体系。还包括深化公办养老机构改革,提升服务能力和水平,完善公建民营管理机制,支持培训疗养资源转型发展养老,加强对护理型民办养老机构的政策扶持,开展普惠养老城企联动专项行动。健全养老服务综合监管制度。这一规划还提出,我国要构建养老、孝老、敬老的社会环境,强化老年人权益保障。发展银发经济,开发适老化技术和产品,培育智慧养老等新业态③。

表 6-1　"十二五"至"十四五"促进社会养老机构相关政策

| 文件政策名称 | 时间 | 发布单位 | 主要内容 |
|---|---|---|---|
| 《关于加快发展养老服务业的若干意见》 | 2013.09 | 国务院 | 完善投融资、税费优惠、人才培养等政策,鼓励公益慈善组织支持养老服务。 |

---

①　参见《自然资源部关于加强规划和用地保障支持养老服务发展的指导意见》,中国政府网,http://www.gov.cn/zhengce/zhengceku/2019 - 12/18/content_5462121.htm。

②　参见《关于推动物业服务企业发展居家社区养老服务的意见》,中国政府网,http://www.gov.cn/zhengce/zhengceku/2020 - 12/03/content_5566872.htm。

③　参见《中华人民共和国国民经济和社会发展第十四个五年规划和 2035 年远景目标纲要》,中国政府网,http://www.gov.cn/xinwen/2021 - 03/13/content_5592681.htm。

（续表）

| 文件政策名称 | 时间 | 发布单位 | 主要内容 |
|---|---|---|---|
| 《关于鼓励民间资本参与养老服务业发展的指导意见》 | 2015.02 | 民政部 | 鼓励民间资本在城镇社区举办或运营养老服务设施,采取股份合作制、政府和PPP等模式建设或发展养老机构。 |
| 《关于推进医疗卫生与养老服务相结合的指导意见》 | 2015.11 | 民政部、卫计委等9部门 | 到2017年,医养结合的政策体系、标准规范和管理制度初步建设。 |
| 《中华人民共和国国民经济和社会发展第十三个五年规划纲要》 | 2016.03 | 十二届全国人大四次会议表决通过 | 建设以居家为基础、社区为依托、机构为补充的多层次养老服务体系,推动医疗卫生和养老服务相结合,探索建立长期护理保险制度。全面放开养老服务市场。 |
| 《关于推进老年宜居环境建设的指导意见》 | 2016.09 | 全国老龄办等25部门 | 支持适老住宅建设,鼓励发展通用住宅,对开发老年公寓、老少同居的新社区和有适老功能的新住宅提供相应政策扶持。 |
| 《关于全面开放养老服务市场提升养老服务质量的若干意见》 | 2016.12 | 国务院 | 全面开放养老服务市场,放宽营利性养老机构市场准入条件,鼓励社会力量以公建民营的形式参与机构改革。 |
| 《"十三五"国家老龄事业发展和养老体系规划建设》 | 2017.03 | 国务院 | 以居家为基础、社区为依托、机构为补充、医养相结合的养老服务体系更加健全。推动养老机构提质增效、推动医养结合。 |
| 《关于运用政府和社会资本合作模式支持养老服务行业发展的实施意见》 | 2017.08 | 财政部 | 鼓励政府和市场力量加强合作,灵活运用政府和社会资本合作模式(PPP)推进养老服务行业供给侧结构改革。 |
| 《国务院办公厅关于促进"互联网+医疗健康"发展的意见》 | 2018.04 | 国务院 | 推进实施健康中国战略,支持医疗卫生机构、符合条件的第三方机构搭建互联网信息平台,提升医养结合水平。 |
| 《关于推进养老服务发展的意见》 | 2019.03 | 国务院 | 支持养老机构规模化、连锁化发展,推动解决养老服务机构融资问题,提升医养结合的服务能力。 |
| 《关于进一步扩大养老服务供给促进养老服务消费的实施意见》 | 2019.09 | 民政部 | 大力发展城市社区养老服务,积极培育居家养老服务,促进机构养老服务提质增效,拓展农村养老服务。 |

（续表）

| 文件政策名称 | 时间 | 发布单位 | 主要内容 |
|---|---|---|---|
| 《关于加强规划和用地保障促进养老服务发展的意见》 | 2019.12 | 自然资源部 | 明确养老服务设施用地范围,统筹规划养老服务设施用地空间布局,加强养老服务设施用地服务和监管。 |
| 《关于推动物业服务企业发展居家社区养老服务的意见》 | 2020.11 | 住房和城乡建设部等6部门 | 推行"物业服务＋养老服务"居家社区养老模式,支持养老服务品牌化连锁化经营,促进养老产业联动发展。 |
| 《中华人民共和国国民经济和社会发展第十四个五年规划和2035年远景目标纲要》 | 2021.03 | 十三届全国人大四次会议表决通过 | 实施积极应对老龄化国家战略。推动养老事业和养老产业协同发展,健全基本养老服务体系,构建居家社区机构相协调、医养康养相结合的养老服务体系。深化公办养老机构改革,完善公建民营管理机制,加强对护理型民办养老机构的政策扶持。 |

　　基于上述分析可以发现,近年来社会养老机构在养老服务供给中的作用不断凸显,相关部门出台的政策更加鼓励、支持和引导社会养老机构持续健康发展。具体表现在:养老服务市场逐步放开,准入条件更加放宽,同时政府在土地、税收、补贴等方面给予支持,扶持对象也从以公益性慈善养老机构为主拓宽至多层次养老机构,对社会养老机构的发展起到一定的促进作用。

## 2.3　我国社会养老机构发展历程

　　社会养老机构的发展主要依托中国社会养老服务体系的建设,两者的发展历程息息相关。其中,政府是推动中国养老事业发展的重要力量,各类企业是建设商业化养老机构的重要主体。在政策的引导下,社会养老机构随着养老服务体系的逐步成熟而不断发展。

　　因此,本文以重要政策为依据,结合业界和学界主流观点,在深入分析社会养老机构发展脉络的基础上将我国社会养老机构发展划分为四个阶段:萌芽阶段、起步阶段、提速阶段、高质量增长阶段。20世纪80年代起,全国老龄工作委员会成立,老年人日间照料中心开始出现,我国社会养老机构发展进入萌芽阶段;在 2000 年发布的《关于加强老龄工作的决定》中,发展社会养老机构被提上日程,社会养老机构的发展进入起步阶段①;2008 年《关于全面推进居家养老服务工作的意见》正式发布,社会养老机构的发展进入提速阶段②;2021 年"十四五"规划纲要明确提出实施积极应对人口老龄化国家战略③,社会养老机构的发展进入高质量增长阶段。

(1) 萌芽阶段:20 世纪 80 年代至 1999 年

1982 年,中国政府成立全国老龄工作委员会,并在全国范围设立了老龄办事机构,专门针对老龄人口的工作机构开始构建。1983 年,全国老龄工作委员会在《关于老龄工作情况与今后活动计划要点》中提出开设老年人日间照料中心,此类日间照料中心成为日后养老机构的雏形④,社会养老机构步入萌芽阶段。

(2) 起步阶段:2000 年至 2007 年

2000 年,中共中央、国务院在《关于加强老龄工作的决定》中明确"建立家庭养老为基础,社区服务为依托,社会养老为补充的养老机制"⑤,发展社会养老机构被提上日程,这意味着我国社会养老事业开始进入起步阶段。在此 7 年期间,

---

① 赵宝华. 面向新世纪的重大决策——写在《关于加强老龄工作的决定》颁布之际[J].中国民政,2001(05):28.
② 参见《关于全面推进居家养老服务工作的意见》,中国政府网,http://www. gov. cn/zwgk/2008 - 02/25/content_899738. htm。
③ 参见《中华人民共和国国民经济和社会发展第十四个五年规划和 2035 年远景目标纲要》第四十五章,中国政府网,http://www. gov. cn/xinwen/2021 - 03/13/content_5592681. htm。
④ 参见国务院办公厅转发中国老龄问题全国委员会关于我国老龄工作中几个问题的请示的通知[J]. 中华人民共和国国务院公报,1983(10):446 - 449.
⑤ 赵宝华. 面向新世纪的重大决策——写在《关于加强老龄工作的决定》颁布之际[J].中国民政,2001(05):28.

以居家和社区养老为主的养老服务体系开始建设,并形成了以社区照料中心为核心的养老补充体系。

(3) 提速阶段:2008 年至 2020 年

2008 年,民政部等多部门联合印发《关于全面推进居家养老服务工作的意见》,明确提出了"十一五"期间城乡居家养老服务工作的目标任务,并指出要发挥政府主导作用,强调要不断健全和完善居家养老服务体系[①],该文件进一步推动中国社会养老服务体系的形成,社会养老机构进入提速发展的阶段。自 2016 年起,国家及地方政府陆续出台一系列政策,进一步降低养老服务市场准入门槛,鼓励支持社会力量进入养老服务市场,社会养老机构在服务内容上进一步细化,覆盖了医疗护理、生活照料、精神慰藉等服务,涵盖了老年人的各类生活需要。

(4) 高质量增长阶段:2021 年起至今

《中华人民共和国国民经济和社会发展第十四个五年规划和 2035 年远景目标纲要》明确指出,要"加快发展健康、养老、托育、文化、旅游、体育、物业等服务业,加强公益性、基础性服务业供给,扩大覆盖全生命期的各类服务供给。"[②]各类投资机构、实体企业纷纷布局各层次养老产业,养老产业以及社会养老机构行业迎来新一轮高速增长,从此,意味着社会养老机构进入高质量增长阶段。

## 2.4　我国社会养老机构发展基本情况

由于经济、社会、文化等原因,家庭养老长期以来在我国占据主导地位,而政

---

① 参见《关于全面推进居家养老服务工作的意见》,中国政府网,http://www.gov.cn/zwgk/2008-02/25/content_899738.htm。

② 参见《中华人民共和国国民经济和社会发展第十四个五年规划和 2035 年远景目标纲要》,中国政府网,http://www.gov.cn/xinwen/2021-03/13/content_5592681.htm。

府在过去一段时期主要以民政福利事业视角推进养老服务业建设。过去,社会养老服务对象主要是城镇"三无"老人、农村"五保"老人等。从需求层面看,受传统观念和家庭财富水平等因素影响,社会养老机构在老年群体中接受率较低。从供给层面看,社会养老机构服务范围和服务水平仍有很大提升空间,特别是大批存量养老机构仍属于兜底性质的社会福利供给,在服务质量、护理水平和运营效率等方面有待提升,发展不够充分。

### 2.4.1　近年来取得的成效与进步

近年来,随着经济社会不断发展,在国家一系列政策推动下,我国社会养老机构发展迅速,具体表现在规模扩大和质量提高两个方面。

一是社会养老服务机构规模不断扩大。"十三五"期间我国机构养老床位持续增加,敬老院改造提升工程在全国范围铺开,对老年人的服务保障能力得到加强。根据民政部数据,截至 2020 年年底,全国共有养老机构 3.8 万个,同比增长 10.4%,相较 2015 年底增长 37.2%;各类机构和社区养老床位共计 823.8 万张,同比增长 7.3%,相较 2015 年底增长 22.5%。社会养老服务的供给总量得到显著提升①。

二是社会养老服务水平有所提高。自 2013 年国务院《关于加快发展养老服务业的若干意见》实施以来,更多的市场主体参与提供社会养老服务,服务范围逐步增加,国家鼓励社会力量采用各种方式为全社会老人提供多层次、宽领域、多元化的养老服务,以部分高端养老机构为代表的现代化养老服务机构进一步呈现出良好发展态势。房地产企业、保险企业、专业化运营公司和其他各类社会

---

① 数据来源:中华人民共和国民政部网站,http://www.mca.gov.cn/article/xw/mzyw/202102/20210200032002.shtml。

企业探索创新了一批适合中国国情的新型社会养老机构,涌现出泰康之家、国投健康、安康通、福寿康、康美健康等一批健康养老集团和服务品牌,上述企业在各地政府支持下,相继建设运营了泰康之家、欧葆庭国际颐养中心、广西巴马养生养老等医养、康养相结合的特色养老社区。

### 2.4.2　发展过程中呈现的问题

尽管我国社会养老服务行业已经获得极大发展,但是,目前我国社会养老服务行业仍处于发展不充分、不平衡的阶段。总体而言,我国社会养老服务在总量和结构两方面均存在发展缺口,一方面,行业整体投入不足,供需总量失衡;另一方面,结构上仍以政府投入的养老事业为主,社会化、市场化处于探索时期。

第一,总供给和总需求面临失衡

就需求侧而言,老龄化程度不断提高意味着对社会养老机构的需求日益增长。当前,我国社会养老机构需求较大的主要原因包括以下三点:一是老龄人口基数庞大。当前,我国老龄化率虽然不及日本等深度老龄化国家,但是由于我国人口基数大,我国的老龄人口总量位于全球第一,因此对养老机构具有海量需求。二是家庭结构改变,家庭规模缩小。根据第七次人口普查数据,我国家庭逐步趋向于小型化,平均每个家庭户的人口为 2.62 人,相较于 2010 年的 3.10 人减少 0.48 人①,这意味着大量老年人不再与子女共同居住,难以在家中获得子女的直接照料。另一方面,由于过去中国人口生育政策,"4+2+1"家庭大量出现,而现在独生子女的父母正逐渐成为新增老年人的主要部分。这意味着一对夫妻在养育孩子的同时还需要照料 4 位老人,导致很多子女对老人的照护能力

---

① 数据来源:国家统计局《第七次全国人口普查公报》,国家统计局官网,http://www.stats.gov.cn/tjsj/tjgb/rkpcgb/qgrkpcgb/。

远远无法满足老年人的实际需要。三是老龄人口消费能力提升。由于人均收入提升,老年人的支付能力和消费意愿增强,根据国家统计局数据,2021 年中国人均 GDP 超过 8 万元人民币,全国居民人均可支配收入超过 2.5 万元人民币①,随着收入增长,居民对养老服务需求将进一步提升。总之,由于老龄人口基数不断扩大、家庭规模不断缩小、消费能力日趋提升等多方面原因,我国老年人对养老服务的需求不断增长。

就供给侧而言,养老机构的供给总量无法满足不断扩张的养老需求,养老服务要素投入不足,产业链匹配不到位。根据国家统计局发布的《2020 年国民经济和社会发展统计公报》,2020 年我国有养老床位 823.8 万张,每千人拥有养老床位 32.98 张②。同年,我国 65 岁及以上老龄人口已达 1.76 亿,人均床位数不足 0.047 张③。不仅是人均床位的供给数量显著低于发达国家平均水平,从服务质量、产业配套等角度来看,我国养老服务业同样存在总体供给不足的现象,与广阔的市场需求相比较还存在很大发展空间。

第二,社会养老服务供给存在结构性失衡

一是社会养老机构与老年群体之间存在供需错位的问题。就供给侧而言,社会资本尚未找到精准发力的投资方向,各类社会养老机构定位不清,对目标客群缺乏精准把握。这一现象产生的重要原因在于社会资本在养老领域仍处于探索阶段,各类养老机构自身定位尚未明确,细致的行业分工格局暂未形成,各机构和民间资本在服务对象、服务内容、服务模式方面尚未总结出一套行之有效的

---

① 数据来源:国家统计局官网,https://data. stats. gov. cn/easyquery. htm。
② 数据来源:国家统计局《2020 年国民经济和社会发展统计公报》,国家统计局官网,http://www. stats. gov. cn/tjsj/zxfb/202102/t20210227_1814154. html。
③ 根据国家统计局《第七次全国人口普查公报》《2020 年国民经济和社会发展统计公报》的相关数据计算。

服务模式。就需求侧而言,根据现实情况来看,老年人对基础照护之外的需求特别是心理疏导、精神慰藉等服务的要求越来越多,现有的养老机构基础照护服务能力体系已初步实现,但是尚未满足老人多元化的实际需求,在专业化和个性化的康养陪护方面仍有不足。

二是社会养老机构在空间布局维度上存在区域失衡问题①。由于我国不同地区长期存在经济社会发展水平的差异,社会养老机构的分布在空间上也呈现出差异。这种差异首先表现为养老服务业在我国东中西地区间发展不平衡,特别是由于中西部地区年轻人口向东部地区流动,导致中西部地区老年抚养比持续上升,但经济发展水平和养老服务业支撑水平却呈现走低趋势。其次表现为城乡之间的发展失衡,我国的城乡发展差异同样对社会养老服务业造成重要影响。相比之下,城市经济发达且人口集中度高,基础设施和公共服务更为完备,养老服务业的发达程度明显高于农村。最后,这种空间差异还表现为城市内部的养老资源布局不均。由于城市发展的历史原因,中心城区的医疗、社会服务资源相对更为集中,人口密度也更高,而大型养老社区和康养中心大多建设于自然条件更好的远郊地区,城市养老资源分布和养老需求分布之间存在错位。

第三,社会养老机构本身的发展面临诸多具体困境

从微观角度看,社会养老机构在发展过程中也面临诸多现实困境,如运营资金短缺,人才供给不足,服务标准缺位等,这些因素长期制约了社会养老机构的健康发展。

一是运营资金短缺。社会养老机构建设普遍具有前期投入大、运营成本高、回报周期长的特点,大量社会资金不愿意进入该领域,民办养老机构资金压力较

---

① 盛见. 当前我国养老服务业的发展困境及突破路径[J]. 科学发展,2020(10):106-113.

大。因此,在过去一段时间,中国养老服务行业主要是公建公营或公建民营的投资结构。尽管最近一段时间以来国家有关部门以及地方政府出台了一系列鼓励政策,从法律保障、准入门槛、土地资源、人才供给等诸多方面给予养老行业支持,并对符合条件养老机构进行专项补贴,但是,现有补贴力度对于养老机构的运营和发展,特别是民办民营养老机构来说仍然远远不足,不能从根本上改变社会养老机构的发展困境。这一现象在那些定位不高、收费能力不足的中低层次养老机构中尤其明显。它们为了应对日常资金短缺的困境,不得不减少日常开支,降低服务标准,导致对具有消费能力的老年群体吸引力减弱,从而陷入恶性循环,进一步加重其运营资金的压力。

二是人才供给不足。社会养老服务行业本质是服务业,对于人力资源存在大量需求。行业和产业的持续增长和蓬勃发展离不开要素资源的投入,但从现实状况来看,社会养老机构往往对人才供给重视程度不足,特别是在资金预算方面没有足够支撑,缺乏对于管理型人才和专业护理型人才的引进。目前还有大量养老机构依赖社会志愿者对其必要服务进行支撑,但志愿者普遍缺乏专业性知识和技能,且存在人员队伍不稳定的局限,无法满足养老机构的现实需要。因此,社会养老机构的健康发展需要提升相关领域人才的薪酬待遇,也要让社会各界形成合力,促进更多人才进入养老行业。

三是服务标准缺位。目前,我国社会养老机构服务水平内部分化严重,差异明显。既存在以星堡、欧葆庭等为代表的高端的养老服务机构,也存在一些服务水平参差不齐的小型民办养老机构。究其根本,是因为在养老服务领域尚未形成较为细致的标准。如果机构自行建立内部标准化服务体系,需要投入大量时间精力和资金成本,在这种情况下,部分保障型和中低端养老机构由于收费较低,自然会因资金不足选择相对粗放的经营模式,最终导致服务水平难以令人满意。

总之,我国社会养老服务具有巨大需求潜力,但是社会养老机构目前发展还不充分,尚未形成成熟的商业模式与规范的行业标准,未能将巨大的社会需求有效地转化为养老服务业繁荣发展的动力。

## 2.5 当前社会养老机构主要经营模式

社会养老机构高质量多元化发展有利于进一步扩大服务覆盖人群,提升养老服务供给质量。当前,我国养老机构定位不断精准化、运营更加精细化,从而演化出种类丰富的养老机构运营模式和发展范式。对社会养老机构不同发展模式进行细致分析,有利于我们更加深入了解社会养老机构的运营与发展的现实情况。本小节将从不同受众群体、不同的定价范围、不同的投资运营主体以及不同的服务方式等四个角度归纳总结养老机构的主要经营模式。

### 2.5.1 针对不同服务对象的养老机构

不同的社会养老机构立足老年群体的实际需求,提供差异化的针对性服务。以服务对象划分社会养老机构可以充分体现"精准养老"的新型养老服务观念,也就是将老年人的实际需求作为出发点。

第一类是针对能够独立生活的老人,提供自理型独立生活服务的养老机构。该类老人生活能够自理,一方面在身体机能、认知能力等方面仍然具有独自料理生活的能力,另一方面在心理和精神层面具有独立行动的内心需要。因此,既要为入住养老机构的老年居民提供紧急救护、慢病管理、营养膳食等专业服务,更要注重他们在文化娱乐、运动健康等方面的需要,营造高品质活力生活空间。

第二类是针对需要协助生活的老人,提供介助型协助生活服务的养老机构。该类老人在体力和智力方面的生理机能发生了较为明显的衰退,虽然可以做到生活基本自理,但行动能力较弱,生活行为需要依赖轮椅等辅助设施。不仅如此,该类人群同样珍视生活的独立性,讲求生活的品质、体面和尊严。针对该类群体,养老机构需要在专业的质量管理体系下,提供穿衣、洗澡、辅助锻炼、用药提醒等日常生活之外的协助,在人员配置上也应该比普通家政服务更专业、更规范。

第三类是针对需要专业护理的老人,提供介护型专业护理服务的养老机构。该类老人在身体机能、认知能力、记忆能力方面具有明显衰退,且常常患有一种或多种慢性疾病,生活无法自理,长期需要依赖专业的护理照料才能够保障其基本的生活质量,其中的典型代表是失能老人。针对该类群体,养老机构需要配备有专业化、体系化的护理服务以及配套医疗资源,护理团队、康复团队和医生团队以养老机构为日常中枢实现紧密配合,从而最大限度保持其生活能力和生活品质。

综上,以老年人的实际生活状况和切实生活需要为基础,不同的社会养老机构针对不同服务对象提供差异化的养老服务,从而在提升老年人幸福满意度的同时优化社会养老服务资源配置,实现福利最大化。

表6-2    不同服务对象养老机构主要特征

| 类别 | 服务对象 | 主要特点 |
|------|----------|----------|
| 自理型独立生活服务 | 能够独立生活的老人 | 针对该类老人的社会养老机构或机构中的独立生活片区应当充分尊重该类老年群体的实际生活能力和生活需要,提供自理、自由、自在的生活环境。 |
| 介助型协助生活服务 | 需要协助生活的老人 | 针对该类群体,机构需要在专业的质量管理体系下,提供穿衣、洗澡、辅助锻炼、用药提醒等日常活动上的协助,在人员配置上也比普通家庭保姆更专业、更规范。 |
| 介护型专业护理服务 | 需要专业护理的老人 | 针对该类群体,机构常常配备有专业化、体系化的护理服务,和配套医疗资源密切合作,护理团队、康复团队和医生团队以养老机构为日常中枢实现紧密配合,从而最大限度保持其生活能力和生活品质。 |

### 2.5.2　不同定价层次的养老机构

从定价标准看,养老机构可以分为保障型、普惠型、高端型三大类。三类机构形成层次区分,可以为不同经济状况的老人提供差异化的服务。

保障型养老机构能够起到为社会民生兜底的作用。该类机构以养老院和敬老院为例,主要服务对象是生活没有保障的"三无"老人和"五保"老人。多年来,很多保障型养老机构多由政府开发或由社会慈善力量举办,资金来源长期依赖民政部门拨款和社会捐款,在服务方面仅提供最基础的生活保障。随着经济社会发展和政策支持,越来越多社会养老机构也参与该类机构的建设运营。

普惠型养老机构向老人提供大众化服务。该类机构可以由社会或政府主导投资建设,也可以由双方共同开发和运营,主要针对家庭财富状况一般、有一定生活保障的普通民众。普惠型养老机构大多享受政策优惠或财政补贴,收费在大多数老人及其家庭的能力负担范围以内,但提供的服务有限。

高端型养老机构强调差异化高品质服务。该类机构主要由社会资本举办,主要针对高净值人群,以获取经济效益和社会效益为主要目的,收费相对上述两种机构比较高昂,高端型养老不仅提供日常生活照料和帮助,还涵盖心理、保健、医疗等问题的解决方案。老人可以享受到医养结合、康养结合的高品质照护服务。

**表 6 - 3　不同定价层次养老机构主要特征**

| 类别 | 投资主体 | 目标受众 | 主要特点 |
|---|---|---|---|
| 保障型机构 | 政府或社会慈善力量 | 低收入老人 | 主要服务对象是生活缺少保障的"三无"老人和"五保"老人,在财政资金和慈善捐赠支持下提供最基础的生活保障。 |
| 普惠型机构 | 政府或社会资本 | 有一定生活保障的普通民众 | 既有营利性质也有非营利性质,享受财政补贴,收费在大多数老人及其家庭的能力负担范围以内,提供有限的养老服务。 |
| 高端型机构 | 社会资本 | 高净值人群 | 收费比较高昂,不仅提供日常生活照料和帮助,还涵盖心理、保健、医疗等问题的解决方案。老人可以享受到医养结合、康养结合的高品质照护服务。 |

### 2.5.3　不同投资主体的养老机构

社会养老机构在投资与运营主体上都主要依赖社会力量,截至 2019 年年末,我国养老机构中社会力量占比已超 50%[①],其中,地产、保险、专业运营类企业为主要参与方。

第一类投资主体是地产企业。房地产企业侧重开发养老住宅型项目,呈现"重地产、轻服务"的特征,主要为老年人提供养老住宅地产,部分房地产类企业通过积极探索新型的养老服务模式促使其开发的养老地产项目向轻重结合的方向发展,其中的代表企业主要有:万科、保利、绿地等。例如,万科地产比较有特色的地产模式是采用养老、居家、社区三位一体的发展模式,比如其旗下专门针对养老服务所发展的"随园"系列,主要包括随园嘉树、随园护理院以及随园之家,分别针对身体状况不同的老年客群,万科通过三类地产产品为老人提供全方位、多层次的养老服务[②];保利地产主要提供和熹会与和悦会两种模式,和熹会为连锁式的专业高端养老服务机构,和悦会为社区形式[③];绿地则专注于国内高端养老社区,包括上海高端养老公寓、退休旅居养老基地、养老机构建设以及综合型养老社区化服务[④]。总的来说,房地产企业在养老模式的探索上主要偏向于经济效益,对服务客群的经济能力有一定要求。

第二类投资主体是保险机构。保险机构具有资金和客源优势,主要通过自建高端大型养老社区服务高净值保险客群,大多将养老服务、资产管理、保险业务相结合。此类养老模式的代表企业主要有:泰康人寿、太平保险、合众人寿等

---

① 数据来源:国务院例行政策吹风会"发改委:我国养老行业规模不断扩大,截至去年年底,养老服务床位数已超 761 万张",原文参见中国政府网,http://www.gov.cn/xinwen/2020zccfh/9/index.htm。

② 信息根据随园养老网站(https://suiyuanyanglao.com)整理。

③ 信息根据保利健投网站(http://www.poly-health.cn)整理。

④ 信息根据绿地康养产业集团网站(http://www.greenlandky.com)整理。

企业,主要提供保险、资管、康养融合的养老服务。其中,泰康人寿的养老服务体系将大型医院、康复中心和持续关爱社区结合形成三级医养服务体系,让老年人能够同时实现就医便利和养老保障①;太平保险的养老模式则采取"轻资产引入"与"重资产投资"模式相结合的养老服务体系,轻资产项目投入少、建设周期相对较短,重资产投资项目建设周期较长,其轻资产引入的项目主要有云南古滇名城、宁波星健兰亭和北京当代时光里等,重资产开发的项目主要有"上海梧桐人家"和"三亚海棠湾康养项目"②;合众人寿相较于前两种企业来说,则将选址瞄准于养老压力较大、收入较高的一二线城市,集三种养老方式于一体开发养老地产,将客户定位于中产阶层③。

第三类投资主体是养老服务领域的专业运营类企业。运营类企业相较于其他类型机构则更加聚焦养老服务,该类企业在管理体系、养老理念方面具备经验优势。从政策演进角度看,近年相关部门推动养老机构公建民营,有效降低了对前期资本的投入要求,有效促进了运营类企业专业化发展。这类型的代表企业主要有:海阳股份、星堡老年服务、恭和苑。海阳股份充分利用互联网技术的发展,积极推进智慧养老发展,借助物联网、大数据、"互联网+"等技术手段,链合居家、社区、机构养老,致力于通过科技手段发展"医养康护"四位一体的新型模式④;星堡老年服务的运营团队源自美国,具有30年美国养老经验,目前其业务区域在上海,业务领域为CCRC,目前正在开拓居家养老服务⑤;恭和苑为乐成旗下直营连锁的养老服务机构,旨在利用其专业的管理体系和经验性的运营养

---

① 信息根据泰康养老网站(http://tkyl.taikang.com)整理。
② 信息根据中国太平网站(http://www.cntaiping.com)整理。
③ 信息根据合众人寿网站(https://www.unionlife.com.cn)整理。
④ 信息根据海阳集团网站(http://www.haiyang-group.com)整理。
⑤ 信息根据星堡网站(http://www.starcastleliving.com)整理。

老理念构建高端养老社区①。近年来,此类运营类企业也在积极探索养老服务新模式,向医养融合、轻重结合及智慧养老的方向发展。

随着我国养老产业不断发展,其他各类企业也积极参与社会养老机构的建设与运营,其中主要包括住宿餐饮、文化旅游等企业。这些企业具备资本实力和声誉优势,已在原有领域建立起一定规模的业态,它们凭借品牌、土地资源、公共关系等优势,近年来在养老服务领域取得较大发展。此类养老机构的代表企业主要有金陵饭店、首旅集团、上实集团等企业。金陵饭店通过"互联网＋健康监护平台＋社区服务平台促进养老模式智慧化、科技化,为业主提供更为便捷的健康管理、半护理、全护理等服务",其中"金陵天泉湖养老社区建设和运营服务"树立了养老产业品牌标杆②;首旅集团则结合自身国资国企优势,由酒店改造做养老公寓③;上实集团则将其全资子公司上实养老发展投建持续护理退休社区项目和活力长者社区项目,采取社区模式发展养老服务体系④。

表6-4　不同投资主体养老机构主要特征

| 类别 | 代表企业 | 代表案例 | 主要特点 |
|---|---|---|---|
| 房地产企业 | 万科、保利、绿地 | 万科"随园"系列、保利·和嘉会、保利·和悦会 | 主要提供以高端养老住宅地产为核心的养老服务,房地产类企业的头部企业通过积极探索新型的养老服务模式来使得养老服务模式向轻重结合的新方向发展。 |
| 保险机构 | 泰康人寿、太平保险、合众人寿 | 泰康之家、上海梧桐人家、北京当代时光里 | 具有资金和客源优势,主要通过自建高端大型养老社区服务高净值保险客群,大多将养老、资管、保险相结合,提供保险、资管、康养融合的养老服务。 |

---

① 信息根据乐成养老网站(https://www.ycsenior.com)整理。
② 信息根据金陵天泉湖网站(http://www.tianquanlake.com)整理。
③ 信息根据首旅集团网站(https://www.btg.com.cn)整理。
④ 信息根据上海实业集团网站(https://www.siic.com)整理。

（续表）

| 类别 | 代表企业 | 代表案例 | 主要特点 |
|------|----------|----------|----------|
| 运营类企业 | 海阳股份、星堡老年服务、恭和苑 | 浙江湖州德清海阳养护院、星堡北京香山长者公寓、北京双井恭和苑 | 运营类企业相较于其他类型机构则更加聚焦，在管理体系、养老理念方面具备经验优势，近年主推的公建民营模式有效降低了对前期资本的投入要求，有效促进了运营类企业专业化发展。 |
| 其他企业 | 金陵饭店、首旅集团、上实集团 | 金陵天泉湖养老社区、首厚大家友谊养老社区、上海崇明上实东滩长者社区 | 凭借资本实力和声誉优势，建立起一定规模的养老业态，通过设立养老产业基金等方式进行产业布局，依赖品牌、土地资源、公共关系等优势，获得较大发展。 |

### 2.5.4　不同养老服务组合延伸的养老机构

在社会养老机构不断发展过程中，各类机构以空间为载体尝试将多种养老服务进行组合，具体而言，以"医养结合"为代表的创新模式体现了养老服务的横向延伸，以"全生命周期养老"为代表的创新模式体现了养老服务的纵向延伸，以"互联网＋养老"为代表的创新模式体现了养老服务与科技的紧密融合。①

第一类创新方式是服务横向延伸，表现为以"医养结合"为代表的创新模式。"医养结合"是近年来在全球各地逐渐兴起的一种新型长期照护模式，在本书后续章节也有详细介绍。总体而言，医养结合是一种医疗、健康、养老一体化的创新模式，主要载体是社区、家庭以及养老服务机构，并在此基础上有机整合各类医院以及基层医疗机构等部门。尽管目前仍面临诸多困难和挑战，但"医养结合"可以有效拓展养老服务边界、提升养老服务品质，体现了养老服务的方式创新、内容拓展和质量升级。

第二类创新供给方式是服务纵向延伸，表现为以"全生命周期养老"为代表的创新模式。在这一服务模式下，养老机构提供的服务不仅局限在已经产生迫

---

① 张颖南.养老市场服务创新模式研究[J].中外企业家,2017(34):26-28.

切需要的老年阶段,还会前向延长至中年甚至青年阶段,即通过拓展服务周期提供长期的照护服务。正如疾病早期的预防和筛查可以显著提升医疗水平和个人生命质量,从中年阶段就开始进行健康管理和养老准备对抗衰老和疾病预防具有显著促进作用,并且减轻了未来的养老压力。

第三类创新供给方式是服务科技赋能,表现为以"互联网+养老"为代表的创新模式。随着科技迅速发展,大数据、云计算、物联网等新基建给各行各业都带来了新的发展机遇,对养老服务行业也意味着新一轮创新变革。其中,"互联网+养老"的服务模式是具有创新效率和可行性的典型代表,它意味着通过互联网和万物互联,老年人的健康信息可以在家庭、社区、医院和养老院之间畅通流转,从而实现互联互通、信息共享的目的。科技赋能养老服务可以通过网络医生、远程问诊、实时监测等主流技术手段实现高效的全民健康管理,真正做到"智慧养老"。目前,已有很多养老机构和其他公司开始探索实施"互联网+养老"的服务模式,但距离这一行业的真正成熟还存在较大空间和发展潜力。

表6-5 不同创新方式养老机构主要特征

| 类别 | 典型方式 | 主要特点 |
|---|---|---|
| 服务横向延伸 | 以"医养结合"为代表的创新模式 | 通过资源整合、护理人才培养、护理服务监管等方式提升"医养结合"服务水平,实现"有病治病、无病疗养"的养老保障模式创新。 |
| 服务纵向延伸 | 以"全生命周期养老"为代表的创新模式 | 养老服务不仅停留在已出现养老需求的老年阶段,还应向前延伸至出现需求前,从健康的年轻人开始就进行养老准备、防止疾病产生。 |
| 服务科技赋能 | 以"互联网+养老"为代表的创新模式 | 通过互联网、大数据等科技你,家庭、社区、医院、养老院可以达到互联互通、信息共享,实现全民健康管理的"智慧养老"新范式。 |

## 2.6  国内社会养老机构的典型案例

### 2.6.1  公寓型养老机构发展典型案例:上海亲和源①

上海亲和源是上海当地一家较为知名的综合养老机构,是上海当地相对独立又不脱离社会且保持开放的经典老年生活社区。上海亲和源开园于 2008 年,具有较为悠久的经营历史,邻近徐家汇等主要商务圈,其投资主体和运营主体均为亲和源集团,是典型的民建民营机构。该社区全部采用无障碍化设计,以老年公寓和老年护理院为中心,结合"管家式"生活服务,在当地较受欢迎。

价格方面,亲和源为老年公寓,可租可售。如果购买产权可以享受产权 50 年养老公寓,2010 年开业时均价 20 000 元/平方米,总价 116 万/套起(入住后每年还要缴纳 3 万～7 万的年费);如果不购买产权则是享受会员制,会员分 A、B 两种,实行普通会员和熟年卡会员制。会员费用在 100 万～168 万不等。

硬件设施方面,亲和源老年公寓具有和其价位相匹配的优质硬件设施。据其官网介绍,亲和源共设 838 套居室,可供 1 600 位左右的老人居住,社区绿化率达到 51%。服务方面,亲和源依托三大服务板块构建了自身特色优势,首创秘书式服务体系,三大服务版块相辅相成,提供全方位、不打扰的养老生活。健康服务依托曙光医院绿色通道,结合优质园区资源,在日常生活中为会员提供健康保障服务。生活服务包括事务代理、专业配餐、家政服务、出行服务和其他服务五大类。快乐服务结合各类优质资源,为会员精神生活提供优质服务与保障,让会员很好享受养老新生活,例如组织会员成立各种兴趣小组,支持和协助兴趣小组定期开展各种活动以营造社区积极向上的文化氛围。

---

①  本段资料来源于亲和源官网(http://www.qinheyuan.com)、本文作者电话访问和各养老论坛公开数据收集整理。

### 2.6.2 保险机构投资养老机构典型案例：泰康之家燕园①

泰康之家是国内最大的连锁养老机构之一，定位医疗、养老和高端商业不动产协同发展的养老机构。泰康之家燕园是最早一批建成投入使用的泰康之家养老社区，其学习美国 CCRC 经验，以医养融合、持续照护、候鸟连锁、国际标准为特色。泰康之家燕园分为四个生活服务区域，分别是独立生活、协助生活、记忆照护、专业护理，为老年人提供一站式退休生活解决方案，其居民大多为高级知识分子、离退休干部、企业退休管理者等。

泰康之家燕园开园于 2015 年，位于北京市昌平区南邵镇南丰路，毗邻蟒山森林公园和白浮泉湿地公园，地理位置优渥。投资主体和运营主体均为泰康旗下子公司，是典型的民建民营机构。

在价格方面，入住泰康养老社区的老年人需要缴纳入门费和月费。缴纳入门费方可获得入住资格，收取标准为 20 万元/户，并且需要入住前一次缴足。月费即按月缴纳的费用，含房屋使用费、居家费用和餐费。顾客还可以选择购买乐泰财富卡，这是一笔可退还的居住押金，每月房屋使用费用及居家费用从一万余元至三万余元不等。

在硬件设施方面，泰康之家燕园同样具有高品质硬件条件。该园区占地面积约 14 万平方米，建筑面积约 31 万平方米，绿化率约 30%。项目分三期建设开发，总投资约 54 亿元，会所配套面积约 13 000 平方米，总户数约 3 000 户。地块划分为南北两区，分别是公建区和居住小区。北区开放空间包括三栋酒店和会所，南区为居住小区，这样的模式也被国内很多养老社区采用，公共区域包括健康管理医养中心、养生度假酒店、文化中心以及公建配套，而住宅区则相对更

---

① 本段资料来源于泰康之家官网（https://www. taikangzhijia. com）、本文作者电话访问、实地走访和各养老论坛公开数据收集整理。

加私密。社区设施同样进行适老化设计，室内地板地砖做防滑设计，设有呼救按钮、老年扶手等，室内家具全部圆角化处理，为老人打造无障碍、适老、安全的居住环境。

服务方面，"医养结合"是泰康之家的最大特色。泰康之家燕园配套有泰康燕园康复医院，是二级康复医院，可为社区老人及周边居民提供包含慢病预防与管理、疾病治疗与康复、长期护理乃至临终关怀的全过程医疗护理服务。对外与北京三甲医院建立合作关系并设置绿色通道，可及时响应紧急医疗救治需求。日常生活方面同样齐全，包括高品质的餐饮服务、健康管理、专业护理、医疗问诊、康体娱乐、活力课程和社工服务，以满足入住长者的综合需求。

### 2.6.3　消费产业集团投资养老机构的典型案例：星堡长者公寓[①]

星堡养老股东方为复星集团，是一家科创驱动的家庭消费产业集团，包括健康、快乐、富足三大业务板块，该公司于 2007 年在香港联交所主板上市。星堡香山长者公寓是星堡养老为老年人推出的高品质一站式持续照料养老社区，引入先进美式养老理念，鼓励并帮助老年人延长独立生活时间，而其团队有 30 年美国养老经验，培育管理过三家美国最大的养老品牌：Brookdale Living（自理、护理全程服务）、Holiday Retirement（自理）和 Blue Harbor（护理），在美国曾管理 1 500 多家养老社区，有十几万会员入住。

星堡北京香山长者公寓开园于 2019 年，是一家新兴养老机构，位于北京海淀区，选址属于"三山五园"中心地带。投资主体为复兴康复养老产业发展集团，运营主体为星堡养老，是典型的民建民营机构。

---

① 本段资料来源于星堡官网（http://www.starcastleliving.com）、复星集团公司财报和各养老论坛公开数据收集整理。

在价格方面,根据公开资料统计,申请入住的费用为 8 000 元/月~20 000 元/月。硬件设施方面,老年公寓总体量 8 500 平方米,有 77 个房间,共计 122 张床位,公共空间占 70%以上,公寓楼二层、三层设有面积近 2 000 平方米的露天花园,公寓内部还设有健身设施、公共接待区、麻将室、图书室、书画艺术空间、影音室等,方便老人的日常娱乐生活。在服务方面,该机构提供的服务分为独立生活、协助护理、记忆护理、康复护理四大板块,针对不同身体状况和需求的老年人提供差异化服务。星堡的服务特色是尤其注重老人的独立性和尊严,他们的协助护理服务不仅仅是为长者提供生活上的照顾,更是让长者尽可能保持独立,在自身意愿的引领下更好地融入社区生活,让他们在生活受到照护的同时享受生活,让长者在愉悦如家的环境中安心养老。在健康管理方面,星堡公寓采取家庭医生制度提供 24 小时健康陪伴,由三甲医院医师坐诊并建立专属健康档案。此外,针对处于手术后或疾病康复中的长者,还可以提供科学的护理计划,用专业的康复护理帮助长者及早恢复、及早回归正常生活,参与到丰富多彩社区生活。

目前,该机构盈利情况良好。为排除疫情等突发事件影响,本文选取 2019 年财务状况进行分析。2019 年报告期内,星堡老年服务收入人民币8 864 万元,同比 2018 年上涨 28%;净利润达人民币 17. 47 百万元,同比 2018 年上涨222. 3%。

### 2.6.4　专业养老服务机构典型案例:无锡海阳养护院①

海阳无锡通江养护院是海阳集团旗下从事养老服务的专业养老机构,开园

---

① 本段资料来源于海阳集团官网(http://www. haiyang-group. com)、海阳股份公司财报和各养老论坛公开数据收集整理。

于2019年,位于无锡梁溪区,投资主体和运营主体均为海阳养老集团。该院所属的海阳股份是一家养老服务全覆盖的民营机构,也是"医养融合"智慧养老模式先行者,为老人提供居家、社区、机构生活照料。其中,居家养老主要与"长护险"结合,而社区养老则以线下"实体店"为中心,为辐射范围内老人提供各类养老健康服务,具备较强的可复制性和扩展性。区别单一运营,这类集团化运营的本土企业可以覆盖养老服务全流程,全面对接不同层次养老需求,从而实现养老机构与护理院或康复医院的共生和互相补位。

在价格方面,分为半护理和全护理两类,半护理每月收费3 500元左右,包含住宿床位费、餐饮、水电等全部费用;全护理每月收费4 000元起,依据老人身体状况和护理服务内容收费不同。

在硬件设施方面,海阳无锡通江养护院前期建设投资额数百万元,中心上下共5层近3 000平方米,包括日间照料中心、养老护理院、社区卫生服务中心、老年餐厅等配套设施。养护院床位数78张,分设单人间、双人间、多人间、公浴房及临终关怀护理间,并给每个房间配置完善的卫生设施和电器设备。养护院地处广晟苑小区内,便于家属随时探望入住的老人,可以实现"家门口养老"。

在服务方面,该养护院一大特点是受到民政局及街道的大力支持,定期与其邻近的社区合作,联合开展丰富老人精神生活的文化活动,如烘焙日、手工劳作日、制作糕点活动、书画日以及戏曲大舞台活动、老年维权法律讲座、义诊等。此外,通江养护院还为每一位入住养护院的老人打造人性化、个性化的照护方案,并根据老人的身体状况和其他需求随时进行调整,为入住老人提供生活照料、营养配餐、健康护理、医疗康复等有品质的养老服务。其中的特色服务有失智照护、术后照护和医养融合。例如,该机构开设了失智老人的照顾专区,聘请专业团队保障失智老人身心安全,以此减轻家庭成员的照护负担。

由于该类机构财务状况受到疫情影响较大,因此需要基于往年数据进行分析,从而排除疫情等突发事件的影响。海阳股份公司财报显示,2018 及 2019 年海阳股份养老服务实现收入 2 924 万元和 6 053 万元。在该企业的轻资产模式中,不论居家、社区或机构养老,人力成本均为最主要的成本支出项,但随着养老机构入住人数及服务人次的增长,规模化降成本效果已逐步显现。

### 2.6.5　公建民营福利中心典型案例:长沙市雨花区社会福利中心①

"公建民营"是指在新建养老服务机构时或针对已投入运营的公办养老机构,各级政府按照管办分离的发展思路,通过体制改革与创新,引入社会组织或服务团体去经办和管理运作,从而实现政府和市场的配合并提高运营效率。

长沙市雨花区福利中心就是公建民营的典型案例,也是长沙市雨花区政府惠民工程,承担当地"三无老人"与"五保人员"的供养,在有空闲床位的情况下也向社会上有养老需求的其他老人开放。雨花区委、区政府建设该养老机构完成后,将其委托给当地社会力量(康乐年华养老产业集团有限公司)经营和管理,以提高运营效率并实现社会效益,该中心还入选《公办养老机构改革优秀案例》。

雨花区社会福利中心开园于 2008 年,位于长沙汽车南站旁人口密集的城区,周边配套设施完善。投资主体为长沙市雨花区民政局,运营主体为湖南康乐年华养老产业集团有限公司。

在价格方面,床位费每月 800 元/床(双人间为 2 床标准);生活费为 580 元/月;保证金 2 000 元作为房间物品押金并可在退院时不计息退还;医疗备用金 3 000 元,退院时不计息退还;水、电费按照实际发生额结算;护理费用和老年痴呆专护区费用依据不同等级另外计算。

---

① 本段资料来源于《关于公办养老机构改革优秀案例的通报》(民政部网站,http://xxgk. mca. gov. cn:8011/gdnps/pc/content. jsp? mtype=1&id=14619),结合电话访谈和各养老论坛公开数据收集整理。

在硬件设施方面,雨花区社会福利中心拥有床位 300 张,中心房间设施严格按照三星级标准配置相关用品,采光充足、通风良好、隔热保温,并设立生活起居、文化娱乐、康复训练、医疗保障等服务设施,可以提升老年人生活质量和居住条件。在满足老人心理需求方面,还特别设有心理咨询室和康复保健医疗室,满足老人多方面需要。

在服务方面,该中心拥有专业的管理和服务团队,工作人员均具备国家有关部门认证的职业资格,还培育发展了与中心联动的义工、志愿者数千人。膳食服务尊重老人的饮食习惯,包括遵循老人民族宗教饮食习俗。在心理医疗方面,还提供分级护理服务和精神心理护理服务,配有专业的心理咨询师,开展心理咨询活动,为老人提供心理咨询和开导。该中心还以雨花区社会福利中心为中心发挥辐射功能,向周边小区、社区老年人家庭开放并开展各类服务,例如接送日托、短托和居家养老上门送餐和照护服务,以此放大机构的服务能力。

### 2.6.6　以 PPP 模式建立养老机构的典型案例:武汉市九州通人寿堂养老院①

武汉九州通人寿堂养老院是九州通医药集团、上海人寿堂与武汉市政府合作的公建民营 PPP 项目,合作的投资总额约为人民币 1.23 亿元。养老院开园于 2018 年,位于武汉市江汉区发展大道 198 号武汉市社会福利院 B 座。参与合作的三方合作条款清晰,分工协调明确。其中,人寿堂作为当地知名企业,发挥其在综合养老和医疗护理及管理团队搭建方面的经验,负责机构的日常运营;九州通医药发挥其在药品流通、医院管理和医疗设备方面的经验,负责医疗相关业务;而武汉市政府负责提供支持项目建立的资源,牵头搭建合作框架,提高武汉

---

① 本段资料来源于人寿堂养老服务集团网站(www. renshoutang. com)、各养老论坛公开数据收集整理。

市综合养老和医疗服务的水平。

在价格方面,项目主要面向中高收入人群,主流收费约 4 000～9 000 元/月/人,价格处于市场中上水平。具体费用可以拆解为床位费、护理费、餐费三个方面。在硬件设施方面,项目总建筑面积 45 000 平方米,设有床位 1 200 余张,有单人间、双人间、温馨夫妻房和豪华套间。院内 1～2 层是医疗门诊区域和康复区域,建筑面积 4 000 多平方米,配备全科医生及护士,开设内科、中医科、体检科、康复医学科等;并且引进了先进的医疗设备,可以为老年患者进行 B 超、CT 检查,完成生化检测等医疗服务。3～5 楼为护理医院,配备有专业的医疗护理团队和大型医疗康复器材。6～28 楼为养老单元,为自理、半自理老人提供高品质的养老服务,打造温馨幸福的老年生活。

在服务方面,该项目还与上海索健科技有限公司合作搭建了智慧养老服务云平台,配有呼叫系统、智能点餐系统、信息发布系统、24 小时健康监护系统、智能穿戴设备、智能床垫、人脸识别系统等技术,通过智慧养老多角度提升老人健康生活水平。除此之外,还配有电影院、书画室、棋牌室、亲情交流房等多个活动场所,并开设有老年大学,定期举办文艺演出、志愿者活动等满足老人的精神娱乐需求,提升养老生活品质。院内还有认知症专区,采用小场景精细服务,引进日本专业认知症照护方法,为重度认知症患者提供服务。

表 6-6　社会养老机构典型案例梳理

| 名称 | 定价层次 | 特点 |
| --- | --- | --- |
| 上海亲和源 | 高端型 | 上海亲和源是上海当地一家较为知名的综合养老机构,全部采用无障碍化设计,以老年公寓、健康会所、老年护理院为中心,配套公共服务大楼、配餐中心、景观花园等周边设施,结合"管家式"生活服务,是上海当地的经典老年生活社区。 |

**(续表)**

| 名称 | 定价层次 | 特点 |
|---|---|---|
| 泰康之家燕园 | 高端型 | 泰康之家是国内最大的连锁养老机构,定位医疗、养老和高端商业不动产领域,致力于打造中国高品质医养第一品牌。泰康之家燕园是最早一批建成投入使用的泰康之家养老社区,学习美国CCRC经验,以医养融合、持续照护、候鸟连锁、国际标准为特色。 |
| 星堡北京香山长者公寓 | 高端型 | 星堡养老股东方为复星集团,是一家科创驱动的家庭消费产业集团,包括健康、快乐、富足三大业务板块。星堡养老运营团队有30年美国养老经验,培育管理过三家美国最大的养老品牌,提供高品质一站式持续照料养老社区(CCRC),引入先进美式养老理念,鼓励并帮助长者延长独立生活时间。 |
| 海阳无锡通江养护院 | 普惠型 | 海阳股份是目前国内唯一一家养老服务全覆盖的民营机构,也是"医养融合"智慧养老模式先行者,为老人提供居家、社区、机构生活照料,投资额少,具备较强的可复制性和扩展性。机构养老以养老院、敬老院、老年公寓为载体。 |
| 长沙市雨花区社会福利中心 | 保障型 | 雨花区福利中心是政府惠民工程,承担着雨花区的三无、五保人员的供养,及社会老人的养老。雨花区委、区政府建设该养老机构完成后,将其委托给当地社会力量经营和管理,以提高运营效率并实现社会效益。该中心入选民政部办公厅、国家发改委发布的《公办养老机构改革优秀案例》名单。 |
| 武汉市九州通人寿堂养老院 | 保障型 普惠型 | 武汉九州通人寿堂养老院是九州通医药集团、上海人寿堂与武汉市政府合作的公建民营项目,华中地区最大的PPP项目,合作的投资总额约为人民币1.23亿元。三方合作条款清晰,分工协调明确。人寿堂、九州通医药、武汉市政府共同搭建合作框架,提高了武汉市综合养老和医疗服务的水平。 |

## 第三节　国外社会养老机构的发展经验

　　由于发达国家经济发展水平较高,进入老龄化社会较早,西方发达国家在多年的摸索中形成了各国符合本国国情的养老模式与配套政策。本小节将从美国、日本、德国典型的社会养老机构案例出发进行总结归纳,为我国养老政策的推出提供一定的参考建议。

### 3.1　美国的养老机构典型模式分析

早在 20 世纪 40 年代,美国就进入了老龄化社会,得益于美国国内商业化程度很高的养老机构市场,美国的商业化社会养老机构数量众多、种类繁复[①]。出于广大的老年居民对于社区生活的向往与自身消费水平的约束,美国逐渐发展出了以全体系老年日间照料项目(Program of All-inclusive Care for the Elderly,PACE)和持续照料退休社区(Continuing Care Retirement Community, CCRC)为代表的养老机构发展模式,对我国社会养老机构的发展具有启发借鉴意义。

PACE[②] 是一项由政府和商业公司合作运营的综合性老年照护项目,对我国提升养老服务供给质量具有借鉴意义。这一项目通过日间护理中心等机构和服务团队为老年人提供医疗、社交、健康管理等综合性养老服务,其服务对象主要是长期在社区中居住的 55 岁以上、有护理需求的低收入老年人群体。PACE通过多学科专业化团队为这部分老年人提供日常照料性服务、医疗性服务和社会支持等在内的一系列服务,服务内容包括营养餐、个性化照料服务、医疗费用、处方药费、进养护院等。

PACE 模式的特点之一在于实现了社会养老机构与医疗资源的高效整合。在这一模式下,养老中心运用其内外部资源为老年客户提供几乎所有种类的医疗服务,如健康评估、医疗保健、初级医疗乃至有针对性的特殊医疗和专业护理。不仅如此,PACE 模式还会结合专家资源,依托社会养老机构提供复健理疗、营

---

① 李超. 美国老龄产业发展及对我国的启示[J]. 兰州学刊,2015(04):150 - 159.

② 参见美国医疗保险和医疗救助服务中心网站,https://www. cms. gov/Medicare-Medicaid-Coordination/Medicare-and-Medicaid-Coordination/Medicare-Medicaid-Coordination-Office/PACE/PACE。

养咨询、个人护理、居家保健、紧急护理等服务。在慢病管理方面，PACE 也会针对患有慢病的老年人提供以下三种核心服务。一是建立评估体系，包含既往病史、生活方式、心理状态等诸多问题，帮助老年人更好地实现健康管理。二是建立健康管理方案，通过理论和数据的支撑设计系统化方案满足老年人实际需要。三是整合各方资源，PACE 项目不仅会密切沟通医疗资源，还包含一个多学科专业化的团队，主要由医疗保健和社会服务方面各领域的专业人员组成。

　　除 PACE 模式之外，CCRC 也广受好评，并被各国所关注借鉴[①]。CCRC 是一种复合式的老年社区，通过为老年人提供自理、介护、介助一体化的居住设施和服务，使老年人在健康状况和自理能力变化时，依然可以在熟悉的环境中继续居住，并获得与身体状况相对应的照料服务。CCRC 会根据老年人的身体健康状况、生活自理程度及专业医疗护理介入程度分为自理型、介助型、介护型老人并提供不同的服务。在 CCRC 模式下，老年人可以根据自己的自理能力和需照顾程度，居住在不同业态的板块中并获得相对应的服务。当老人的身体状况和自理能力发生变化时，也可搬至相应居住区获得与其健康状况相对应的居住空间与关怀照料服务，而不必搬出社区[②]。目前 CCRC 式的养老社区在美国已经发展相对成熟，如亚利桑那州凤凰城的"太阳城"就是其中的成功典范[③]。

### 3.2　日本的养老机构典型模式分析

　　1985 年，日本 65 岁以上人口占比 10.1%；而到了 2020 年，该比例已经高达

---

　　①　参见美国退休人员协会网站，https://www. aarp. org/caregiving/basics/info-2017/continuing-care-retirement-communities. html。

　　②　周驰，孟凡莉. 美国持续照料退休社区的健康管理模式及启示[J]. 中国老年学杂志，2017,37(02).

　　③　关于美国"太阳城"的详细介绍可参见"太阳城"网站，https://suncityaz. org。

28.4%①,可以说日本是世界范围内公认老龄化程度最深的国家之一。基于严峻的老龄化形势,日本从 20 世纪就推出了《老人福利法》等一系列有关养老的法律与政策。从 20 世纪末开始,日本发展出了一套完善的以居家介护服务为主体、社会养老机构为补充的养老体系②。

日本养老机构的特点在于种类丰富、分层分级、定位精准。首先,日本很多社区内建有日间照护中心为老年人提供必要的日间照护服务。这类照护中心和我国的养老服务机构有所不同,其主要服务对象是那些需要日常生活照顾及需要康复训练的老人。这样的模式意味着即使是居家养老的老人,也可以选择白天去社区内的日间照顾中心接受生活照顾、活动社交、康复医疗等服务,晚上再回到家中休息,帮助老年群体在享受专业养老服务的同时保留家庭归属感。除此之外,日本长期照护服务还有老年福利中心和特别护理之家这两种模式。老年福利中心主要面向所在辖区内的普通老人提供服务,例如体检、健康教育及保健服务等;特别护理之家主要由护士等拥有一定医学知识的专业人员构成,可以对患有老年痴呆症的老人提供专业照护,也能对失能及半失能老人提供生活照料。

日本养老机构的精细化模式建立在大量介护、医疗人员的基础之上。从人才培养框架体系角度来看,日本介护人员培养制度较为完善,其介护专业早已被纳入学历教育中。不仅如此,日本的介护人员在上岗之前还要进行专业培训并需要通过国家资格考试。正是这套完善的培养体系向社会输送了大量高质量的介护人员,帮助日本高质量养老模式的有效构建。这套人才培养框架不仅输送了大量专业照护人员,也考虑了老年人养老资金问题。在照护资金来源方面,日

---

① 数据来源:世界银行网站,https://data. worldbank. org/indicator/SP. POP. 65UP. TO? locations=JP。

② 赵毅博. 日本养老保障体系研究[D]. 吉林大学,2014.

本实行长期照护保险制度,而且日本的长期照护保险为强制性医疗保险,且大部分费用由医疗保险基金支付。[①] 因此,在这一制度框架下,日本老年群体不仅能享受到专业人士的精细化服务,其照护费用也主要来源于保险费用和公费,保证了大部分老年人能够享受合适的老年生活。

### 3.3　德国的养老机构典型模式分析

德国的老龄化程度在世界范围同样居于前列。根据世界银行数据,截至2020年年末,德国现有人口超 8 300 万,其中 65 岁以上老年人占比高达21.7%[②]。因此,长期以来德国政府、社会团体和老人自身都在积极探索并完善其养老模式,目前已经发展出社区养老和机构养老两大体系,且两者互为依存,实现资源的共享利用和产业的高效发展。

与传统养老机构运营模式不同,德国发展出养老社区和养老院所相互配合的养老模式。这一模式以居家服务照护式公寓为主,由邻近的养老院提供实时上门护理,当老年人自理能力下降甚至卧床不起时,则可以直接进入邻近的养老院全天候居住并获得更多帮助。目前,这一养老模式已得到了许多德国老年人的认可,许多老年人搬离原有老旧住所,入住最新购买或租赁的新型照护式公寓。这些养老照护公寓不仅整体采用无障碍化设计,并且附加了许多针对老人群体设计的服务硬件设施,从而保障老年群体的居住安全。相较于传统老旧住所,这类照护公寓不仅更适宜老人养老,并且也可以提供相应的上门护理服务,实现了养老社区和养老机构的有机融合,大大提升了老年人的居住体验,也在总

---

① 徐君,武东霞.国外"医养结合"养老模式的特点及其经验启示[J].护理管理杂志,2017,17(03).

② 数据来源:世界银行网站,https://data.worldbank.org/indicator/SP.POP.65UP.TO? locations=DE.

体上降低了社会的养老照护成本①。

这一模式同样依赖大量的介护人员与社工人员。为了满足人才供给,德国通过一项名为"储蓄时间"的计划吸引社会上的非专业人员参与其中。根据这一计划,年满18周岁的德国公民都可以通过到养老机构提供各种无偿护理服务从而"储蓄"自己的个人护理时间,而这些个人护理时间可以在自己将来需要时被提取出来免费享用②,这一计划和上述的社区机构融合养老相互配合。正是因为大量的德国年轻人愿意以义工的方式来进行"储蓄时间"计划,使得德国养老体系中含有大量的义工参与,从而降低专业养老机构人员的压力,而这也是大量德国老人可以享受社区养老或者居家养老的最重要原因之一。无独有偶,这一做法在瑞士等国家也被广泛运用,被称为"时间银行"③。

而在养老资金方面,德国政府通过给予充足退休金帮助老年群体更好地接受养老服务。如果在德国工作,其雇主将自动向养老保险计划支付部分工资,且国家对于愿意单独缴纳养老保险计划的雇主也提供税收补贴;如果个人养老金太低以至于无法维持生计,还可以申请"基本生存收入"("Grungsicherung"),以便养老公寓的支付租金和服务费、健康和长期护理保险费以及食品和服装费用。除了正常的养老保险和医疗保险之外,政府也对老年人所需照护费用进行大力补贴,对需要护理老人按照不同护理级别给予不同程度的支持。在德国,根据《第二加强护理法》(PSG II),所有在家接受护理并有一定程度护理需要的人都有权

---

① 宋群,焦学利. 德国养老护理服务业发展经验借鉴[J]. 全球化,2016(12):33 - 43,132.

② 包世荣. 国外医养结合养老模式及其对中国的启示[J]. 哈尔滨工业大学学报(社会科学版),2018,20(02):58 - 63.

③ Angermann A., Sittermann B. Volunteering in the European Union-An Overview [J]. Cubo, 2010.

获得额外的护理和救济福利①，住在家里的需要护理的人每月可以获得 125 欧元的经济援助。这笔钱被称为"救济金"（"Entlastungsbeitrag"），可用于包括一级护理人员在内的所有级别护理，老年人可以将这笔钱用于自己的日常照护花销的报销，例如日常护理服务、护理支持措施、帮助做家务等②，覆盖范围非常广泛。

## 第四节　发展与展望

《中华人民共和国国民经济和社会发展第十四个五年规划和 2035 年远景目标纲要》对促进社会养老服务业发展，推动社会力量参与养老机构举办和运营做出了前瞻性的规划，强调发展社会养老机构在我国步入全面建设社会主义现代化国家新阶段具有重大意义，纲要指出："深化公办养老机构改革，提升服务能力和水平，完善公建民营管理机制，支持培训疗养资源转型发展养老，加强对护理型民办养老机构的政策扶持，开展普惠养老城企联动专项行动。"③从国内外发展经验来看，充分发挥市场机制对配置养老服务资源的作用能够有效助推养老服务业发展。随着经济体制改革进一步深化，市场力量在我国积极应对老龄化过程中将发挥关键作用，而社会养老机构正是市场发挥其作用的微观主体。

促进社会养老机构健康发展，未来可以从以下四个方面着手。一是进一步

---

① 参见德国 pflege 网站，https://www. pflege. de/pflegegesetz-pflegerecht/pflegestaerkungsgesetze/。

② 参见德国 Handbook Germany 网站，https://handbookgermany. de/en/live/home-care. html。

③ 参见《中华人民共和国国民经济和社会发展第十四个五年规划和 2035 年远景目标纲要》第四十五章，中国政府网，http://www. gov. cn/xinwen/2021 - 03/13/content_5592681. htm。

转变政府职能,明晰政府与市场的职能边界,形成有为政府和有效市场相互促进的发展局面。二是持续扩大高质量社会养老机构的供给,需要在不断激活现有存量基础上扩大供给。三是推动养老机构与其他养老服务相结合,形成不同层次的多元产业互相渗透的养老机构。四是引导养老产业与区域公共事业布局相协调,引导养老产业发展与城市发展规律相结合,形成社会养老机构在不同区域合理布局。

## 4.1　进一步明确政府职能边界

在养老机构发展过程中,要明确政府的作用范围与职能边界,这就需要我们深入思考政府在社会养老机构发展中的作用,以便于政府与市场相互协作,共同推动养老服务机构发展。

### 4.1.1　促进形成政府与市场相互协作的养老服务体系

全社会对于养老服务的需求既有保障的需要,也有个性化的需求,因此,要在不断降低市场准入门槛的基础上,规范各类社会养老机构的发展,同时发挥政府相关部门的兜底作用。在资金方面,需要统筹整合各类长期护理服务的资金渠道,建立健全养老机构费用在政府、社会和个人之间的成本分摊机制,让更多人能够享受社会养老机构提供的服务。与此同时,要持续深化公办养老机构,可以积极探索推进地方国有企事业单位疗养机构转型为养老服务设施,在优化准入和管理规则的基础上引入市场化运营机构,提高公办养老机构的服务质量。另一方面,可以采取向符合标准的社会养老机构购买服务等方式向老年群体传递福利。

### 4.1.2　在政府端强化兜底保障作用

弥补市场失灵、保障社会福利、促进社会公平是政府的重要职能。无论在哪一个国家,给弱势群体提供适当帮助都是政府应当承担的职责。我国政府各级部门始终坚持以人民为中心,坚持发展成果由人民共享,更加应该为老龄群体的养老提供各类保障。因此,要继续坚持政府的兜底保障作用,确保低收入或者孤寡老人可以接受合适的养老服务,尤其是对于那些经过认定确实需要接受机构养老专业服务但又面临支付困难的老人,例如部分失能或半失能、失智老人或是无人照料的孤寡老人,需要通过政府相关部门的努力保障他们晚年的基本生活。

### 4.1.3　不断推动机构发展专业化和多元化

社会养老机构的发展更有利于满足老龄人口多元化、多层次、市场化的养老服务需求。因此,需要大力发挥市场主体的作用促进社会养老机构的发展,这就需要政府有关部门出台相应政策鼓励支持引导专业服务公司提供老年人需要的多元化养老服务。同时,也应当在充分尊重养老产业发展规律的基础上组织编制和完善社会养老机构服务标准,建立健全法律法规和行业规范,促进社会养老机构向更加规范的方向发展。

## 4.2　增加社会养老机构有效供给

增加社会养老机构供给有助于应对庞大的养老需求,在增加社会养老机构的过程中,要增加与之有关的要素、制度等方面的支撑。

### 4.2.1　促进相关要素投入,支撑社会养老机构的发展

促进社会养老机构发展需要多种要素资源的投入。在土地方面,要着力解决土地供给的问题,在土地使用计划中增加养老服务设施建设用地的供给,并结

合本地实际制定将存量房屋和设施改造为养老场所设施的实施办法。在金融方面,要充分发挥金融要素对产业的重要支撑作用,创新金融支持养老产业发展方式,拓宽养老服务机构融资渠道;同时可以鼓励各类机构丰富商业养老保险产品,促进养老保险产品与养老机构费用赔付联动管理。在人才支持方面,鼓励引导普通高校、职业院校扩大老年医学、康复、护理、老年服务与管理等专业人才培养规模,完善养老服务培训体系,扩大养老服务人才供给。

### 4.2.2　为社会养老机构发展创造良好的政策环境

社会养老机构的良性发展离不开公平的市场环境和健康的市场氛围。公办养老机构可以吸引社会资本参与运营,将业务运营主体转为市场力量,并以多种方式建设养老设施。这一过程中,可以充分运用投资、合同、租赁、信托等工具,利用政府资金的杠杆作用,在国有资本保值增值的同时,增强社会资本参与的积极性。政府相关部门还可以在进一步开放养老服务市场、降低准入标准的同时,通过财政补贴、税收优惠、政府采购等方式对社会养老机构提供一定的支持,特别是根据不同的养老设施和服务机构采用分类扶持的方法,实现产业政策精准化、高效化。

### 4.2.3　在举办养老机构过程中引入更多公益组织与社会捐赠力量

随着我国经济社会不断发展,公益慈善组织在社会发展中的作用日益凸显,对我国进一步发展养老服务、加强对弱势群体关怀可以起到显著促进作用。根据中国社会科学院社会学研究所发布的《慈善蓝皮书:中国慈善发展报告(2021)》,截至 2020 年年底,全国社会组织总量为 89.44 万个,其中社会团体

37.5万个,社会服务机构 51.1 万个,基金会 8 385 个[1],慈善组织数量显著增加。不仅慈善资源数量呈现喷涌之势,我国与慈善以及捐赠有关的法律法规也日趋完善。鼓励慈善组织和慈善基金积极参与社会养老机构建设,不仅可以带来更多资金和资源,还可以充分发挥慈善组织在社会服务方面的优势,引入更多志愿者力量,为有需求的老年人提供医疗咨询、义诊、宣导讲座等健康类公益活动,让慈善事业惠及更多老年人。

### 4.3　推动社会养老机构与各类养老服务产业协同发展

社会养老机构的发展不仅需要空间载体,还需要医疗器械以及其他养老服务的支撑,只有整个养老服务产业形成有机联动,才能推动养老机构服务市场化纵深发展,形成良性循环的机构养老新业态。因此,需要进一步引导机构养老服务领域向各类社会力量开放,与医疗、地产、文化、体育、旅游等产业融合发展,加强养老机构与其他产业协同发展。

#### 4.3.1　以科技赋能为导向推动养老产业与数字经济结合

随着科技发展,数据越来越成为重要的生产要素,数据化、信息化发展对提高养老服务供给质量和供给效率可以起到显著促进作用。因此,可以充分结合科技发展最新趋势,支持引导"互联网＋老年健康服务"等新型服务业态发展,一方面支持优质养老机构引入信息技术,另一方面支持信息技术龙头企业参与养老事业发展,从而更好发挥信息科技赋能作用,通过推动数字养老、智慧养老来提升养老机构的服务水平。

---

① 杨团,朱建刚.慈善蓝皮书:中国慈善发展报告(2021)[M].北京:社会科学文献出版社,2021.

### 4.3.2 推动养老机构与医疗资源协同发展

实现医养结合离不开社会养老机构与医疗资源的高效整合。对于有条件的大型养老机构和康养集团,可以在现有法律框架下支持该类机构设立内部医疗机构,为需要基本医疗服务的老年人提供基本医疗服务。对于规模较小的长期护理服务机构,可以由当地政府有关部门牵头引导养老机构与周边医院或者基层医疗机构合作,由合作医疗机构为养老机构的老人提供医疗服务,共同构建分层分级、互相联动的医养结合服务体系。同时,可以进一步鼓励健康医疗产业力量进入养老服务行业,发展各种类型的医养结合服务机构。

### 4.3.3 推动养老机构与地产企业协同发展

在严格界定养老机构以集中收住、护养、护理老人为其本质内涵的基础上,鼓励房地产业与养老机构开展适度合作,拓展住宅设施的养老特质与功能,推动住宅设施"适老化"改造与升级,大力发展老年住宅、老年公寓、养老社区等适合老年人养老的建筑。同时,也需要加强养老机构与养老地产相关标准建设,严禁养老设施建设用地通过改变用途、容积率等土地使用条件的方式粗放进行房地产开发。

### 4.3.4 推动养老机构与金融服务以及教育培训机构协同发展

养老机构的发展对资金、人才具有强烈需求,而社会金融资本以及各领域优质人才也在积极寻找具有长期回报的投资渠道。因此,不仅要鼓励金融机构积极利用现有金融支持政策加大对养老服务业的金融服务投入,还可以促进金融机构与养老机构合作为养老服务行业开发多种保险产品,设计满足老年人需求的商业保障计划、企业养老产品等。养老机构也可以通过发行公司债券、引入投资基金、资产证券化等方式,不断完善自身融资渠道。教育培训领域也可以与养老机构开展广泛而深度的合作,例如可以推动教育、培训、咨询服务向养老领域渗透,拓展养老机构产业链,引导各领域专业化人才参与管理运营养老机构并为老年人提供优质服务。

## 4.4　促进各类社会资源与养老机构协调发展

促进养老机构发展不能仅仅停留于养老机构本身的发展,因为养老机构的发展与其他养老服务业存在横向或者纵向的关联,因此要促进各类社会资源与养老机构协调发展。

### 4.4.1　优化养老机构空间布局

随着城市化进程不断推进,城市空间结构和人口分布也在不断发生变化。城市人口在新老城区分布不均的现实就需要通过多种措施支持社会养老机构分布与城市不同区域的发展相协调。例如,通过优惠政策吸引养老服务机构向城市新城区或者城市近郊进行布局,促进全市养老机构在老城区、新城区、城市近郊、城市远郊区域的合理布局,在满足老年群体生活需要的同时将养老服务与城市发展有机结合。

### 4.4.2　加强养老机构与医疗机构、文体设施的配套衔接

对于成熟老城区,需要加强规划引导,畅通合作渠道,统筹医疗设施与养老设施,推动养老机构与外部资源在社区层面的有机衔接。对于尚处规划和发展阶段的新城区,要顺应老龄化发展趋势,更新城市规划理念和思路,提前谋划养老机构和养老社区的空间布局,促使养老机构的分布同社区医疗设施、康复护理机构、文化活动中心、文体设施等合理匹配,促使相关配套设施形成共生系统。

## 4.5  在全社会范围内促进适老化改造

在发展社会养老机构的同时,要充分考虑老年人社区养老的需求,大力推动社区范围内各项设施"适老化"改造,发挥养老机构力量在设施建设和服务供给方面的专项能力,引导社会养老机构与社区养老有机衔接。同时,在人才层面补足配齐社区养老服务设施和基层老龄工作队伍,为老年人在社区就近养老提供有力支撑。还可以发挥社区力量,开展以空巢、留守、失能、重残特殊家庭老年人为主要对象的居家社区探访,结合养老机构力量发展老年大学或支持开展形式多样的老年文体活动。

# 第七章 促进医养结合发展

我国人口老龄化形势日益严峻,国家统计局数据,到 2021 年末中国 60 周岁及以上的老年人口数达到了 2.67 亿人,占总人口的 18.9%;65 周岁及以上的老年人口数达 2 亿人,占总人口的 14.2%[①],我国已经进入了深度老龄社会。随着年龄的增长,各种疾病将会给老龄人口的生活带来较大影响,老龄人口养老与就医密不可分,因此,需要就养老中的"医养结合"问题展开研究。

## 第一节 促进医养结合的意义

由于新中国成立后的婴儿潮等历史原因,我国老年人群大部分出生于 20 世纪 60 年代甚至更早,建国初期我国经济发展状况与卫生医疗条件都比较薄弱,导致现在进入老龄化阶段的人群健康状况堪忧,存在着患病早、患病比例高、带病时间长等多种问题,对养老过程中的医疗需求格外迫切。而慢性病的高发,意味着除了专业的医疗服务外,老年人也迫切需要与日常饮食、生活学习、慢病管理、康复训练等有关的养护服务。如何延长老人的生活自理期,如何让带病老人获得更专业的医疗照料和更好的生活品质,如何让健康老人保持良好的身体状况,这都对"医养结合"产生了巨大的需求。所谓"医养结合"的养老模式,就是将

---

① 数据来源:国家统计局《中华人民共和国 2021 年国民经济和社会发展统计公报》(http://www.stats.gov.cn/xxgk/sjfb/zxfb2020/202202/t20220228_1827971.html)。

传统养老服务与现代医疗服务进行有机结合,医疗和养老资源相互促进,与单纯满足老年人基本生活需求的养老模式相比,更加重视老年人的健康状况和医疗服务水平;与医疗机构相比,更加注重关爱老年人的日常起居、生活质量以及精神追求。"医养结合"的养老模式与我国的老龄化形势相适应,是能够解决我国老年人群健康养老问题的重要手段。当前,促进"医养结合"养老模式的发展具有极其重要的意义。

### 1.1　能够提升患病老龄人口的生活质量

除了老龄化率的居高不下,老龄人口的健康状况也不容乐观。中国社会科学院组织编撰的《社会蓝皮书:2019 年中国社会形势分析与预测》中的数据显示,目前我国的失能老人数目已达 1 000 万人次[①]。研究数据显示,患一种或多种慢性病的老年人占比高达 75%,老年痴呆症的患病率达到 7.8%[②]。我国 60岁及以上居民高血压、糖尿病、高胆固醇血症的患病率分别为 58.3%、19.4%和10.5%,超过 75%的居民患有一种或一种以上的慢性病,并且慢性病患病率随年龄的增长而提升,慢性病疾病负担不断加重[③]。因此,如果能促进医养结合养老模式的发展,就能够显著提升老年人的健康水平,有效改善老龄人口的生活质量。

---

　　① 中国社会科学院.社会蓝皮书:2019 年中国社会形势分析与预测[R].北京:社会科学文献出版社,2018.

　　② 王新茹,孙祎涵,王佳琦,等."健康中国"战略下构建医养结合智慧养老服务平台[J].中国市场,2021(08):53 - 54.

　　③ 王丽敏,陈志华,张梅,等.中国老年人群慢性病患病状况和疾病负担研究[J].中华流行病学杂志,2019(03):277 - 283.

## 1.2 能够缓解患病老年人的家庭压力

我国近年来人口出生率不断下跌,育龄妇女规模不断下滑,生育意愿大幅降低,少子化趋势不断加强,这直接导致了家庭规模微型化、空巢失独老人数量急剧增多等问题,间接导致人口红利的消失、劳动力的萎缩,以及家庭中老人生命安全问题突出。国家统计局资料显示,我国平均家庭户规模一直呈递减趋势,1999 年我国平均家庭户规模为 3.63 人/户,2009 年平均每个家庭户为 3.16 人,到了 2020 年更是下降为平均每个家庭户 2.62 人。家庭户规模不断缩小的同时,家庭户构成也在不断变化,一人户、二人户微型家庭数量不断增加,2000 年时微型家庭户占全部家庭户的 1/4,2020 年时已经达到 55%,超过二分之一,中型家庭户和大型家庭户的占比在不断下降①。

微型家庭一般仅含老年人或仅含年轻人,老人不与子女生活在一起,很可能无法获得子女的照料。即便是在中小型家庭或者大型家庭中,老人与子女居住在一起,子女由于学业和工作的压力与日俱增,并且也面临着养育下一代的压力,通常无暇细致地照顾老人。可见,越来越多的家庭无法独立照护老年人,患病老人的家庭养老逐渐变得不切实际。身体健康或者基本健康的老人在医疗方面需求较小,也有机会主动通过社区等途径得到情感交流的满足,但对于生活不能自理的老人、残障老人、绝症晚期老人等群体而言,医疗护理需求仅靠家庭成员或者是社区养老是无法得到满足的。在患病老人获得家庭照护的可能性大幅下降的情况下,如何解决老人们的医疗护理和生活照护问题,是"医养结合"理念提出的基础。

---

① 中华人民共和国统计局. 中国统计年鉴[M]. 北京:中国统计出版社,2021.

### 1.3　能够提升医疗系统的运转效率

我国大型医疗机构的医疗资源一直非常紧张,人们在心理上过于依赖三甲医院等大型医疗机构,认为三甲医院的机器设备更加高端,医护人员的水平更加高超,于是几乎任何病症都要去三甲医院治疗,"小病大治"的情况屡见不鲜。不仅如此,大型医疗机构虽然擅长疑难疾病的诊治,但是对于病后恢复期、康复治疗、慢性病管理等问题则较少关注,并且也无法为老年人提供细致的生活照料。然而,很多老年人出于对后续护理事项可能无法完成、身体状况的恶化不能被及时发现等情况的担忧,即便达到了出院标准,也不愿离开,这导致大型医院病床周转率不高;由于医疗资源稀缺,大型医院也无法做到对出院的老年人进行回访跟踪,这更加重了老年人的心理负担,本应出院的老人长期压床,恶化了大型医疗机构资源稀缺的现状。医养结合机构的出现能够分担大型医疗机构照料老年人的压力,起到分流的效果,以实现医疗资源向真正的需求配置的效果。

与大型医疗机构资源紧张形成鲜明对比的,是基层医疗机构资源的闲置和浪费。《2020年我国卫生健康事业发展统计公报》显示,2019年全国社区卫生服务中心病床使用率仅为49.7%,2020年为34.0%,不足40%[①]。我国政府一直主张要加强分级诊疗体系建设,完善双向转诊制度,落实各级医疗机构的职能定位。然而,由于社区卫生服务中心可能存在的技术水平不高、医疗设施落后、卫生环境差等问题,老人们对于在社区卫生服务中心看病仍然心存顾虑。此外,人们出于对大医院的依赖心理,往往会选择在三甲医院进行首诊,一旦在三甲医院进行过治疗,一般很难转诊到基层医院。在医保方面,职工报销医疗费的条件是

---

① 数据来源:国家卫健委网站《2020年我国卫生健康事业发展统计公报》(http://www.nhc.gov.cn/guihuaxxs/s10743/202107/af8a9c98453c4d9593e07895ae0493c8.shtml)。

在医保定点医院就诊,而医保定点医院往往是大型医疗机构,在社区卫生服务中心并不能享有类似的医保福利。这些问题都造成了基层医院就诊人数少,医疗资源闲置的现状,双向转诊制度仍然无法得到有效落实。发展医养结合养老模式能够将社区卫生服务中心闲置的医疗资源利用起来,很大程度上解决资源浪费的问题。

## 1.4　能够提升养老机构的服务效率

目前,我国养老机构呈现出床位利用率不高的状况。为了响应国家对养老服务产业的支持,我国养老机构经历过一段急速扩张的阶段,并且由于许多养老机构对于收益的预期过于乐观,养老机构的床位数量出现了大幅度增加。据国家统计局数据,2017 年至 2020 年,我国养老床位的增长率分别为 4.5%、3.4%、9.2%、12.6%。然而,床位的扩张并没有带来床位利用率的提高,民政部在 2020 年第三季度例行新闻发布会上宣布我国已建养老机构床位 429.1 万张,而收住老年人仅 214.6 万人,造成养老床位空置率高达 50%[①]。养老床位大量闲置的最主要原因是配套医疗服务的欠缺,专业医护人员的短缺、看病不方便、只有基本生活照料等因素影响了老年人的入住意愿。而开展医养结合服务能减少老年人的入住顾虑,提升养老机构的入住率,相关研究也证实与非医养结合养老机构相比,医养结合养老机构的入住率高 8.66 个百分点[②]。

事实上,目前大多数养老机构的服务功能都较为单一,仅提供基本生活照料和社会参与的医护服务,很少能提供专业的医疗服务,主要原因是设立专业的医

---

[①]　数据来源:中国政府网, http://www.gov.cn/xinwen/2020 - 07/30/content_5531098.htm。

[②]　张航空,姬飞霞.养老机构开展医养结合服务能提高入住率吗? ——以北京市为例[J].中国卫生政策研究,2020,13(03):38 - 43.

疗室以及搭建全面的急救设施的成本十分高昂,普通的中低端养老机构,尤其是民办养老机构,并没有相应的负担能力。以南京为例,据南京市民政局发布的2021年南京市养老机构的信息,南京市277家养老机构中,设立医院、护理院等专业医疗机构的仅有111家,占比不超过50%[1]。此外,社会中存在一定的对养老服务领域工作的偏见,并且养老机构工作人员薪酬较低,这使得养老机构很难招聘到需要的人才[2]。当前养老机构面临的种种困难导致许多养老机构出现风险回避的特点——将那些迫切需要养老服务的生活不能自理的老人、癌症晚期老人、失独老人拒之门外[3]。

入住医疗服务水平低下的养老机构存在诸多风险。例如,若老人突发急病而养老机构没有相应的急救措施,也没有与附近的医疗机构合作疏通绿色急救通道,则很容易错失宝贵的抢救时间。在日常生活中,若缺乏专业医疗护理人员的照料,老人也可能因不健康的生活方式而患上某些易发病,或是本身慢性病的病情无法得到有效控制。促进医养结合发展则可以有效避免上述问题,提高养老机构的服务效率。

## 第二节　国内外医养结合发展的现状

本小节首先从政策支持情况、举办医养结合机构的主体情况、医养结合服务的对象情况三个方面论述了国内医养结合养老模式发展的现状,然后分析了国

---

① 数据来源:南京市民政局网站,http://mzj. nanjing. gov. cn/njsmzj/ztzl/njylfw/yljgxx/202112/t20211229_3245914. html.

② 罗丽,丁福兴. 苏州市机构养老服务的现状与建议[J]. 黑河学刊,2021(02):126-128.

③ 纪娇,王高玲. 协同理念下医养结合养老机构创新模式研究[J]. 中国社会医学杂志,2014,31(06):376-378.

外典型国家医养结合模式的特点,为我国医养结合的建设提供经验与启示。

## 2.1　国内"医养结合"发展现状

随着老龄化进程的不断加快,国家出台了一系列政策支持发展"医养结合",全国各地因地制宜,不断探索发展适合实际情况的医养结合照护体系,出现了养老机构内开设医疗机构、医疗机构内开设养老机构、医疗机构与养老机构合作等多种不同方式,为我国"医养结合"养老模式的发展奠定了坚实的基础。

### 2.1.1　国家政策大力支持发展"医养结合"

为了更好推行医养结合养老模式,国家出台了一系列政策,加大了对医养结合事业的支持力度,强化养老与医疗服务的衔接。党的十八大以来,党中央国务院对发展"医养结合"前所未有之重视,在十九大报告中明确提出,实施健康中国战略,积极应对人口老龄化,构建养老、孝老、敬老政策体系和社会环境,推进医养结合,加快老龄事业和产业发展①。不仅如此,相关部门出台的有关养老的政策文件中均对"医养结合"表示支持。从表 7-1 可以看出,我国医养结合相关政策经历了一个渐进的过程。经过梳理,2013 年国务院出台了《关于加快发展养老服务业的若干意见》②,这是十八大以来我国第一次正式出台国家层面的医养结合相关政策。2013 年至 2015 年,国务院、卫健委等部门提出了指向性意见,为此后的实践做好准备,出台了《关于加快推进健康与养老服务工程建设的通

---

① 十九大报告原文参见中国政府网,http://www. gov. cn/zhuanti/2017 - 10/27/content_5234876. htm。

② 原文参见中国政府网,http://www. gov. cn/zhengce/content/2013 - 09/13/content_7213. htm。

知》①《全国医疗卫生服务体系规划纲要(2015—2020 年)》②《关于推进医疗卫生与养老服务相结合指导意见的通知》③等政策文件。2016 年之后,《关于确定第一批国家级医养结合试点单位的通知》④《关于开展长期护理保险制度试点的指导意见》⑤等政策明确了监管职责和具体的方向。2017 年之后,随着《"十三五"健康老龄化规划重点任务分工的通知》⑥《关于促进护理服务业改革与发展的指导意见》⑦《关于做好医养结合机构审批登记工作的通知》⑧《关于深入推进医养结合发展的若干意见》⑨《医养结合机构服务指南(试行)》⑩《医养结合机构管理指南(试行)》⑪等政策意见的出台,医养结合政策进入细化落实阶段,政策内容更具创新性,医养结合服务内容逐渐丰富起来。

---

① 原文参见中国政府网, http://www. gov. cn/zhengce/2016 - 05/22/content_5075605. htm。

② 原文参见中国政府网, http://www. gov. cn/zhengce/content/2015 - 03/30/content_9560. htm。

③ 原文参见中国政府网,http://www. gov. cn/zhengce/content/2015 - 11/20/content_10328. htm。

④ 原文参见中国政府网,http://www. gov. cn/xinwen/2016 - 06/22/content_5084357. htm。

⑤ 原文参见中国政府网,http://www. gov. cn/xinwen/2016 - 07/08/content_5089283. htm。

⑥ 原文参见国家卫健委网站, http://www. nhc. gov. cn/lljks/pqt/201711/502e2e0555144fa788435421765e03c9. shtml。

⑦ 原文参见中国政府网, http://www. gov. cn/zhengce/zhengceku/2018 - 12/31/content_5435177. htm。

⑧ 原文参见中国政府网,http://www. gov. cn/xinwen/2019 - 06/01/content_5396596. htm。

⑨ 原文参见中国政府网,http://www. gov. cn/xinwen/2019 - 10/26/content_5445271. htm。

⑩ 原文参见中国政府网, http://www. gov. cn/zhengce/zhengceku/2020 - 01/01/content_5465777. htm。

⑪ 原文参见国家中医药管理局网站, http://www. satcm. gov. cn/hudongjiaoliu/guanfangweixin/2020 - 10 - 23/17694. html。

表 7 - 1　医养结合政策梳理

| 时间 | 部门 | 文件名称 | 主要内容 |
|---|---|---|---|
| 2013.9 | 国务院 | 《关于加快发展养老服务业的若干意见》 | 推动医养融合发展,促进医疗卫生资源进入养老机构、社区和居民家庭。 |
| 2014.9 | 发改委 | 《关于加快推进健康与养老服务工程建设的通知》 | 推进建设医养结合服务设施,鼓励和吸引社会资本特别是民间投资参与建设和运营。 |
| 2015.3 | 国务院 | 《全国医疗卫生服务体系规划纲要(2015—2020年)》 | 推进医疗机构与养老机构等加强合作。建立健全医疗机构与养老机构之间的业务协作机制,鼓励开通养老机构与医疗机构的预约就诊绿色通道。 |
| 2015.11 | 原卫计委等多部门 | 《关于推进医疗卫生与养老服务相结合指导意见的通知》 | 建立健全医疗卫生机构与养老机构合作机制。支持养老机构开展医疗服务。推动医疗卫生服务延伸至社区、家庭。鼓励社会力量兴办医养结合机构。鼓励医疗卫生机构与养老服务融合发展。 |
| 2016.6 | 原卫计委、民政部 | 《关于确定第一批国家级医养结合试点单位的通知》 | 确定北京市东城区等50个市(区)作为第一批国家级医养结合试点单位,2016年底前每省份至少启动1个省级试点。 |
| 2016.7 | 人社部 | 《关于开展长期护理保险制度试点的指导意见》 | 探索长期护理保险的保障范围、参保缴费、待遇支付等政策体系,引导社会力量、社会组织参与长期护理服务。 |
| 2017.11 | 卫健委 | 《"十三五"健康老龄化规划重点任务分工的通知》 | 将"医养结合示范工程"列为重点工程。重点支持有一定医养结合服务基础以及需求较大的地区及医养结合试点城市(区)建设,由国家卫生计生委牵头,民政部、国家发展改革委配合。 |
| 2018.07 | 卫健委 | 《关于促进护理服务业改革与发展的指导意见》 | 通过健全完善护理服务体系,加强护理人员培养和队伍建设,创新护理服务模式,加强护理学科和中医护理能力建设。 |
| 2019.05 | 卫健委等多部门 | 《关于做好医养结合机构审批登记工作的通知》 | 深化医疗和养老服务"放管服"改革,优化医养结合机构审批流程和环境。 |
| 2019.10 | 卫健委等多部门 | 《关于深入推进医养结合发展的若干意见》 | 强化医疗卫生与养老服务衔接,推进"放管服"改革。 |

（续表）

| 时间 | 部门 | 文件名称 | 主要内容 |
|------|------|---------|---------|
| 2019.12 | 卫健委等多部门 | 《医养结合机构服务指南（试行）》 | 对医养结合机构应当提供的服务内容和服务要求作出了规范。 |
| 2020.10 | 卫健委、民政部 | 《医养结合机构管理指南（试行）》 | 为适应我国医养结合机构发展需要，加强机构内部管理，对医养结合机构管理内容和管理要求作出了规范。 |

### 2.1.2　社会主体参与举办医养结合机构热情高涨

从举办主体来看，我国医养结合养老模式可以分为养老机构内开设医疗机构、医疗机构内开设养老机构、医疗机构与养老机构合作三大类。总体上说来，上述三种类型的医养结合养老机构在社会主体的参与下，都实现了较大的发展。

（1）养老机构内开设医疗机构

此类医养结合方式主要有两种实现形式，一种是养老机构根据自身规模和所接收的老年人的具体健康状况成立医疗部等部门或是设置诊疗室，同时配备机构内部专门的医护人员，提供专业医疗服务；另一种形式是养老机构与当地的社区卫生服务中心合作，将合作的基层医疗机构的一部分功能引入养老机构内部，为机构内的老人提供巡诊、预约诊疗、急救等多种服务。在养老机构内部开设医疗机构的优点是可以减少医疗资源的浪费，养老院可根据自身情况设立专业科室，重点关注老年人常见病的医治与慢性病的管理。但养老机构也可能会因为增加了医疗投入而提高收费标准，使得经济条件较差的老人负担不起，影响老人入住的积极性。

这种模式中一个较为成功的例子是河南省南阳市新野县养老院，其曾经与县卫生院有一墙之隔，2016年新野县养老院推倒了两院之间的墙，修建了一个绿色通道，专门设立了一个卫生院诊疗室，并派驻专业医护人员24小时值班，保障医疗服务的可靠性①。新野县养老院把卫生院诊疗室"搬进"养老院的做法打通了养老院和卫生院两个相对独立的系统，巧妙利用现有医疗资源，让老人们在养老院中就能更加便捷地享受到医疗服务，而医疗卫生资源也得到了合理配置，可谓一举多得。

（2）医疗机构内开设养老机构

这种类型的医养结合方式是以医疗机构为主体，以"医"为医养结合的首要主体，拓展医疗功能构建养老服务。部分医疗机构或者是社区卫生服务中心可以通过结构性转型和功能调整，转变为医护型的养老院、老年康复院等医养结合机构。医疗资源较为丰富的医院也可以设立专门的养老科室，或者并购市场上的养老机构来为老人提供持续性的医疗养老服务。

在医疗机构内部开设养老机构，可以充分发挥医疗机构的专业优势，充分利用优质的人力资源，提供原先只有在医疗机构才能享受到的专业医疗服务，让老年人的身心健康得到更好的保障。但同时，设立养老机构会占用一部分医疗资源，医疗机构的养老费用相对于普通养老机构而言也较高，一般老人也难以享受这种服务。

武汉瑞华中医医院就是这种模式的一个典型案例。武汉瑞华中医医院是一家中医二级医院，内部设置了超过三百个养老床位，成了一家内设养老床位的医养结合医院。瑞华中医医院的一楼是门诊部，二楼和三楼为养老院，多为二人间、三人间、四人间。入住瑞华中医医院的老人可以享受到日常养老照料服务，也可以享受到专业的医疗服务，在生病时可以直接到一楼就诊。医院配备有专业的中西医医护人员，也有照护老人的营养师、心理咨询师、养老护工等，能够满

---

① 参见中国政府网，http://www.gov.cn/xinwen/2018-06/15/content_5298967.htm。

足老人的各项治疗需求。此外,该医院也是武汉市医保定点医疗机构,老人的养老和医疗都可以享受医保待遇,大大减轻了老年人的经济负担①。

(3) 医疗机构与养老机构合作

医疗机构与养老机构独立运作但是互相合作的模式也是一种较为普遍的合作方式。这种模式让医疗机构与养老机构之间达成定点合作,医院的医护人员定期去合作养老机构义诊或者提供有偿诊疗,并为合作养老机构的老人制作个性化治疗档案,提供多样化的医疗服务。同时,当老人突发疾病时,养老机构可以立即通过转诊将患病老人转入合作医疗机构进行诊疗,接受完治疗后医疗机构再将老人送回养老机构,这样就形成了较为完善的双向转诊机制。

通过医疗和养老两方机构的合作,老人的医疗需求和照料需求能得到持续性的满足,这种模式能实现两方机构之间资源的整合和共享,节约稀缺的医疗资源,为计划开展医养结合服务的医疗结构和养老机构节省巨大的成本。但是地理距离的因素也对这种医养结合模式产生了一定的制约,例如养老机构与医疗机构不能相隔太远,否则会影响接诊、回访的效率。

医疗机构与养老机构合作的一个范例是河南省老年医养协作联盟,该联盟的牵头单位是郑州市第九人民医院,目前郑州有 31 家养老机构加盟。该联盟打破了河南当地养老机构与医疗机构相对独立的局面,实现了区域内的医养机构相互协作,畅通了双向转诊机制,可以全面满足区域内老年人的医疗和养老需求。医院开通了就医绿色通道,养老院的老人患病时,120 可以提供免费接诊,迅速运送到联盟内医院的老年病科诊治;老人治疗出院后,医护人员也会到养老院定期回访②。此联盟是区域内就近联盟,养老机构和医疗机构的距离较近,有

---

① 相关内容整理自医院官网,http://www.rhzyyy.com/about.html。
② 参见河南民政厅的相关报道,http://mzt.henan.gov.cn/system/2013/07/05/010406692.shtml。

效提高了接诊、回访的效率。

### 2.1.3　养老机构服务对象分类逐步清晰

由于医养结合模式的发展需要客观评价老年人的身体状况特别是其行动能力,因此需要基于日常生活能力评定量表(Activity of Daily Living Scale,ADL)对老年人的情况进行评估。根据我国民政行业标准,老年人可以按照能力评估总分被分为以下五类:20 分及以下为完全失能;21~40 分之间表示重度失能;41~60 分之间表示有中度功能障碍,生活需要帮助;60 分以上但低于 100 分表示有轻度功能障碍,生活基本能够自理;100 分表示生活能力完好,日常生活完全能够自理[①]。很显然,对于 ADL 得分 60 分以下的老人应该提供更为有力的医养结合养老服务。

(1) 针对生活基本能够自理的老人

生活能够自理的老年人指 ADL 得分为 60~100 分的老人,这类老人对养老机构的医疗需求较小,更看重机构的环境、基础设施、生活服务方面。一方面,机构需要提供基础照护服务,包括健康咨询、疾病预防、生活照护、心理咨询等,这些服务可以降低老人的患病概率,帮助老人维持生活自理能力、保持良好心态等;另一方面,机构也需要提供差异化的医养服务,为身体基本健康的老人参与社会生活提供机会,为轻度失能的老人提供专业医疗养护服务。

此类机构的档次和种类需要多元化,以满足老年人的多样化需求。目前我国大部分老年康复机构、老年公寓、社区医养结合中心等机构都主要面向生活基本能够自理的老人。

---

① 鲁顿,陈雪娇,张鲁玉,等. 机构养老的老年人医养结合服务需求分析——基于日常生活能力评估[J]. 卫生经济研究,2021,38(01):50-53.

(2) 针对生活不能自理的老人

生活不能自理的老人指 ADL 得分 60 分以下的老人,这类老人身体状况差,尤其需要专业的医疗护理,因此对于服务对象为失能老人的医养结合机构而言,除了提供居住、保健、护理等基础配套服务,更关键的是提供一定的特殊护理,包括康复护理和紧急救治等服务。因此,专注失能老人照护的医养结合机构,多数选址在大型医疗机构附近,或本身含有足够的医疗资源。此类机构投入成本高,所以民营企业较少涉足,多数是由政府或公益类机构承办。少数参与医养结合的民营企业也提供针对失能老人的养老服务,其根据地理位置、失能程度等因素进行定价。

例如,常州市的鼎武养老中心,为老年人提供多项专项服务,有康复科、康复病区、康复大厅、针灸科、中医结合科等科室,配有高端的康复器材、设备,如高压氧、中西医结合治疗等,并且打造舒适的居家场所,配备个性化小厨房、活动室以及吧台,老人们真正过上了楼上颐养、楼下康养的生活①。

(3) 针对处于临终关怀阶段的老人

专注临终关怀服务的医养结合机构不再过多关注治愈为主的治疗,而是更多关注以护理照料为主的全方位服务。处于临终阶段的老人会面临食欲下降、呼吸功能衰退、知觉和意识状态改变等问题,临终关怀服务的主要目标是通过细致的护理帮助老人消除疼痛、减轻症状,尽量舒适地度过临终阶段。除专业的医疗照护以外,临终关怀服务还需要提供精神支持,让老人有尊严地度过生命的最后阶段。但是,由于临终关怀观念的教育才刚刚起步,以及未获得配套的财政、法律法规支持,此类机构营利困难、数量很少。国家卫健委 2019 年 11 月 1 日对

---

① 参见中国经济网的报道,http://district. ce. cn/newarea/roll/202011/30/t20201130_36062851. shtml。

外公布的情况显示,全国可以提供安宁疗护服务的机构仅有 61 个[①]。

## 2.2　国外医养结合现状

发达国家由于进入老龄化阶段较早,在养老模式探索方面具有较多的经验,下文主要通过对美国、日本、德国、瑞典和澳大利亚"医养结合"养老模式的各方面介绍,分析国外"医养结合"养老模式的特点和经验。

### 2.2.1　美国的"医养结合"现状[②]

美国的医养结合养老模式的一个典型范例是老人综合健康护理计划(Program of All-inclusive Care for the Elderly,PACE)。此项目主要针对年龄在 55 岁以上的老人,这些老人需要符合入住长期护理机构的要求,需要日常生活方面的协助并且收入较低。PACE 是一种整合式的老年照护体系,由全科医生、专科医生、护士、社工、营养师等专业人员组成团队为老人提供全面的医疗和养老服务。PACE 项目主要优势在于能为老人提供定制性服务,当老人产生健康问题时不需要去各个地方分别寻求帮助,而是可以直接享受护理团队为他们量身打造的医疗照护计划。但是 PACE 模式也有其缺点,最突出的是资金需求量大、资金回收期长,项目本身承受着较大风险。对于老年人而言,如果无法获得医疗救助保障,PACE 模式的费用是一笔巨大的开销。

除了 PACE 模式以外,自 20 世纪 90 年代起,美国开始实行居家和社区服务制度(Home and Community-Based Services,HCBS),让老年人在原来的居

---

① 数据来源:新浪新闻关于国家卫健委新闻发布会的报道,《国家卫健委:全国可提供安宁疗护服务的机构已增至 61 个》(https://news.sina.com.cn/o/2019 - 11 - 01/doc-iicezzrr6495671.shtml)。

② 朱夏卿.机构养老服务模式之医养结合研究[D].华中科技大学,2018.

住场所就可以享受到生活照料和医疗服务。美国的社会保障法给予了 HCBS
制度一定的医疗补助从而减轻了医疗成本的压力,这样就等于是鼓励各地积极
开展老年人长期照护服务。相比而言,HCBS 制度更适合相对年轻、生活能够自
理的老年人,而 PACE 项目则更加适合生活不能自理的老年人。

2.2.2   日本的"医养结合"现状①

日本是世界上老龄化形势较为严峻的国家之一。为了解决老龄化社会的保
障问题,日本于 2000 年开始正式实施"介护保险"制度,即养老护理保险制度,在
此基础之上形成了较为完善的医养结合社会福利体系。日本《介护保险法》规
定,40 岁以上的日本人都可以作为介护保险的被保险者,因此,该保险覆盖范围
较广。该保险的申请者需承担服务费用的 10%,剩余 90% 中的一半来自公费,
一半来自被保险者的保费。被保险者需要经过申请和认定才能利用介护服务,
认定结果分为 6 个等级,对应着不同的服务时间和费用。为了进一步完善介护
保险制度,日本政府还于 2005 年、2008 年、2012 年以及 2015 年分别实施了 4 次
改革。日本介护保险的实施有效减少了轻症老年人对医疗资源的挤占,改善了
老年医疗方面的财政赤字,减轻了日本医保基金的压力。

日本的医养结合社会福利体系之所以较为成熟,一方面是因为日本的老龄
化阶段比我国提前了数十年,有了丰富的经验积淀,更重要的是日本政府在政策
上大力支持医养结合产业,在法律上也保障了医养结合体系的规范化。

---

① 原彰,李建国,陈冲.日本介护保险对我国长期护理保险的启示[J].卫生软科学,
2019,33(10):92-97.

### 2.2.3　德国的"医养结合"现状[①]

德国的医养结合养老体系的建设也已经十分完善,主流的模式有居家养老护理模式、老年住区模式、养老机构型模式,其中居家养老护理模式和老年住区模式占主导地位。

居家养老护理模式是指,老人主要在原有的居住场所继续生活,对于身体较为健康能够生活自理的老人,在原有居住场所附近的养老机构定期进行巡访即可,不需要提供其他的特殊照料。对于部分生活无法自理的老年人,区域内的医养结合养老机构会提供上门护理服务,老人仍然不需要离开原有居住场所。除此以外,还有各种短期托管服务,出现家庭成员因故无法照顾老人的,老人可以进入托老所接受短期医养结合服务。

德国老年住区模式的主要服务场所是照护式公寓,老年人从原有居住场所搬到照护式公寓,这种集体居住的形式大大提高了养老资源的分配效率。同时,对居住区公寓进行了适老化改造,配备了简单的医疗设施和无障碍设施,还有远程电子求助器等硬件设施。

养老机构型模式是居家养老护理模式和老年住区护理模式的补充,一般情况下只有在两种居家模式都没法提供老人需要的服务时,老人才会选择接受养老机构的服务。

### 2.2.4　瑞典的"医养结合"现状[②]

瑞典从1950年起就进入了老龄化社会[③],是老龄化最严重的国家之一。而

---

①　吴江,李力扬.德国养老事业对我国养老体系建设的启示[J].宁夏党校学报,2017,19(01):71-75.

②　佘瑞芳.我国医养结合养老模式的现状、问题及其对策研究[D].南昌大学,2014.

③　蒋道霞.瑞典的养老政策和服务及启示[J].山东农业工程学院学报,2020,37(10):87-91.

作为西方高福利国家的典型代表,瑞典政府的财政压力也在逐渐增大,养老方面的财政开支给政府带来了巨大的压力。

瑞典在 20 世纪 90 年代成立了国家健康照护管理委员会,主要负责家庭照护、老人照护院及其他老年照护机构的事务。瑞典的老年人康复中心大多采用日托的形式,不仅提供日常照料服务,还配备有全科医生、康复技师、心理学家等专业人员,提供全面的医疗服务。除此之外,政府还在原有住宅区内部建造专门的老年公寓,或者在普通住宅内部进行适老化改造,以此来帮助老人与子女住在一起居家养老。瑞典医养结合服务资金的主要来源是各市的税收,个人负担率比日本少 4%。瑞典政府采用长期照护服务津贴制度,有效减轻了老年人的经济负担。

### 2.2.5 澳大利亚的"医养结合"现状①

与德国的养老模式类似,澳大利亚的主要养老模式也是居住式和居家式照护。对于在家生活无法自理的老年人,居住式服务模式让老年人居住在养老院、老年公寓或者康复中心等集中区域,而对于其他能够在家生活的老人则一般提供居家式服务,老人可以选择居家养老或社区养老,并享受居家式服务的延伸护理。

澳大利亚的老年护理院设立了老年照护评估组,对老年人进行健康状况、心理状况等多方面的评估,由此来决定最适合老年人的医疗照护和日常照护,便于为老人量身打造个性化的医养结合服务,同时也节约了社会的医疗资源。

澳大利亚重视家庭养老,家庭医生负责制是一大特点。医疗机构的家庭医

---

① 徐君,武东霞. 国外"医养结合"养老模式的特点及其经验启示[J]. 护理管理杂志,2017,17(03):171 - 172,198.

生会定时专门到老人的家里或者是机构中看望老人,做疾病检查或是健康评估等服务。自行承担照护责任的家庭成员可以获得一定的国家经济补贴,并可以享受休假等福利。

## 第三节　发展医养结合面临的困境

促进医养结合,对于积极应对老龄化具有重要意义,特别是能够提高生病及失能老人晚年生活的幸福度。但是,在促进医养结合过程中还存在一定的困难与阻碍。本小节对发展医养结合面临的困境进行了分析。

### 3.1　发展医养结合存在制度障碍

根据国内学者的研究,我国在发展"医养结合"相关产业的过程中存在制度性障碍。例如,赵晓芳指出,医疗保险报销制度的不完善是政策制约的主要体现,一些老人由于无法在养老院享受医保而不得不离开养老院[①]。此外,严梦悦指出,我国的养老服务存在多部门管理的问题,社区居家养老服务的提供方是老龄办,医疗卫生机构的管理方是卫生部门,医保报销的管理方是社保部门,医养结合服务会导致各部门之间权责不够清晰,出现管理混乱、推卸责任等问题[②]。

### 3.1.1　医养结合监管存在部门壁垒

医疗和养老本身作为两个独立的行业,受不同的政府部门管理,各自遵循不

---

① 赵晓芳.健康老龄化背景下"医养结合"养老服务模式研究[J].兰州学刊,2014(09):129-136.

② 严梦悦.医养结合养老模式的现状和问题研究[J].公关世界,2021(06):14-16.

同的规章体系。传统的养老机构接受民政部门的监督,传统医疗机构则接受卫生健康行政部门的监督,而医保报销等又由人力资源和社会保障部门负责。面对这一状况,2019 年《关于深入推进医养结合发展的若干意见》政策中做出了规定,医养结合服务的监管由卫生健康行政部门牵头负责、民政部门配合。医养结合机构中的医疗卫生机构和养老机构分别由卫生健康行政部门和民政部门负责进行行业监管,研究制定医养结合机构服务指南和管理指南①。民政、卫生、社保三个部门原本各司其职,互不干扰,现在即便对医养结合服务的监管做出了规定,三部门在医养结合相关扶持政策方面也难免会因所辖部门差异、制度壁垒、管理分割等原因产生政策协调的困难。若是政府部门因职能的交叉重叠而出现了过度监督的现象,就会制约被监督机构的健康运行和长远发展。而多头管理造成的责任边界不够清晰的情况,则会导致一些重要的规章制度无人制定或是无人监督,造成市场的混乱。即存在"两管"或"两不管"的状况。

　　以养老机构为例,养老机构的养老床位由民政部门管理,老年护理床位由卫生部门管理,医保结算制度则由社保部门负责。而民政部门管理的养老床位大部分并不能纳入医保,因此护理床位更受老年人青睐,造成了资源浪费②。促进医养结合服务的发展需要充分发挥民政、卫生、社保三部门各自的优势资源,实现部门间的优势互补,给老人提供一整套医疗、养老照护、社会保险的畅通流程,真正实现"医"与"养"的结合。

---

　　①　原文参见中国政府网,http://www.gov.cn/xinwen/2019-10/26/content_5445271. htm.

　　②　张晓杰.医养结合养老创新的逻辑、瓶颈与政策选择[J].西北人口,2016,37(01): 105-111.

### 3.1.2 制度障碍还体现在医疗保障体系存在缺口

由于养老机构存在客观的高成本问题,收费往往较为昂贵。而最需要养老服务的失能老人、空巢老人、残疾老人等老年群体的收入很低,无法负担高昂的居住费用。据北京大学人口所统计,针对完全不能自理的老人,事业单位型养老机构平均收费是 3 700 元/月,民营非企业养老机构的平均收费是 4 500 元/月,企业养老机构是 9 800 元/月,但北京市老年人包含养老金在内的收入中位数是3 833 元,这意味着能够支付如此高昂费用的老年人比例非常低[①]。另一方面,我国医疗保险与养老保险金总额偏低,直接影响养医养结合养老机构的发展。职工的医疗保险能够囊括诊疗费、住院费、药费等大部分费用,但是使用条件是在医保定点医院,而医保定点医院往往是当地的大型医疗机构,大多数养老机构内部没有设置医疗机构,设置了医疗机构的也大多不能使用医疗保险系统支付。没有医疗保险的支持,高额的医养费用会大幅度降低养老机构的入住率,不到50%的养老机构床位使用率就是养老服务需求不足的体现。

接下来,这一状况可能有所改善。从前的医养结合机构医保定点申请时间比较长,2021 年 4 月国家卫健委强化了医保支持,明确规定只要符合条件的医疗卫生机构,正式运营 3 个月后就可以申请医保定点,医保部门要在 3 个月之内进行医保定点评估[②]。此规定或许在未来能一定程度上解决医疗保障相关的问题,但目前并没有出台具体行动方案,医保支付模式还没有详细的规定,在很长一段时间内医疗保障体系与医养结合服务的对接仍然是一个难题。

---

[①] 数据来源:央视新闻网, http://news. cctv. com/2019/04/24/ARTI2H6NHZsl6 kLc7eDS2BVT 190424. shtml。

[②] 参见中国政府网, http://www. gov. cn/xinwen/2021 - 04/09/content_5598558. htm。

### 3.2   市场主体投入积极性不高

除了上文分析的制度障碍以外,当前市场主体参与投资运营医养结合类养老机构的积极性不高。学界研究表明,医养结合机构运营方面存在诸多问题是影响企业主体积极性的主要原因。例如,黄佳豪和孟昉指出,养老机构需要投入的资金成本较高,造成各方主体参与的积极性不足。如要保证医务室能够提供全天 24 小时服务,养老机构须配备至少 2 名全科医生、2 名护士或其他卫生技术人员,即便按照每人每月 2 000~3 000 元工资的标准,一年也至少需要支出工资 10~15 万元,这样的支出对于本就盈利困难的养老机构而言负担很重①。还有学者认为,医养结合机构的人员招聘存在困难,赵晓芳认为当前养老机构的医护人员工资水平普遍较低,也很难受到社会认可,导致养老机构的医护人员大量流失②。王素英认为,养老机构护理员工作强度很大,福利待遇却比较低,在就业市场缺乏吸引力,而在职称评定等方面和其他医疗机构的执业人员相比又有明显劣势,这也是专业护理人员缺乏的原因③。当然,也存在一些投资机构自身定位不准的原因,例如,孟颖颖发现,部分医养结合机构定位不准确,盲目瞄准高端市场,没有考虑到本地区的经济发展水平、人口结构、消费水平等实际养老需求情况④。从老人的角度来看,目前医养结合模式也存在许多不足。例如,聂建亮指出,我国公立医养结合机构获得了医养结合领域的大部分财政支持,而部分

---

① 黄佳豪,孟昉.“医养结合”养老模式的必要性、困境与对策[J].中国卫生政策研究,2014,7(06):63-68.

② 赵晓芳.健康老龄化背景下“医养结合”养老服务模式研究[J].兰州学刊,2014(09):129-136.

③ 王素英,张作森,孙文灿.医养结合的模式与路径——关于推进医疗卫生与养老服务相结合的调研报告[J].社会福利,2013(12):11-14.

④ 孟颖颖.我国“医养结合”养老模式发展的难点及解决策略[J].经济纵横,2016(07):98-102.

私立的养老机构内设置的医疗服务没有被包含在医保报销范围内,这直接导致同样的医养结合服务定价却参差不齐的现象,缺乏统一的定价标准①。耿爱生认为我国目前的医疗服务模式已很难适应老年人群,因为许多老年人长年卧床、生活无法自理,需要医护人员长期护理;有的老年人病情多变,需要医护人员提供上门服务②。结合学界研究和现实情况,可以看出投入和产出的不匹配使得养老机构投入积极性不够。

### 3.2.1　在资金投入方面,医养结合机构面临资金不足的困难

我国的医养结合养老机构从投资主体上看,有公办机构、民办机构、民办公助机构以及企事业单位、社会团体设置的机构③。无论是公办还是私营的养老机构,只有获得持续大量的资金支持才能够建设好医疗设施,提供良好的医养结合服务。虽然我国与医养结合相关的优惠政策非常多,例如卫健委同相关部门曾经印发了《关于做好医养结合机构审批登记工作的通知》④,体现了"放管服"改革,鼓励民营养老机构积极向医养结合机构转型,优化了医养结合的流程和环境。但是,真正下发的财政补贴并不到位,配套资金的支持力度不足,缺乏统筹规划⑤。同时,政府也正在通过政府补贴、政府购买、公建民营等多种形式来引

①　聂建亮,曹梦迪,吴玉锋.深入推进医养结合的障碍与发展策略[J].卫生经济研究,2021,38(07):24-27.

②　耿爱生.养老模式的变革取向:"医养结合"及其实现[J].贵州社会科学,2015(09):101-107.

③　冯丹,冯泽永,王霞,等.对医养结合型养老机构的思考[J].医学与哲学(A),2015,36(04):25-28.

④　通知原文参见中国政府网,http://www.gov.cn/xinwen/2019-06/01/content_5396596.htm。

⑤　邓大松,李玉娇.医养结合养老模式:制度理性、供需困境与模式创新[J].新疆师范大学学报(哲学社会科学版),2018,39(01):2,107-114.

导社会资本进入养老产业,但由于养老机构盈利模式并没有形成行业内较为认可的运营模式,仅靠政府补贴并不能带来长远发展,因此市场主体积极性并不高,社会参与度很低。

### 3.2.2 在产出方面,医养结合机构盈利困难

医养结合机构需要配置各种医疗器械,前期投入非常大,而要想维持医养结合机构的正常发展还需要持续的大量投入,这使得医养结合机构很难实现盈利。与公办医养结合机构有所区别,民营医养结合机构享受到的优惠政策较少,不得不依赖自身资金周转,不断加大资金投入,导致自身经营成本太高,而盈利空间小,出现入不敷出的情况。杨依琳经过调查发现,近几年郑州市的民办养老机构存在盈利空间小、供需矛盾突出、亏损较高等现状,高风险、低回报、资金周转不畅等困难使它们在竞争激烈的养老行业中显得竞争力严重不足,难以与新开办的大型综合养老机构相较量①。大量养老机构的亏损使得人们对医养结合机构的盈利能力并不乐观,如何保证医养结合机构资金的充足性和持续性,是激活医养结合市场的一大难题。

### 3.3 促进医养结合发展的支撑要素供给不足

医养结合服务行业的发展,需要人力资源和土地资源等要素的支撑,虽然各类文件均对医养结合的模式表示支持,但是事实上可以获得的人力资本与土地要素不足。

---

① 杨依琳.医养结合模式下民办养老机构的绩效研究[D].郑州大学,2019.

### 3.3.1 医养结合养老行业的人力资源十分缺乏

一方面是社会中存在着对养老服务行业的就业歧视,认为做老年人的医疗护工是低水平低层次的职业,养老行业护理人员远不如进入专业医疗机构的医护人员和卫生事业单位的工作人员的社会地位高,因此,几乎没有护理专业的应届毕业生愿意进入养老护理行业。另一方面,如今养老行业护理人员工作强度大,心理压力大,但薪资水平却十分低下,付出与回报完全不成正比,这更加剧了养老行业的人才流失。另外,老年护理与一般的医疗护理有所差别,要求护理人员既要掌握老年易发病的相关知识,又要掌握康复、日常护理等方面的知识,这需要养老护理人员长期接受规范化的培训。但是,我国现有的护理院校缺乏专门的老年护理专业,缺少对专业护理人员的引导,造成专业人才储备严重不足。医养结合机构无法招收到护理专业的人员,再加上资金不足的问题,极易导致护理人员专业知识不足、服务水平低下等严重问题。

### 3.3.2 用于医养结合机构发展的土地资源也十分匮乏

随着老龄人口数量的迅速攀升,养老用地和养老服务设施建设的需求急剧增加,我国的养老用地保障工作出现了用地难等问题。《十城市万名老年人居家养老状况调查报告》显示,42.6%的被访居家养老服务机构认为"场地不够"是面临的主要困难之一①。我国现阶段为了保障养老用地,推出了一系列用地政策,然而由于政策没有法律所具有的强制性,容易导致违反政策的行为不能受到制裁。另外,养老用地政策也缺乏连续性与稳定性,例如过往的政策中将养老用地定位为医卫慈善用地且以租赁供应为主,没有明确界定租赁期限,而在

---

① 田钰燕,包学雄,刘伟.城市居家养老服务供给:结构性困境及其破解[J].社会福利(理论版),2019(02):13-19.

《关于推进养老服务发展的意见》（2019）中则规定，用地性质变更为社会福利用地，租赁期限最高不能超过 20 年①。不稳定的用地政策加重了审批部门的工作负担，使得医养结合机构"用地难"的问题更加严重。同时，在"土地财政"的背景下，地方政府在供地指标方面更倾向于拍卖价格较高的住宅用地或者商业用地。

### 3.4　制约医养结合机构发展的其他阻碍

除了上文分析的制度障碍、投资主体积极性不足以及资源不足等困境之外，当前我国发展医养结合还存在以下两个方面的阻碍。

#### 3.4.1　当前我国医养结合服务无法与真实需求匹配

许多西方发达国家会对老年人的身心健康状况进行详细的评估，通过对老年人的日常生活能力和精神状态等方面的全面评估，来确定老年人所需的服务类型，提供相应等级的医疗护理服务，并且根据老年人的具体经济状况来提供相应的补贴。我国在养老服务评估方面相对落后，从而导致养老服务内容相对单一僵化，不能保证养老服务的针对性，很难做到供给与真实需求的匹配。例如，许多有医疗措施的养老机构往往仅提供小病的诊治，而忽视了健康和基本健康的老人对于疾病预防、慢病管理、心理咨询等方面的需求，配套服务不足，并没有完全发挥医养结合机构的优势，造成了资源的浪费。还有些以大型医疗机构为主体的医养结合机构，能够针对各种健康状况的老人提供相应的医疗服务，甚至能够提供临终关怀和残疾照料等特殊服务，但缺乏对老人的社会参

---

① 苏炜杰.我国城市养老用地保障制度：现状、困境与完善[J].西南交通大学学报（社会科学版），2021，22（02）：102-112.

与需求的重视,缺少老人所重视的人情味和文化味。只有做好对老年人能力的综合评估,才能真正让医养结合养老服务的内容与老年人的真实而多样的需求相吻合。

### 3.4.2　医养结合养老模式的社会氛围不够浓厚

在不同文化体系中,养老模式存在很大差异。西方国家的养老方式主要强调社会和国家的整体参与,而我国所在的东亚地区则更突出家庭的重要地位。我国是一个重视孝道的国家,儒家文化主张"父慈子孝""百善孝为先",强调家庭中子女对父母的赡养,因此,人们很难接受机构养老等模式。而家庭养老常常忽视老人的医疗需求,或者是仅能在老人发病时将老人送到医疗机构,平时缺乏健康管理等医疗服务。我国传统文化中对于养老的理解一般局限于生活照料,忽视了医疗的重要性。在家庭养老仍占主流的情况下,理念的困境主要体现在两个方面,一是医养结合养老模式还没有获得充分的社会认知,许多人仍然仅关注生命的长短而忽视生命的质量问题,对慢性病管理等问题视而不见。二是医养结合养老模式还未受到广泛的社会支持,尽管国家出台大量的政策文件提倡医养结合的养老模式,普通家庭对于此种养老模式仍然缺乏热情和信心,没有形成热烈的社会氛围。

## 第四节　促进医养结合的路径

关于如何更好地推进"医养结合",学术界与业界都展开了研究与探索。当前,已有的研究主要从以下三个角度展开讨论。首先,从完善政策角度展开研究。例如,张立平提出,有必要加强政府投资项目的执行,完善融资制度、就业制度等①；吕鹏飞等建议，应打破部门间界限，开展部门之间的协调与配合工作，使得提供医养结合服务提升为民政和卫生部门的合作行为②；李杰提出应尽快完善相关法律法规，为推动医养结合的发展提供法律支持和制度保障③。其次，从老龄人口需求角度展开思考。例如，王素英指出，应落实老年人能力评估和需求评估工作，以确定应提供何种类型的养老和医疗服务，让供需得以匹配，尤其要关注医养结合服务需求更为迫切的、需要长期专业医疗服务的老年人④；严妮从信息技术的角度出发，指出应当发挥网络信息技术的作用，建立包括经济、生活、身体状况等情况的老年人信息库，一方面可以及时为有需要的老年人提供服务，另一方面也可以高效地整合养老资源，提高资源利用效率⑤；邓诺、蒋亮等从老人自身出发，认为老人应提升健康意识和储蓄意识，积极参与保健知识讲座、健康知识展览等与健康或医疗有关的活动，为日后的医养需求做好准备⑥。第三，从医养结合机构自身发展的角度提出方案；例如，李萌认为，医养结合机构可以发挥"互联网＋"模式优势，利用信息化平台充分了解老年人的服务需求，为老人量身定制个性化方案，进一步提高服务的质量和效率⑦；王玉芬从机构员工的角

---

① 张立平.把老年"医养结合"养老服务做成最美的夕阳产业[J].中国老年学杂志，2013,33(021):5496-5497.

② 吕鹏飞,陈晓玲,周宏东,等.上海市医养结合养老模式卫生监督困境及对策[J].医学与社会,2016,29(02):71-73.

③ 李杰.青岛"医养结合"养老模式问题研究[J].中国人力资源开发,2014(18):74-80.

④ 王素英,张作森,孙文灿.医养结合的模式与路径——关于推进医疗卫生与养老服务相结合的调研报告[J].社会福利,2013(12):11-14.

⑤ 严妮.城镇化进程中空巢老人养老模式的选择:城市社区医养结合[J].华中农业大学学报(社会科学版),2015(04):22-28.

⑥ 邓诺,蒋亮,卢建华.老年照护医养结合实证研究[J].南京医科大学学报(社会科学版),2015,15(04):274-278.

⑦ 李萌,杨婷婷,董四平.我国医养结合服务典型实践模式、困境与对策[J].华西医学,2021,36(12):1641-1648.

度,指出医养结合行业的发展应从提高员工素质和服务水平开始,以便形成更专业的养老服务团队[①];冯丹则从地区发展的角度,指出应当详细考察地区老龄化程度、养老机构发展现状以及医疗条件等具体情况,根据具体情况制定养老机构转型的标准,以此提高管理及工作效率。

根据前面章节的分析以及已有的研究,本章节认为推进"医养结合"可以从以下六个方面展开相关工作。

### 4.1　增强监管部门之间的跨部门协作

从顶层设计的角度来看,为了避免部门间产生多头管理的问题,促进医养结合政策的制定和落实,有必要建立跨部门的领导机构。此跨部门协作成立的领导机构应该起到统领全局的功能,统筹协调和督促落实医养结合相关重点工作。需要注意的是,此领导机构需要在各级政府中设立下属机构,地方层面也要有相应机构设置,例如各级别医养结合领导小组、各级别医养结合协调小组等,防止医养结合相关政策在某些级别的政府部门工作中被忽略或者没能贯彻落实[②]。在横向衔接层面,应协调做好养老机构和医疗机构建设的衔接,加强民政部门规划和审批养老机构与卫健委规划和审批医疗机构时的配合。确立部门合作的协同机制,对各部门的具体工作做出明确的权责区分,各类型问题的主要责任部门和配合工作的部门需要明确区分。需要建立跨部门协作服务质量监控的机制,对是否认真执行协同机制进行详细的考核和评估,以老人的反馈为重要考评标准,避免浪费服务资源。

①　王玉芬.养老保险隐性债务及其偿还方式评析[J].人民论坛,2014(A12):86-88.
②　郭少云.医养结合的部门协同[D].华北电力大学,2019.

## 4.2　推行医养结合的长期社会保障制度

现如今我国老年人的生活水平不断提高,预期寿命不断加长,养老问题的关注重点从寿命长度逐渐转向寿命质量。老年人的医疗需求与其他人群并不完全相同,老年人的健康状况往往并不稳定,易发疾病也有特定的种类,因此医疗保险的重点应该从重大疾病的治疗逐渐向基础保健转变,医疗保障体系应该为老年人提供从疾病的预防、筛查、诊治,到康复护理、慢性病管理,再到临终关怀等一系列完整的医疗服务。

社保支付政策应该根据实际情况进行更新,养老机构内部设立的医疗机构、从专业医疗机构转型的康复医院和护理医院、非定点医院的基层医疗机构等,如果能够被纳入医疗保障系统支付,则会刺激低收入老人群体的有效需求,有利于老年人在经济允许的前提下享受到基本的养老和医疗服务,进一步解决养老机构资源浪费等问题。医保政策的贯彻落实需要卫健委出台具体行动方案,对医保支付模式做出详细的新规定,让医疗保障体系与医养结合服务成功对接。

除此之外,还应当充分发挥商业保险对社保的补充作用,鼓励商业保险企业积极开发与医养结合有关的产品,与现存的社会保险、商业健康险、商业人身意外险等险种相互补充,共同完善医疗保险市场,为老人提供更加多样且安全的医养保险选择。

## 4.3　建立专业化人力资源储备体系

第一,建立医养结合服务领域护工分级制度。建立护工分级制度,实行分层化管理。根据不同的护工等级建立相对应的培训、选拔以及薪酬待遇体系,通过梯度化的晋升体系管理给予护工更多的动力去完善自我、寻求提升,向护工行业持续注入活力。

第二,注重职业教育,进行专业化培训。职业学校的就业困难和医养结合行业的劳动力短缺问题可以互补。在职业技术学院开设专门为医养结合养老行业设置的护工课程,进行针对养老和医疗相关的专业训练,并设立等级考试或者资格考试,设置合理的专业准出条件,将人员导流进养老护工行业。

第三,把握招聘标准,逐步提高医疗护工行业的学历要求。与护工分级制度进行匹配,提高专业医疗岗位的专业程度要求,规范化招聘流程,提高招聘标准,尤其是针对资格考试以及学历方面,梯度化收取不同层次的护工人员。并加强入职后的培训,提升入职人员的专业素养,进一步实现行业标准化。

第四,给予护工充足的社会保障,完善护工的薪酬体系。将医养结合养老行业的护工纳入社会保障体系中,企业政府或者用工单位必须与护工签订规范的合同,在医疗、保险等多方面保障护工工作和生活,稳步提升护工的待遇,分层级提高护工工资,防止专业人才的流失。

## 4.4　明确医养结合的服务对象和服务内容

积极开展老年人能力评估,由专业的评估人员分别从日常生活活动、精神状态、感知觉与沟通、社会参与等方面对老年人的能力进行综合评估,详细区分老年人能力等级和水平,以此确定每个老年人所需的医疗服务和照料服务的类型,从而使得不同的养老机构能够提供具有针对性的服务。例如,对于身体较为健康的老人,主要提供生活照料服务,辅以疾病预防、健康管理等服务;对于失能老人,则主要提供生活护理、精神慰藉服务,必要时提供临终关怀服务。

同时,应对各类养老机构提供的医养结合服务内容积极展开评估。《中华人民共和国老年人权益保障法》规定:"国务院有关部门制定养老服务设施建设、养老服务质量和养老服务职业等标准,建立健全养老机构分类管理和养老服务评估制度。"①对医养结合养老服务进行评估,是各项政策和举措能够真正满足老年人需求的重要保证,是推进医养结合服务不断进步的重要基础。政府有关部门需要以保障医养结合需求为核心,建立健全老年人能力评估和医养结合服务评估制度,综合提升医养结合服务质量。

### 4.5　拓宽医养结合资金来源渠道

除了制度支持以外,资金支持是政府对医养结合机构最重要的支持。一般而言,政府对医养结合机构采取财政补贴的支持形式,从财政资金中专门划拨一部分进行补贴,然而这种方式不仅使得划拨的资金非常有限,还会加重财政资金的负担。为此可以借鉴发达国家的经验建立长期护理险,筹集方式是从基本医保或者养老保险基金中划拨部分资金和个人缴费。财政补贴的形式更倾向于是社会救助,而此种从基本医保基金或者养老保险基金中划拨资金的做法则更类似"保险"的形式,这种做法参考了美国的 PACE 计划和日本的介护保险制度,并且结合了我国的现实国情。当前,我国的医养结合事业正值蓬勃发展的时机,虽然划拨经费挤占了医保或者养老保险的资金,但是如果老人选择了合适的医养结合养老方式则必定会带来医疗机构就诊的分流,节约下的医保基金再用于医养结合事业的发展。

### 4.6　促进养老观念转变,提倡医养结合理念

在抗击新冠病毒肺炎疫情的斗争中可以看出,老年人群体的生命健康极易受到侵害,无论是突发的重大公共卫生事件还是平时不良生活习惯的积累,都会

---

① 原文参见民政部网站,http://www. mca. gov. cn/article/gk/fg/ylfw/202002/20200200024078. shtml。

让老年人滑入疾病的深渊,只有提升老年人的健康程度,建立起一道防御疾病的屏障,才能够让社会更加稳定和谐。这深刻表明医养结合养老服务模式正是实现健康老龄化的必要途径。为此,老人自身需要转变养老观念,重视自己的健康状态,保持积极乐观的心态;医养结合机构也应该通过设施设计、活动设计等方式鼓励老人最大程度地实现生活自理。社会归属感、终身学习、良好的心态等都对长寿有着显著的作用,因此,推进医养结合养老模式不仅需要养老机构与医疗机构进行协调合作,还需要积极提倡正确的健康理念。

综上,我国的医养结合养老产业领域应积极对标国际标准,创新养老新模式,打造既有中国特色又能与国际适配的产业品牌,增强国际竞争力。努力让医养结合产业成为国民经济发展中的重要支柱产业,充分挖掘人口老龄化在新时代下的新机遇。

# 第八章　促进养老金体系三大支柱建设

　　养老金体系的建设是实现老年人美好生活的重要保障。面对着日益加剧的老龄化趋势,建立一个更为完善的养老金制度成为实施积极应对老龄化战略下一个阶段的重要任务之一。长期以来,西方发达国家在养老金制度方面的建设做出了积极的探索,我国也在发展过程中陆续完善了符合中国国情的与养老金相关的制度体系。本章着眼于养老金体系三大支柱的建设,介绍了养老金三支柱模式的概念与基本框架,结合三个具有代表性的发达国家的养老金制度实践情况,剖析了我国养老金制度建设的现状与可能存在的问题,并提出了对应的政策建议。

## 第一节　三大支柱的基本框架与意义

　　养老金三大支柱体系由世界银行于 1994 年发布的《防止老龄危机——保护老年人及促进增长的政策》①正式提出。20 世纪 80 年代,西方发达国家面对着日益严重的人口老龄化问题,不仅如此,当时国际上主要发达经济体所实行的以现收现付制为主的养老金制度带来了养老金账户财务平衡难以持续、国家财政负担不断加重等问题。在此背景下,世界银行分析了智利等多国的养老金改革

---

　　① 该文件全文参见世界银行官网,https://elibrary.worldbank.org/doi/abs/10.1596/0-8213-2970-7。

方案,在 1994 年的这份报告中提出了三支柱养老金改革模式的建议,意图通过运用多个模式的不同养老金制度,来解决单一养老金制度下人口老龄化带来的问题。在该报告发布之后,许多国家经过不断的探索逐渐形成了各具特色的多支柱养老保险体系,而全球三支柱养老金体系建设的基本框架存在着共同之处。

养老金体系中的第一支柱是指法律强制的公共养老金或者称之为基本养老保险。公共养老金是广大老年居民维持退休后生活的最基本保障,一般由政府法律强制实施,并由政府相关部门承担公共养老金的最终责任与保障。目前世界各国的第一支柱养老金普遍采取现收现付制,即强调社会资源的代际再分配,由当期工作人口缴纳的保险金来向当期的退休人口支付养老金,可以有效保证养老金的足量、及时发放并抵御通货膨胀等问题。我国的养老金第一支柱首创了社会统筹与个人账户相结合的养老保险模式①。

养老金体系中的第二支柱是指企业和个人共同缴费形成的职业养老金计划。在西方主要发达国家的养老金体系中,职业养老金计划(也称企业年金)的运转情况已经相当成熟,成了其养老金体系的主体,是老年职工养老金的主要来源。按照缴费方式和养老金领取时候的待遇等进行划分,企业年金一般被分为缴费确定(也称 DC 计划)和待遇确定(也称 DB 计划)两种类型。DC 计划是指职工的缴费方案是确定的,一般是由职工自愿加入企业年金方案并选择缴纳比例,并由企业和职工共同向职工的个人年金账户缴费。在职业年金的投资运营方面,国家通常会为劳动者提供几个投资基金令其自主选择投资组合,并由专业基金经理对基金进行统一管理运作,账户的收益或亏损由劳动者自行承担,职工

---

① 关淇文.浅谈我国养老保险制度社会统筹和个人账户相结合的模式[J].法制与社会,2016(28):177 - 178.

最后领取的养老金待遇取决于个人账户中的资金积累及投资收益。DB 计划也称养老金确定计划,指职工退休时领取的养老金待遇是确定的,与缴费无关。在各国的实践中,该模式一般是使用正在工作的劳动者缴纳的保险费来支付现在退休人的保险金,保险金通常由国家进行统一收集、统一管理,形成企业年金基金进行投资运营。参加 DB 计划的职工退休时,其养老待遇往往与工资收入、工作年限等因素挂钩。企业会在考虑这些因素的基础上,通过保险公司向其发放与职工工资成比例的养老金。目前世界多国的职业养老金计划呈现出由 DB 模式转为 DC 模式的趋势。

养老金体系中的第三支柱是指个人养老储蓄计划。第三支柱的个人养老储蓄计划实行完全积累制,强调个人自愿缴费,国家通常会在缴费或者领取收入阶段给予税收优惠,鼓励民众自主承担养老责任,为自身老年生活提供更高保障。世界上主要发达国家都大力支持第三支柱发展,将其作为应对人口老龄化的重要举措,并且第三支柱可以推进养老金体系协调发展。在市场化较为完善、商业保险发展成熟的国家中,第三支柱是民众养老金的一大重要来源。此外,第三支柱有效弥补了第二支柱的制度缺陷,个人养老储蓄计划不受就业情况的制约,可以将灵活就业者等无法参与企业年金的人群纳入养老金体系中来,加强养老金体系的普惠性与保障性。

当前,世界上许多国家都已经或正在建设自己的"三支柱养老金体系"。各国广泛的养老实践证明,从减轻政府财政负担、提高人民老年生活保障水平的角度出发,政府、企业、个人三方相互支撑、三大支柱协调发展的多层次养老金体系要远远优于过去单一依靠第一支柱的养老金制度。

## 第二节　国外三大支柱养老金体系建立情况

西方发达国家经济发展起步早且经济发展水平高,在生育观念以及其他因素的作用下,老龄化社会较早地到来,其在养老金制度上的探索与建设起步早、发展久,有着大量应对经验与实践成果。中国正逐步迈入深度老龄化社会,西方国家的养老金三支柱建设模式值得我国学习借鉴,以便完善本国的养老金制度体系。其中,美国是当前世界上经济实力最强大的资本主义国家,而英国、德国是老牌资本主义强国,它们都具有长时间的养老金制度建设历史与丰富的建设经验。因此本节选取了美国、英国、德国这三个具有一定代表性的发达国家,详细介绍了各自三支柱养老金体系的开展模式,来为我国养老金体系的政策制定提供参考。

### 2.1　美国养老金体系三大支柱的特点[①]

美国是当今的资本主义强国,较早地建立了本国的养老保险体系,并在多年的实践中完善和发展了本国的三支柱养老保险体系。目前,美国的养老金第一支柱是政府主导并强制实施的国家基本养老保险,旨在为民众提供基本的养老保障;第二支柱是企业主导、个人参与的企业养老金制度;第三支柱是民众自愿参与的个人储蓄养老保险。在政府的支持下,美国的养老金第二、第三支柱得到了较快的发展,时至今日,已经成了美国老年居民养老金的重要来源,为广大居民提供了完善的老年生活保障。

---

① 肖海晴.美国养老保险制度体系及其对我国的启示[J].新西部(理论版),2016(12):164,170.

### 2.1.1　美国养老金体系第一支柱特点

国家基本养老保险，即为人熟知的美国社会保障计划，作为美国的养老金第一支柱，一般被称为 OASDI 计划（Old Age，Survivors，and Disability Insurance Program）。OASDI 计划主要包括养老及遗属保险（OASI）和残障保险（DI）两部分，旨在为退休人员与残疾人提供保障。作为政府主导并强制统一实施的养老金政策，OASDI 计划采用全国统筹的形式覆盖绝大部分人群。无论是养老及遗属保险还是残障保险，都采用现收现付制的方式进行运作，民众可以通过社会保障税的形式缴纳保险费。每隔一段时间，具体的缴费税率会根据人口年龄结构等因素进行动态调整。缴费累积形成的社保基金由国家统一管理，采取稳健的方式进行投资，以维持较为稳定的投资收益率。美国的 OASDI 计划多年来坚持"底线保障"的原则，其给付替代率不足 40%[①]，并且一直以来美国人均每月支付的养老金的上涨速度非常缓慢，缓解了美国在支付养老金上的财政压力。2021 年年底，美国社保基金总余额为 2.85 万亿美元[②]，虽然新冠病毒疫情造成的大面积失业导致社保基金支出上升、结余有所下降，但仍有着较为坚实的资金基础来为民众提供生活保障。

### 2.1.2　美国养老金体系第二支柱特点

美国的企业养老金制度是美国养老金体系的第二支柱，一般由企业主导。虽然其采取自愿建立的方式，但大部分的美国企业都建立了完善的企业养老金制度，作为提供员工福利和吸引劳动力的重要手段。美国政府为了促进养老金第二支柱的发展，对企业养老金实行了有力的税收优惠政策，有效促进了第二支

---

① 董登新. 美国养老保险的"全国统筹"特点[J]. 中国社会保障，2021（02）：56-57.
② 数据来自和讯网，《个人养老金账户能迎来大发展吗？先做强"第二支柱"是关键》（http://insurance.hexun.com/2022-04-28/205841634.html）。

柱在企业间的推广普及。企业养老金由企业和职工按照一定比例联合缴费,参与企业养老金制度的职工具有较高的自主权:一方面可以根据自身风险偏好自由选择国内外市场广泛的投资组合产品,促进了保险、金融市场的稳定发展;另一方面,在特殊情况下,职工可以提前支取养老金基金的资金,使用方式灵活且比较人性化。此外,美国的企业养老金同时存在 DC 计划和 DB 计划两种模式,满足人们不同的待遇需求。不过在实际的运营过程中,职工主要选择 DC 计划的企业养老金。以美国私营行业为例,截至 2021 年 3 月,有 53% 的雇员选择了DC 计划的企业养老金,但只有 3% 的雇员选择 DB 计划[①]。

### 2.1.3  美国养老金体系第三支柱特点

美国的养老金第三支柱是民众自愿参与的个人储蓄养老保险,具体形式包括为人熟知的个人退休账户 IRA 和其他各种各样的商业养老保险。个人退休账户 IRA 种类繁多,其中参与人数较多的是传统 IRA 和罗斯 IRA。总体来说,个人账户 IRA 具有以下相同特征:首先,IRA 需要由个人自愿建立一个养老主账户进行缴费,对于缴纳到个人账户的资金,国家会给予一定的税收优惠支持;其次,个人账户中的资金可以在市场上自由选择投资产品,满足不同的投资偏好;最后,政府允许职工将企业养老金中的账户资金转入个人养老主账户。美国个人退休账户自 1974 年以来经过了多年的资金累积,已经形成了规模庞大的总资产,在私人养老金市场中占据重要地位。2021 年第一季度数据显示,美国私人养老金市场资产合计为 35.4 万亿美元,其中个人退休账户的资产为 12.6 万亿美元,占比 35.6%[②]。可见个人退休账户 IRA 受到了广泛欢迎,为民众的老

---

① 数据来源:Investment Company Institute(美国投资协会官网),https://www.ici.org/。

② 田辉.中美两国个人养老金制度比较[J].中国金融,2021(24):92-93.

年生活提供了又一重要保障。

## 2.2　英国养老金体系三大支柱的特点①

英国作为早期资本主义的发源地和现代欧洲强国之一，其养老金制度具有一定的代表性。英国的养老金三支柱体系包含国家基本养老保险制度、职业年金制度和个人储蓄养老制度，并在长期的实践发展中形成了具有特色的制度安排。

### 2.2.1　英国养老金体系第一支柱特点

英国养老金体系的第一支柱包括国家基本养老保险制度和针对特殊人群的国家第二养老金制度。前者由国家强制实施，所有的职工和自由职业者以及自愿缴费的群体都可以加入国家基本养老保险制度，参保人员覆盖广泛，是英国养老保险体系的基础。参保的人员会按照统一的标准进行缴费并领取养老金待遇，较为公平公正。不过由于社会收入不平等问题的存在，国家基本养老保险难以覆盖贫困人群与没有参与职业年金的人，英国的第二养老金制度在此背景下应运而生，旨在专门为中低收入群体、病残人员等难以参保的特殊人群提供养老金。一般情况下，收入越低，英国第一支柱的养老金替代率越高，以此保障广大老年人民的基本生活水平。

### 2.2.2　英国养老金体系第二支柱特点

英国养老金体系的第二支柱是职业年金制度。职业年金覆盖了几乎所有职

---

　　① 龙玉其. 英国职业年金制度的现状、改革及其启示[J]. 北京行政学院学报，2018（06）：93-99.

工,这是由于英国在《2008 年养老金法案》中要求所有符合条件的职工强制加入DC 型职业年金计划。而考虑到不同行业、职业之间存在的差异,英国为不同的职业群体、不同部门之间乃至部门内部都建立了不同的职业年金制度。

在缴费方式上,职业年金由企业与职工共同缴费,以职工缴费为主。英国政府规定 50 岁以下职工的缴费比例不得超过个人收入的 15%,加上企业的缴费总共不超过 17.5%;50 岁以上职工的缴费标准会相对下降。退休职工能享受到的职业年金待遇会根据其缴费水平、职业年金基金的投资收益等因素决定。而所有的职业年金都能享受"EET"模式的税优政策,即在职业年金的缴费与投资阶段无需纳税,在领取养老金时纳税。"EET"模式在欧洲各国的实践中证明具有不错的回报率和吸引力,是推动英国第二支柱发展的重要政策措施。

### 2.2.3　英国养老金体系第三支柱特点

个人自愿储蓄养老制度是英国养老金体系的第三支柱,包括了团队个人养老金(group personal pension)和个人养老金(personal pension)。个人自愿储蓄养老制度可以用来为一些个体工商业从业者、非正规就业人员等不能加入企业年金计划的人群提供养老金,提高英国养老金体系的覆盖率。与强制参加的职业年金不同,第三支柱是民众自愿参与的养老金制度,实行个人账户模式以及自愿缴费积累。自愿参加的个人需要通过保险公司设立储蓄账户并定期缴费,保险公司会在政府的监管与规范下,任命专业的基金投资人进行运营,实现资金的保值增值。此外,为保障职工的老年生活水平,英国相关法律规定所有没有设立职业年金计划的企业都需要与保险公司签订协议,帮助职工参与养老金第三支柱。

## 2.3  德国养老金体系三大支柱的特点 [①]

德国的养老保险制度经历 120 多年的发展,具有悠久的历史与成熟的实践经验。和上述国家类似,德国现行的三支柱养老保险体系包含法定养老保险、企业养老保险和私人养老保险。

### 2.3.1  德国养老金体系第一支柱特点

法定养老保险是德国的第一支柱。德国的相关法律规定,所有符合条件的雇佣劳动者都有义务参加法定养老保险,因此德国的法定养老保险具有很高的覆盖率。与英美的养老金发展情况不同,第一支柱是德国老年人主要的养老金来源,在他们退休的养老金待遇中可占到六成。为此,德国对第一支柱的补贴力度较大,其社保基金的来源除了员工缴纳的养老保险费外,约有 20% 到 25% 来源于国家的财政补贴,不过这也给德国造成了不小的财政负担。

此外,德国的第一支柱在 60 多年间实行的都是现收现付制度。然而社会人口老龄化程度加深、经济社会条件急剧变化等问题,使得当期缴纳的养老保险金总量不断降低,而退休人员养老金的需求缺口却在不断扩大,法定养老保险基金长期入不敷出使第一支柱不堪重负。为应对这项严峻挑战,德国政府自 20 世纪 90 年代以来便朝着延长法定退休年龄、降低养老金水平、提高缴费率、维持代际公平等方向进行了第一支柱改革。

---

①  郑培军. 德国养老保险制度介绍及对我国的启示[J]. 清华金融评论,2017(S1):33 - 41.

## 2.3.2　德国养老金体系第二支柱特点

德国的第二支柱是企业养老保险制度,起源于19世纪中叶企业主们自行设立的救济基金和援助基金,历史悠久。经过长久的发展,目前德国的企业养老保险包括直接养老金承诺、直接保险、Pensionskasse 等多种形式,以满足不同企业与职工的养老保障需求。德国的企业养老保险是一种自愿性的养老保险,被认为是企业自愿提供的福利待遇。因此不同企业建立的企业养老保险都有所不同,缴纳人既可以是企业或员工一方,也可以是企业和员工双方。

由于企业养老保险具有多种形式,其具体的实施模式也各有差异。以直接养老金承诺为例,建立了直接养老金承诺的企业会承诺在职工退休时将提供一定的养老金保障作为福利待遇,并不需要职工缴费。企业会从资产负债表中计提部分准备金作为企业养老基金自行运营和管理,并且该部分会享受政府承诺的税收优惠。另外,一些公司会将部分资产划分出去,由信托机构进行运营,用于履行直接养老金承诺,以此确保退休职工获得稳定的养老金保障。职工退休后将由企业按照承诺发放养老金,领取时将按照一定的税率交纳个人所得税。

其他类型的企业养老保险实施方式主要是在缴费模式、运营机构、监管机构等方面存在差异,满足不同企业的多样化需求。

## 2.3.3　德国养老金体系第三支柱特点

私人养老保险是德国的第三支柱,主要由商业保险公司提供,包含商业私人养老保险产品、里斯特养老金及吕鲁普养老金等形式。德国第三支柱强调完全自愿参加、自主选择保险机构和产品,个人自主缴纳保险费。具体而言,第三支柱被广泛接受的形式是商业私人养老保险产品,这是一种由商业保险公司提供的个性化选择的养老保险产品,其付款方式、支付计划等条款方案会因投保人要求而异,也因此受到广泛的欢迎。而里斯特养老金和吕鲁普养老金则是针对特定人群推出的私人养老保险,比如,里斯特养老金主要面向有一定收入的人群,没有覆盖月收入450欧元以下的人员;吕鲁普养老金计划则是主要为自由职业者和个体经营者设计的。全面的私人养老保险制度为德国老年居民提供了较为完善的生活保障。

表 8-1　美国、英国、德国养老保险三支柱体系与特点

|  | 美国 | 英国 | 德国 |
|---|---|---|---|
| 第一支柱及特点 | 养老及遗属保险(OASI)和残障保险(DI) | 国家基本养老保险制度 | 法定养老保险 |
|  | 强制实施且制度统一;社会保障税形式,缴费税率动态调整;现收现付形式运作;资金基础稳固 | 覆盖范围广泛;缴费标准和待遇领取标准相对统一;针对特殊人群建立国家第二养老金制度 | 覆盖范围广泛;现收现付制;老年养老金主要来源;改革趋势为养老金水平降低,缴费率提高 |
| 第二支柱及特点 | 企业养老金制度 | 职业年金制度 | 企业养老保险 |
|  | 自愿建立方式;待遇以DC为主;税优政策支持到位;基金投资范围宽泛;投资自主权开放到个人;基金取使用灵活度高,更加人性化 | 不同群体建立了不同制度;强制要求加入的DC型职业年金计划;缴费与投资阶段无需纳税,在领取阶段纳税 | 自愿性养老保险,员工和企业自主选择参与方式;具有多种实施方式,满足企业多样化需求 |
| 第三支柱及特点 | 个人退休账户IRA等 | 个人自愿储蓄养老制度 | 私人养老保险 |
|  | 个人可以建立养老主账户,并享受一定额度税优支持;可以根据个人偏好选择投资产品;允许第二支柱账户资金转入个人养老主账户 | 参保行为完全自愿;由商业保险公司举办 | 个人自愿参加、自愿选择经办机构,其保险费全部由个人支付;产品类型多样,覆盖人群全面 |

## 第三节　我国养老金体系三大支柱建立的现状与问题

在世界银行发布了《防止老龄危机——保护老年人及促进增长的政策》之后,世界各国开始逐步建立三支柱养老金体系,中国也不例外。我国为了应对日益加重的老龄化,开始积极探索建立符合中国国情的三支柱养老金模式。早在20世纪90年代初期,随着改革开放的不断深化和市场经济的深入发展,我国开始了养老金体系三大支柱的初步探索工作,尝试在国家的基本养老保险之外建立不同模式的养老金制度。1991年6月,国务院颁布的《国务院关于企业职工养老保险制度改革的决定》首先提出要逐步建立起基本养老保险与企业补充养老保险和职工个人储蓄性养老保险相结合的制度,这是我国构建包含基本养老保险、企业补充养老保险和职工个人储蓄性养老保险的三支柱养老金体系的开端①。此后,我国一直在不断发展养老金三支柱体系,出台了多项法律法规来支持建立第二、第三支柱,并持续完善具体的实施制度。目前,我国现行养老金体系包括第一支柱亦即全国性的基本养老保险制度和第二、三支柱的补充性养老金制度。其中,第一支柱是政府主导的基本养老保险制度,包括城镇职工基本养老保险制度和城乡居民基本养老保险制度两大类别;第二支柱是企业主导的职业养老金制度,包括适用于企业单位的企业年金和适用于事业单位的职业年金;第三支柱是以个人为主的个人养老金制度。

### 3.1　我国第一支柱发展情况

基本养老保险是一种按国家统一规定并强制实施、原则上用以保障广大退

---

① 该决定全文参见人民网,http://www.people.com.cn/item/flfgk/gwyfg/1991/1126 0119912 1.html。

休人员基本生活的养老保险制度。基本养老保险制度是我国诞生最早、覆盖面最广的养老金制度,在目前的养老金三支柱体系中一直占据着重要的支撑地位,是广大人民群众主要的养老金来源之一。

### 3.1.1　第一支柱发展历程

我国的基本养老保险制度起源于 1951 年 2 月 23 日颁布的《中华人民共和国劳动保险条例》,这是一个综合性的社会保险法规,包括养老、疾病、工伤、生育等多方面内容,其中的养老保险条例标志着新中国养老保险制度的初步建立[①]。此后,根据此条例,企业职工实行的都是单一的养老保险制度。1997 年,通过总结各地试行经验,在权衡利弊的基础上,国务院颁布了《国务院关于建立统一的企业职工基本养老保险制度的决定》[②],正式向全国推广"社会统筹与个人账户相结合"的养老保险模式,社会统筹与个人账户相结合的基本养老保险制度被普遍认为是我国在世界上首创的一种新型的基本养老保险制度[③]。该制度规定在基本养老保险基金的筹集上由国家、单位和个人共同负担;在计发上采用结构式的计发办法,强调个人账户养老金的激励因素和劳动贡献差别。因此,该制度既吸收了传统养老保险制度的经验,体现了社会互济、分散风险、国家兜底等特点;又参考了现代个人账户模式的优势,通过个人缴费发挥了职工的自我保障意识与激励机制。可以说,社会统筹与个人账户相结合的模式是一项在我国社会保障史上具有划时代意义的制度安排,标志着我国养老保险制度发生了革命性变

---

① 该条例全文参见中国政府网,http://www.gov.cn/zhengce/2020 - 12/25/content_5574196.htm。

② 该决定的相关内容参见,http://www.gov.cn/ztzl/nmg/content_412509.htm。

③ 关淇文.浅谈我国养老保险制度社会统筹和个人账户相结合的模式[J].法制与社会,2016(28):177 - 178.

化,是我国社保制度改革的一个关键里程碑。2005 年 12 月,国务院发布《国务院关于完善企业职工基本养老保险制度的决定》,该决定要求城镇各类企业职工、个体工商户和灵活就业人员都要参加企业职工基本养老保险,同时在两方面做出了重要调整:一是逐步做实个人账户,并且为与做实个人账户相衔接,从2006 年 1 月 1 日起,个人账户的规模统一由本人缴费工资的 11% 调整为 8%;二是城镇个体工商户和灵活就业人员被强制纳入保险范围,并且参加基本养老保险的缴费基数为当地上年度在岗职工平均工资,缴费比例为 20%①。

在职工基本养老保险制度建立之后,我国于 2009 年建立了新型农村社会养老保险②,并与于 2011 年建立的城镇居民社会养老保险③一起构成了当时的城乡居民基本养老保险。不过当时农村和城镇分开的养老保险制度使得农村居民与城镇居民的老年生活待遇出现了一定的差距,客观上拉大了城乡收入水平差距,社会公平的要求未能完全体现。因此,2014 年国务院在各地试点经验的基础上考虑到这两种养老保险拥有相同的制度模式,决定将新型农村社会养老保险与城镇居民社会养老保险合并实施,在全国范围内建立统一的城乡居民基本养老保险制度,发布了《国务院关于建立统一的城乡居民基本养老保险制度的意见》④。自此,统一的城乡居民基本养老保险制度和企业职工基本养老保险制度共同构成了现行的基本养老保险制度,作为养老保险的第一支柱,基本覆盖了全国不同类型的群众。

---

① 该决定全文参见中国政府网,http://www. gov. cn/zhengce/content/2008 - 03/28/content_7376. htm。

② 参见《国务院关于开展新型农村社会养老保险试点的指导意见》,http://www. gov. cn/gongbao/content/2009/content_1417926. htm。

③ 参见《国务院关于开展城镇居民社会养老保险试点的指导意见》,http://www. gov. cn/zhengce/content/2011 - 06/13/content_7241. htm。

④ 该意见全文参见中国政府网,http://www. gov. cn/zwgk/2014 - 02/26/content_2621907. htm。

　　随着时代的发展,国务院在此基础上继续颁布了数个文件来完善当前的基本养老保险制度。2015 年初颁布的《国务院关于机关事业单位工作人员养老保险制度改革的决定》①对机关事业单位工作人员养老保险制度进行改革,规定机关事业单位实行社会统筹与个人账户相结合的基本养老保险制度,由单位和个人共同缴费。该决定结束了体制内外基本养老保险待遇的差异,养老金"双轨制"成为历史,正式实现"并轨"。之后,为均衡地区间企业职工基本养老保险基金负担,实现基本养老保险制度的可持续发展,2018 年国务院发布《国务院关于建立企业职工基本养老保险基金中央调剂制度的通知》②,决定建立养老保险基金中央调剂制度。该制度在现行企业职工基本养老保险省级统筹基础上,充分考虑省际经济发展的差异,通过各省按一定比例上解资金建立中央调剂基金,对各省份养老保险基金之间进行适度调剂,以确保各地区的养老金能够及时、足量发放。

表 8-2　我国第一支柱的政策演变

| 时间(年) | 文件 | 内容 |
| --- | --- | --- |
| 1951 | 《中华人民共和国劳动保险条例》 | 新中国养老保险制度的初步建立 |
| 1991 | 《国务院关于企业职工养老保险制度改革的决定》 | 提出要逐步建立起多层次的养老保险体系 |
| 1997 | 《国务院关于建立统一的企业职工基本养老保险制度的决定》 | 正式推广社会统筹与个人账户相结合的养老保险模式 |
| 2005 | 《国务院关于完善企业职工基本养老保险制度的决定》 | 养老金计发办法注重与缴费挂钩;养老保险范围扩大,并正式明确企业和个人缴费方式 |
| 2009 | 《国务院关于开展新型农村社会养老保险试点的指导意见》 | 建立了新型农村社会养老保险 |

---

　　① 该文件全文参见中国政府网,http://www.gov.cn/zhengce/content/2015-01/14/content_9394.htm。

　　② 该文件全文参见中国政府网,http://www.gov.cn/zhengce/content/2018-06/13/content_5298277.htm。

（续表）

| 时间(年) | 文件 | 内容 |
|---|---|---|
| 2011 | 《国务院关于开展城镇居民社会养老保险试点的指导意见》 | 建立了城镇居民社会养老保险 |
| 2014 | 《国务院关于建立统一的城乡居民基本养老保险制度的意见》 | 确立了统一的城乡居民基本养老保险制度和企业职工基本养老保险制度 |
| 2015 | 《国务院关于机关事业单位工作人员养老保险制度改革的决定》 | 结束了体制内外基本养老保险待遇的差异,养老金"双轨制"成为历史 |
| 2018 | 《国务院关于建立企业职工基本养老保险基金中央调剂制度的通知》 | 建立养老保险基金中央调剂制度 |

### 3.1.2　我国第一支柱具体制度模式

目前我国的养老金第一支柱由职工基本养老保险制度和城乡居民基本养老保险制度构成,分别覆盖了不同的人群,保证了所有老年居民的养老金发放,保障了广大老年居民退休后的基本生活水平。

(1)职工基本养老保险制度

我国现行的职工基本养老保险制度覆盖了城镇各类企业职工、个体工商户和灵活就业人员。

在缴纳方式上,《国务院关于完善企业职工基本养老保险制度的决定》①规定对于城镇各类企业职工,个人按缴费工资8%入个人账户,企业缴费按缴费工资20%入统筹账户。对于城镇个体工商户和灵活就业人员,参加基本养老保险的缴费基数为当地上年度在岗职工平均工资,缴费比例为20%,其中8%记入个人账户,退休后按企业职工基本养老金计发办法计发基本养老金。总体上看,就是通过个人和企业两个渠道筹集职工基本养老保险基金并由国家进行运作,在

---

① 该决定全文参见中国政府网,http://www.gov.cn/zhengce/content/2008 - 03/28/content_7376.htm。

职工退休后再从基金账户中取钱进行养老金发放。

　　由于政策的变动，职工基本养老保险制度在 2005 年有一个更替的时期，在参与保险的范围、缴费方式等方面有了新的变化。为确保新旧职工基本养老保险制度顺利过渡，切实保障广大职工的利益，《国务院关于完善企业职工基本养老保险制度的决定》针对政策出台时工作状态不同的职工，设立了不同的养老金发放方法。具体措施如下：第一，针对在新文件实施后参加工作、缴费年限累计满 15 年的人员，退休后按月发给基本养老金。文件规定"基本养老金由基础养老金和个人账户养老金组成。退休时的基础养老金月标准以当地上年度在岗职工月平均工资和本人指数化月平均缴费工资的平均值为基数，缴费每满 1 年发给 1%。个人账户养老金月标准为个人账户储存额除以计发月数"。实际的计发月数是根据职工退休时城镇人口平均预期寿命、职工退休年龄等因素确定。第二，针对新文件实施前参加工作，新文件实施后退休且缴费年限累计满 15 年的人员，"在发给基础养老金和个人账户养老金的基础上，再发给过渡性养老金"。各地会根据当地人口结构、社保覆盖情况等因素制订具体的过渡办法，为这批人群发放过渡养老金。第三，针对新文件实施后到达退休年龄但缴费年限累计不满 15 年的人员，"不发给基础养老金；个人账户储存额一次性支付给本人，终止基本养老保险关系"。而对于新文件实施前已经离退休的人员，"仍按国家原来的规定发给基本养老金，同时执行基本养老金调整办法"。该文件较好地保障了过渡时期不同人群的合法利益，推动了企业职工基本养老保险的完善。①

　　（2）城乡居民基本养老保险制度

　　在职工基本养老保险之外，考虑到其他居民的养老问题，我国推动实施了城

―――――――――――――

　　① 本段文字根据 2005 年公布的《国务院关于完善企业职工基本养老保险制度的决定》的内容进行整理。该决定全文参见中国政府网，http://www.gov.cn/zhengce/content/2008－03/28/content_7376.htm。

乡居民基本养老保险制度。

为顺利统一新型农村社会养老保险和城镇居民社会养老保险两种养老保险制度，针对过渡期的不同缴费情况，《国务院关于建立统一的城乡居民基本养老保险制度的意见》同样确立了不同的养老金发放标准。具体措施如下："参加城乡居民养老保险的个人，年满 60 周岁、累计缴费满 15 年，且未领取国家规定的基本养老保障待遇的，可以按月领取城乡居民养老保险待遇"。新型农村社会养老保险或城镇居民社会养老保险制度实施时已年满 60 周岁，在文件印发前未领取基本养老保障待遇的，"不用缴费就可以按月领取城乡居民养老保险基础养老金"；"距规定领取年龄不足 15 年的，应逐年缴费，也允许补缴，累计缴费不超过 15 年；距规定领取年龄超过 15 年的，应按年缴费，累计缴费不少于 15 年"。文件较好地覆盖了过渡期的不同人群，确保了城乡居民基本养老保险制度的顺利实施①。

在缴费方式上，国家为每一位参加城乡居民养老保险的人都建立了终身记录的个人账户，所有的个人缴费、政府补贴、各类补助都记入个人账户，个人账户累计资金按规定计息。在退休后，每月发放的城乡居民养老保险待遇由基础养老金和个人账户养老金两部分资金构成，基础养老金由国家财政承担，而个人账户养老金是由个人账户储蓄额除以计发月数确定。并且如果参保人死亡，个人账户资金余额可以依法继承。

### 3.1.3 我国养老金体系第一支柱取得的成绩

首先，基本养老保险覆盖面不断扩大。新型农村社会养老保险和城镇居民社会养老保险统一后形成的第一支柱基本实现了在制度上的全覆盖。从国家人

---

① 本段文字根据《国务院关于建立统一的城乡居民基本养老保险制度的意见》的内容进行整理，该意见全文参见中国政府网，http://www. gov. cn/zwgk/2014 - 02/26/content_2621907. htm。

社部公布的数据来看,近年来的基本养老保险参与人数持续增加。截至 2021 年 11 月末,全国参加基本养老保险人数为 10.25 亿人,其中城镇职工基本养老保险、城乡居民基本养老保险分别为 48 075 万人、54 797 万人,比上年末分别增加 2 454 万人、554 万人①。按照《人力资源和社会保障事业发展"十四五"规划》,"十四五"时期将实现企业职工基本养老保险全国统筹更加完善,计划到 2025 年基本养老保险参保率达到 95％,实现法定人员应保尽保②。

其次,基本养老保险基金快速发展。截至 2021 年年底,全年社保基金总收入达 6.8 万亿元,其中基本养老保险基金总收入 6.5 万亿元,较 2020 年增长 32％左右,涨幅巨大。社保基金总支出 6.3 万亿元,其中基本养老保险基金总支出 6 万亿元,同比增长了 11％。2021 年末社保基金年底累计结余 6.8 万亿元③,充足的余额保障了养老金的支付能力。同时,在企业职工基本养老保险基金中央调剂制度的帮助下,各地的支付压力有了较好的缓解,能够确保人民群众养老金足额发放。

第三,养老金发放标准持续上调。根据人社部的历年通知,我国基本养老金从 2005 年起连续 17 年上调,其中 2006 年涨幅最大,达到 23.7％,2008 年到 2015 年,养老金每年的涨幅都在 10％左右。2021 年 4 月,人社部、财政部印发了《人力资源社会保障部、财政部关于 2021 年调整退休人员基本养老金的通知》,明确从 2021 年 1 月 1 日起,退休人员基本养老金总体上调幅度为 2020 年

---

① 数据来源:中国人社部官网《2021 年人力资源和社会保障统计快报数据》(http://www.mohrss.gov.cn/SYrlzyhshbzb/zwgk/szrs/tjsj/202201/t20220127_433753.html)。

② 该文件全文参见中国人社部官网,http://www.mohrss.gov.cn/SYrlzyhshbzb/zwgk/ghcw/ghjh/202107/t20210702_417552.html。

③ 数据来源:中国人社部官网《2021 年人力资源和社会保障统计快报数据》(http://www.mohrss.gov.cn/SYrlzyhshbzb/zwgk/szrs/tjsj/202201/t20220127_433753.html)。

的 4.5%①。城乡居民养老保险在全面普及的基础上,也在稳步提高基本养老金的待遇。目前全国城乡居民基本养老保险最低标准已提高至每人每月 88 元,中央财政对中西部地区给予全额补助,对东部地区给予 50% 的补助,除了中央政府外,各省市和自治区以及县级财政都会进一步给予补贴②,城乡居民基础养老金水平进一步得到提升。

### 3.1.4　我国基本养老保险基金运营状况

为了实现养老金的保值增值,国家需要制定稳定合理的养老保险基金运营规划。2014 年以前的相关文件中主要将基本养老保险基金的运营交由政府,如《国务院关于建立统一的城乡居民基本养老保险制度的意见》中表示"城乡居民养老保险基金按照国家统一规定投资运营,实现保值增值"③。在实际运营中,主要由省级甚至县市一级管理,同时为确保资金安全,只允许结存资金存放银行或购买国债,所获收益较低。然而随着我国老龄人口不断增多,老年抚养比持续上升,过去由政府主导的基本养老保险基金运营的回报率已经难以满足日益扩大的基本养老金需求。鉴于这一情形,国务院于 2015 年印发了《基本养老保险基金投资管理办法》,文件明确了各省、自治区、直辖市的基本养老保险基金结余在预留一定支付费用后统一委托给全国社会保障基金会理事会开展市场化投资

---

① 该文件全文参见中国政府网,http://www. gov. cn/zhengce/zhengceku/2021 - 04/17/content_5600226. htm。

② 数据来源:中国政府网《人力资源社会保障部、财政部关于 2018 年提高全国城乡居民基本养老保险基础养老金最低标准的通知》(http://www. gov. cn/zhengce/zhengceku/2018 - 12/31/content_5437328. htm)。

③ 该意见全文参见中国政府网,http://www. gov. cn/zwgk/2014 - 02/26/content_2621907. htm。

运营①。根据国务院官方网站的报道,截至 2020 年 11 月份,全国已有 25 个省、自治区、直辖市与社保基金会签署了基本养老保险基金委托投资合同,合同总金额超过 1.11 万亿元,实际到账资金约 9 800 亿元②,22 个省份如期启动城乡居民基本养老保险基金委托投资。

在上述工作的共同努力下,自 2016 年起,基本养老保险基金受托运营便逐渐成为主流,全国社会保障基金会理事会所管理的基本养老保险基金总量越来越大。从 2017 至 2020 年,基本养老保险基金资产总额从 3 155.19 亿元快速上升到 13 950.85 亿元,四年时间里增长了四倍有余。而在基本养老保险基金保值增值方面,2020 年的投资收益率为 10.95%;基金从 2016 年开始运营算起,年均投资收益率达 6.89%③,远超过通货膨胀率。可见受托运营方式在基本养老保险基金保值增值上发挥了较大的作用。

## 3.2　我国养老金体系第二支柱发展情况

养老金第二支柱是单位主导的职业养老金制度,包括针对企业单位的企业年金和针对事业单位的职业年金。

### 3.2.1　我国养老金体系第二支柱发展历程

我国养老金体系第二支柱的发展起点是 20 世纪 90 年代发布的《国务院关

---

① 该文件全文参见中国政府网,http://www.gov.cn/zhengce/content/2015-08/23/content_10115.htm。

② 数据来源:中国政府网《年金基金投资范围再扩大投资权益类资产比例上限提高十个百分点》(http://www.gov.cn/xinwen/2021-01/11/content_5578694.htm)。

③ 数据来源:全国社会保障基金理事会官网《全国社会保障基金理事会基本养老保险基金受托运营年度报告(2020 年度)》(http://www.ssf.gov.cn/portal/yljjgl/webinfo/2021/09/1634298253544 726.htm)。

于企业职工养老保险制度改革的决定》，文件中首次提出了"国家提倡、鼓励企业实施补充养老保险"，并且和基本养老保险一起作为多层次的养老保险体系的重要部分，强调要"逐步建立起基本养老保险与企业补充养老保险和职工个人储蓄性养老保险相结合的制度"①。在这种多层次养老保险体系中，企业补充养老保险作为第二层次，对基本养老保险进行补充。此后1994年全国人大通过的《中华人民共和国劳动法》中第七十五条也有明确规定，"国家鼓励用人单位根据本单位实际情况为劳动者建立补充保险"②。国务院在2000年的《关于完善城镇社会保障体系的试点方案》中，将企业补充养老保险正式更名为企业年金，同时明确了企业缴费在工资总额4％以内的部分且可以从成本中列支，基金实行市场化管理和运营的原则也得到了确立③。2004年，劳动和社会保障部发布了《企业年金试行办法》，劳动和社会保障部以及银监会、证监会和保监会共同发布了《企业年金基金管理试行办法》，这两个文件较为详细地对企业年金的筹资、运行、管理、发放等各方面的行为进行了规范，成了企业推动年金制度建设的主要规则④。

随着我国的老龄化程度不断加深，养老保险支出持续扩大，养老金三支柱体系中第一支柱占比过大的失衡现象使得部分地区基本养老保险基金入不敷出、财政压力日益增大，国家愈发重视企业年金在养老金中的重要补充作用。在2004年之前探索的基础上，《国务院关于完善企业职工基本养老保险制度的决

---

① 该决定全文参见人民网：http://www.people.com.cn/item/flfgk/gwyfg/1991/11260119912 1.html。

② 全文参见国家市场管理监督总局官网，https://gkml.samr.gov.cn/nsjg/bgt/202106/t20210610_330502.html。

③ 全文参见中国政府网，http://www.gov.cn/xxgk/pub/govpublic/mrlm/201011/t20101112_62507.html。

④ 两篇文件全文参见中国人社部官网，http://www.mohrss.gov.cn/xxgk2020/fdzdgknr/zcfg/gfxwj/shbx/201407/t20140717_136188.html。

定》强调要发展企业年金,以"建立多层次的养老保险体系,增强企业的人才竞争能力,更好地保障企业职工退休后的生活"①,该文件也对企业年金的市场化管理与运营做出了鼓励和引导。2011 年人力资源社会保障部等多部门联合出台了《企业年金基金管理办法》②,完善了企业年金基金管理的相关规范。而随着机关事业单位的基本养老保险制度与职工基本养老保险进行并轨,2015 年颁布的《国务院关于机关事业单位工作人员养老保险制度改革的决定》要求单位应当为机关事业单位工作人员建立职业年金制度③。此后,职业年金制度与企业年金制度共同构成了我国的第二支柱。2017 年人社部公布的《企业年金办法》④则是顺应国家鼓励健全企业年金制度的发展趋势,结合当下劳动力市场和企业发展的需要对企业年金制度的建立提出了指导意见。

表 8-3　我国第二支柱的政策演变

| 时间(年) | 文件 | 内容 |
|---|---|---|
| 1991 | 《国务院关于企业职工养老保险制度改革的决定》 | 提出要逐步建立起多层次的养老保险体系,首次提倡、鼓励企业实施补充养老保险 |
| 1995 | 《关于建立企业补充养老保险制度的意见》 | 对企业建立补充养老保险提出指导性意见,形成了我国补充养老保险的基本政策框架 |
| 2000 | 《关于完善城镇社会保障体系的试点方案》 | 将企业补充养老保险正式更名为企业年金,明确了缴费额度、方法和基金管理原则 |

---

① 该决定全文参见中国政府网,http://www.gov.cn/zhengce/content/2008-03/28/content_7376.htm。

② 全文参见中国人社部官网,http://www.mohrss.gov.cn/xxgk2020/gzk/gz/202112/t20211228_431643.html。

③ 该决定全文参见中国政府网,http://www.gov.cn/zhengce/content/2015-01/14/content_9394.htm。

④ 全文参见中国人社部官网,http://www.mohrss.gov.cn/xxgk2020/fdzdgknr/zcfg/gfxwj/shbx/202106/t20210621_416825.html。

（续表）

| 时间（年） | 文件 | 内容 |
|---|---|---|
| 2004 | 《企业年金试行办法》《企业年金基金管理试行办法》 | 逐步规范了企业年金各方面的行为，成为建立企业年金的主要规则 |
| 2005 | 《国务院关于完善企业职工基本养老保险制度的决定》 | 强调发展企业年金，鼓励和引导企业年金的市场化管理运营 |
| 2011 | 《企业年金基金管理办法》 | 完善了企业年金基金管理的相关规范 |
| 2015 | 《国务院关于机关事业单位工作人员养老保险制度改革的决定》 | 在机关事业单位建立职业年金制度，与企业年金制度共同构成了第二支柱 |
| 2017 | 《企业年金办法》 | 对企业年金制度的建立提出了指导意见 |

### 3.2.2　我国养老金体系第二支柱具体制度模式

由于各个企业的经营状况、行业性质、人员配置等方面存在着差异，因此，每个企业内部制定的企业年金制度会在参加人员、缴费比例等项目上有所不同。各个企业在确定各自的企业年金制度时，会和职工进行充分沟通协商，共同确定企业年金方案。虽然国家层面对此没有统一的详细规章制度，但 2017 年的《企业年金办法》中对企业年金制度做出了一定的基本要求。

在缴纳方式方面，该办法规定企业年金实行完全积累制，企业需要为参加企业年金的职工建立个人账户，保险费用由企业和职工个人共同缴纳。企业年金基金则由企业与职工缴费和企业年金基金投资的运营收益构成。关于缴费的比例，《企业年金办法》规定企业缴费每年不超过本企业职工工资总额的 8%，企业和职工个人缴费合计不超过本企业职工工资总额的 12%，职工个人缴费由企业从职工个人工资中代扣代缴。如遇到企业亏损等情况使得企业无力缴费，可与职工进行商量后中止缴费，待情况消失后恢复缴费，并予以补缴①。而对于机关事业单位，《国务院关于机关事业单位工作人员养老保险制度改革的决定》规定

---

①　2017 年公布的《企业年金办法》（人力资源社会保障部令第 36 号）相关内容参见中国政府网，http://www.gov.cn/xinwen/2017 - 12/22/content_5249399.htm。

单位应当为其工作人员建立职业年金。单位按本单位工资总额的 8% 缴费，个人按本人缴费工资的 4% 缴费，其他要求大体上与企业年金保持一致①。

在企业年金运营方面，为了维护企业年金参与方的合法权益，规范企业年金基金管理，国家于 2011 年针对企业年金基金的运营出台了《企业年金基金管理办法》。为了降低企业年金投资风险，遵循着谨慎、稳健等投资原则，确保职工的养老金得到保证，该办法特别规定了"投资股票等权益类产品以及股票基金、混合基金、投资连结保险产品（股票投资比例高于或者等于 30%）的比例，不得高于投资组合企业年金基金财产净值的 30%"等投资要求，保障企业年金基金资金的安全性、收益性和流动性②。关于企业年金相关收益的归属问题，《企业年金办法》也做了相关规定，"职工企业年金个人账户中个人缴费及其产生的投资收益自始归属于职工个人"；"职工企业年金个人账户中企业缴费及其投资收益，企业可以与职工一方约定其自始归属于职工个人，也可以约定随着职工在本企业工作年限的增加逐步归属于职工个人，完全归属于职工个人的期限最长不超过 8 年"。通过这些条款对企业年金基金的运营有了较为完善的规定，切实保障了参保的企业职工的利益。

### 3.2.3　我国养老金体系第二支柱发展现状与基金运营状况

在我国的养老金体系中，相对于第一支柱来说，第二支柱由于起步较晚、无强制建立措施等原因，近年来的发展情况较为曲折，离预期的作用仍有不小的距离，并且企业年金和职业年金呈现出了不同的发展态势。

---

① 该决定全文参见中国政府网，http://www.gov.cn/zhengce/content/2015 - 01/14/content_9394.htm。

② 《企业年金基金管理办法》相关内容参见国家人社部官网，http://www.mohrss.gov.cn/SYrlzyhshbzb/zcfg/flfg/gz/201601/t20160118_232007.html。

近年来,企业年金的发展较为缓慢,阻碍重重。截至2020年年末,全国共有11.7万企业建立企业年金计划,参加职工人数2 875.2万人,覆盖率仅为6.8%。在过去16年间,企业年金只覆盖了不到10%的企业参保职工,并且主要集中于大型国企。此外,近年来企业年金覆盖率增长乏力,参保人数停滞不前。如图所示,2015年,企业年金的职工参保人数增长率出现了急剧下降的局面,从11%左右下降到1.00%,2017年更是下滑到0.3%。虽然近三年增速有所上升,但依然不超过7%。从具体参保人数上来看,每年的增加量只有几十万人到一百万人左右,增加速度缓慢。不过可喜的是,自2007年到2020年的企业年金基金平均收益率达到7.3%,具有较好的保值增值能力。①

**图8-1　企业年金参保职工数与增长率②**

---

① 本段数据来源:中国人社部官网《全国企业年金基金业务数据摘要(2021年度)》(http://www.mohrss.gov.cn/shbxjjjds/SHBXJDSzhengcewenjian/202203/t20220311_437974.html)。

② 数据来源:中国人社部官网《全国企业年金基金业务数据摘要(2021年度)》(http://www.mohrss.gov.cn/shbxjjjds/SHBXJDSzhengcewenjian/202203/t20220311_437974.html)。

相对而言,职业年金则呈现了较快的发展趋势。由于在 2015 年出台《国务院关于机关事业单位工作人员养老保险制度改革的决定》时就强制要求机关事业单位应当建立职业年金制度,因此职业年金有着较高的覆盖率,截至 2020 年,职业年金覆盖 4 000 多万人,覆盖率高达 68.5%①。目前已归集的职业年金基金结余或超过 7 000 亿元,据估算,未来职业年金每年的新增规模约 1 870 亿元②。

### 3.3　我国养老金体系第三支柱发展情况

我国的养老金体系第三支柱是个人养老金制度,包括个人储蓄型养老保险和商业养老保险等形式,是个人利用市场化手段增加养老保障的有效方式。不过目前我国的第三支柱还处在前期的探索和发展当中,主要尝试方向是个人税收递延型商业养老保险。

### 3.3.1　我国养老金体系第三支柱发展历程

我国养老金第三支柱最早提出是在《国务院关于企业职工养老保险制度改革的决定》中,在强调要建立有层次的养老保险体系后,该文件还特别对当时称"个人储蓄性养老保险"的第三支柱做出了说明:"个人储蓄性养老保险由职工根据个人收入情况自愿参加。国家提倡、鼓励企业实行补充养老保险和职工参加个人储蓄性养老保险,并在政策上给予指导";"个人储蓄性养老保险由职工个人自愿选择经办机构"③。然而在做出了这两条原则性的指示之后很长一段时间,

---

① 数据引自中国社会保险学会会长、人社部原副部长胡晓义于北大赛瑟论坛·2021（第十八届）的演讲(http://insurance. hexun. com/2021 - 11 - 08/204694544. html)。

② 数据来源:中央财经大学绿色金融国际研究院《我国养老金体系发展现状、困境与政策建议》(http://iigf. cufe. edu. cn/info/1012/3431. htm)。

③ 该决定全文参见人民网, http://www. people. com. cn/item/flfgk/gwyfg/1991/11260119912 1. html。

国内的个人储蓄性养老保险的发展陷入了停滞：一方面，当时养老金发放主要依赖于基本养老保险，第一支柱占比过高，而第三支柱缺乏进一步的制度设计与落实方案；另一方面，20世纪90年代乃至21世纪初我国商业保险还处于发展的初期阶段，金融市场尚未成熟，没有足够的能力去支持第三支柱的发展。诸多原因使得第三支柱在提出后的十几年间都处于被忽视的状态，缺乏统一的制度安排和市场运作。

随着我国经济实力不断提升，人民对美好生活的向往和老龄化不断加深的背景使得发展个人养老金制度愈发重要。2013年发布的《中共中央关于全面深化改革若干重大问题的决定》中再次强调要"加快发展企业年金、职业年金、商业保险，构建多层次社会保障体系"[①]。随后，《国务院关于加快发展养老服务业的若干意见》正式公布，鼓励和引导商业保险公司为老年人开展相关的保险业务[②]。2014年，又在《国务院关于加快发展现代保险服务业的若干意见》中把商业保险作为社会保障体系的重要支柱，彻底确定了商业保险在养老保险制度中的地位，同时也是在这篇文件中提出要适时开展个人税收递延型商业养老保险试点，加快第三支柱的建设并将其落地[③]。2017年的《国务院办公厅关于加快发展商业养老保险的若干意见》在综合了以上三个文件的意见下，又对商业养老保险基金提出了基本的运营要求，将风险可控、商业可持续的原则放在了商业养老保险基金运营的首位，在确保其安全稳健的基础上丰富商业养老保险产品供

---

① 全文参见中国政府网，http://www.gov.cn/jrzg/2013 - 11/15/content_2528364.htm。

② 全文参见中国政府网，http://www.gov.cn/zwgk/2013 - 09/13/content_2487704.htm。

③ 全文参见中国政府网，http://www.gov.cn/zhengce/content/2014 - 08/13/content_8977.htm。

给并提高保值升值能力①。

自《国务院关于加快发展现代保险服务业的若干意见》出台后,经过三年多的筹备,2018 年财政部等多部门联合发布《关于开展个人税收递延型商业养老保险试点的通知》,明确提出了"对养老保险第三支柱进行有益探索",决定在上海、福建等地实施一年的个人税收递延型商业养老保险试点,同时表明试点结束后将"结合养老第三支柱制度建设的有关情况,有序扩大参与的金融机构和产品范围,将公募基金等产品纳入个人商业养老账户投资范围"②。这是我国官方文件中首次出现"第三支柱"的表述,而该试点的实施标志着我国第三支柱个人养老金制度终于正式落地,这不仅是个人养老金制度的重要尝试,也为积极应对老龄化提供了新途径。紧接着,2018 年 5 月底,首批共 12 家保险公司获批经营个人税收递延型商业养老保险业务,第一只个人税收递延型商业养老保险产品在上海由太平洋人寿保险卖出。与此同时,越来越多的养老保险产品被推出。同年,证监会发布《养老目标证券投资基金指引(试行)》后,养老目标基金也作为新的养老保险产品对个人养老金制度进行补充③。

在近年来不断实践的基础上,国务院于 2022 年 4 月 21 日发布了《国务院办公厅关于推动个人养老金发展的意见》④,被广泛视作党和国家从中央层面推动个人养老金发展的有力举措,能有效满足民众多层次、多样化养老保障的需求。《国务院办公厅关于推动个人养老金发展的意见》对以下内容进行了明确:第一,

① 全文参见中国政府网,http://www. gov. cn/zhengce/content/2017 - 07/04/content_5207926. htm。

② 全文参见中国政府网,http://www. gov. cn/zhengce/zhengceku/2018 - 12/31/content_54392 99. htm。

③ 全文参见中国政府网,http://www. gov. cn/gongbao/content/2018/content_530 3451. htm。

④ 全文参见中国政府网,http://www. gov. cn/zhengce/content/2022 - 04/21/content_5686402. htm。

个人养老金将实行个人账户制度,缴费完全由参加人个人承担,实行完全积累;第二,参加人每年缴纳个人养老金的上限为 12 000 元,可享受税收优惠;第三,个人账户中的资金将由参保人自主选择购买符合规定的银行理财、公募基金等运作安全、成熟稳定、标的规范、侧重长期保值的满足不同投资者偏好的金融产品;第四,参加人可按月、分次或一次性领取个人养老金,个人养老金资金账户中的资产还可以在参保人死亡后继承。《国务院办公厅关于推动个人养老金发展的意见》的发布首次从中央层面确立了我国第三支柱养老保险的基本框架,对指导养老金第三支柱的建设以及促进第三支柱养老金制度的发展具有重要意义。接下来,人社部与财政部将在《国务院办公厅关于推动个人养老金发展的意见》的指导下,结合实际分步开展实施,选择部分城市试行 1 年再逐步推开,以确保个人养老金制度顺利实施。

表 8-4　我国第三支柱的政策演变

| 时间(年) | 文件 | 内容 |
|---|---|---|
| 1991 | 《国务院关于企业职工养老保险制度改革的决定》 | 提出要建立有层次的养老保险体系,对第三支柱"个人储蓄性养老保险"做出了说明 |
| 2013 | 《国务院关于加快发展养老服务业的若干意见》 | 鼓励和引导商业保险公司为老年人开展相关的保险业务 |
| 2014 | 《国务院关于加快发展现代保险服务业的若干意见》 | 确定了商业保险在养老保险制度中的地位,对第三支柱的落地实践作出指示 |
| 2017 | 《国务院办公厅关于加快发展商业养老保险的若干意见》 | 对商业养老保险基金提出了基本的运营要求 |
| 2018 | 《关于开展个人税收递延型商业养老保险试点的通知》 | 开展个人税收递延型商业养老保险试点,是个人养老金制度的重要尝试 |
| 2018 | 《养老目标证券投资基金指引(试行)》 | 尝试新的养老保险产品,对个人养老金制度进行补充 |
| 2022 | 《国务院办公厅关于推动个人养老金发展的意见》 | 确立了我国第三支柱养老保险的基本框架 |

### 3.3.2　第三支柱具体制度模式与发展现状

虽然 2022 年公布的《国务院办公厅关于推动个人养老金发展的意见》确立了第三支柱养老保险的基本框架,但目前国内在第三支柱方面的建设还未全面推开,也没有积累足够的实践经验,各项具体制度安排与实施情况也还有很多值得探索的地方。2018 年以来,第三支柱的制度设计与发展则是主要聚焦在了个人税收递延型商业养老保险的尝试上。

在缴纳方式上,个人税收递延型商业养老保险的参与人每月最多可缴纳1 000 元进个人账户,并享受一定的税收优惠政策。《关于开展个人税收递延型商业养老保险试点的通知》规定,购买个人税收递延型商业养老保险的支出,允许在一定标准内税前扣除;计入个人商业养老资金账户的投资收益暂不征收个人所得税,个人领取商业养老金时再征收个人所得税,"对个人达到规定条件时领取的商业养老金收入,其中 25％部分予以免税,其余 75％部分按照 10％的比例税率计算缴纳个人所得税"[1]。

从第三支柱个人养老保险运行情况看,截至 2020 年 4 月底,共有 23 家保险公司参与试点,其中有 19 家公司出单,累计实现保费收入 3 亿元,参保人数4.76 万人。作为试点地区之一的上海有 3.06 万名投保人,缴纳保费 2.42 亿元,这表明在试点三地中,投保人和保费收入分别有 81％和 64％来自上海[2]。税延养老保险包括收益确定型、收益保底型、收益浮动型等三大类,目前的年化结算利率多在 3.5％。从 2018 年开始的养老目标基金经过多年的发展,截至2022 年 1 月 18 日,市场上已成立的养老目标基金共 174 只,整体规模破千亿[3]。

---

[1]　《关于开展个人税收递延型商业养老保险试点的通知》全文参见中国政府网,http://www.gov.cn/zhengce/zhengceku/2018-12/31/content_5439299.htm。

[2]　数据来源:新浪科技。

[3]　数据来源:wind。

### 3.4　我国养老金体系三大支柱的现存问题

当前我国养老金三大支柱的发展呈现稳中向好的态势,覆盖人数、保障力度等都在不断上升。但是养老金三支柱体系及其具体制度仍存在着一定的问题有待进一步改善。总体说来,我国养老金三大支柱体系存在六个方面的不足。

第一,养老金支付压力上升,养老金储备总量略显不足。当前,我国已经进入深度老龄化社会。随着老龄人口的快速增加,劳动人口的抚养负担不断加大,但与此同时,我国的养老金储备并不充分,养老保险基金存在着较大的缺口,使得老年居民得到的基本养老保障水平较低。国家统计年鉴数据显示,2009 年至2020 年的老年抚养比持续增长,由 11.6% 增长至 19.7%,这意味着当下每 100劳动年龄人口要负担近 20 位老人的生活①。我国逐年加重的养老负担使得财政支出大幅增长,带来了很大的政府财政压力,从中央财政角度看,1998 年以来中央财政对基本养老保险基金的补助累计超过 4 万亿元,这些补贴其实也影响了财政资金在其他领域的支出。按照当前老龄人口的增长趋势来看,未来的养老金支付压力将会进一步上升。

第二,养老保险体系结构失衡,养老金替代率逐年下滑。长期以来我国的三支柱养老金体系都有着结构性失衡的问题,呈现出第一支柱"一支独大",第二支柱"一块短板",第三支柱"一棵幼苗"的状态,属于典型金字塔形状,第三支柱占比非常微小而第一支柱占比过大。发达国家的养老金体系则与我国呈现出较大差异,以美国为例,作为养老金体系建立时间长、发展比较完善的国家,三支柱比例呈橄榄型,中间第二支柱为居民养老提供主要支持,第三支柱也发挥了重要作

---

① 数据来源:国家统计局《中国统计年鉴(2021)》(http://www.stats.gov.cn/tjsj/ndsj/2021/indexch.htm)。

用,第一支柱反而占比最小。第一支柱独大的养老保险体系不仅给国家的财政带来沉重的负担,人民的老年生活水平也会受到影响。

失衡的结构造成了难以遏制的养老金替代率下滑问题。我国第一支柱独大的养老金体系意味着老年居民的主要收入来源于基本养老金和个人账户养老金。但是一方面受困于财政压力,近年来基本养老金待遇总体上提升幅度不大,低于工资和消费增长;另一方面个人账户的回报利率不高、保值增值能力有限,再加上持续的通货膨胀,使得养老金替代率呈现出不可避免的下滑趋势。

第三,养老金体系建立时间短,机制设计尚未成熟。我国多支柱的养老金体系自提出实施以来至今也不过 30 多年的时间,相较于美国这种具有 200 多年养老金体系建立史的国家来说,我国还有较长的路要走,需要根据中国的实际情况,探索出适合我国国情的养老金三大支柱体系。

在第二支柱方面,企业年金制度与职业年金制度所组成的第二支柱自设立以来就被视为基本养老保险的重要补充,在有效提高职工养老保障水平上发挥着关键作用。但是由于我国企业年金市场发展的时间较短,2007 年相关的制度设计才趋于完善,所以第二支柱的建设情况不太乐观。并且长期以来我国居民的养老观念还停留在依赖政府的基本养老金制度,对企业年金了解不深。此外,我国企业的主体是大量的中小企业,平均寿命较短,对于建立企业年金制度动力不足也无战略规划,多方面发展因素导致我国的企业年金市场覆盖面狭窄。2021 年年末,我国建立了企业年金制度的企业总数仅为 11.75 万户[1],相比于我国庞大的企业数量,企业年金的覆盖率显得非常低。近三年建立企业年金计划的企业比重还在一直降低,且建立的企业主要集中在国企、央企,难以覆盖数量

---

[1]  数据来源:中国人社部官网《全国企业年金基金业务数据摘要(2021 年度)》(http://www.mohrss.gov.cn/shbxjjjds/SHBXJDSzhengcewenjian/202203/t20220311_437974.html)。

巨大的企业职工。

在第三支柱方面，目前最新的《国务院办公厅关于推动个人养老金发展的意见》于 2022 年初才公布，还未有具体落地实施的统一措施公布，个人养老金制度的探索方向集中在个人税收递延型养老保险。在税延型商业保险的试点中发现，当前制度缺少对退保、预支行为在税收方面的限制措施，在 2018 年公布的《关于开展个人税收递延型商业养老保险试点的通知》①中指出要对税延型商业保险实施税收优惠来吸引参与，但文件并未对提前领取或退出保险等行为加以限制。当这些行为不受限制时，有可能会有投机分子通过税延型商业保险进行避税，产生道德风险，危害政府税收与商业养老保险的发展。总之，目前第三支柱形式有限且规则不完善，难以满足老年居民多样化的需求。

第四，第一支柱养老金体系存在潜在不公平的问题。目前，职工基本养老保险和城乡居民基本养老保险都是使用社会统筹加个人账户的养老保险模式，但是在各自缴费和支付上略有不同，因此两者在不同方面造成了一定的隐性不公。

对于职工基本养老保险，首先在收缴端，各地在缴费基数、计发办法等方面存在着较大的差异。同时由于地区经济发展水平的差异，实行中央调剂金制度与全国统筹的制度安排就造成了各省各地的不平等。像东部沿海等养老保险基金结余较多的省份，将会有大量的养老金结余调剂到中西部内陆地区等收不抵支的省份，不仅使前者产生"吃亏"感，而且容易强化后者的依赖心态和"搭便车"心理，长久以往会挫伤前者的积极性。其次，从支付端的角度看，由于省际的平均寿命差异，在全国统筹的基本养老金的发放上也存在着不公的现象。在现行的"多缴多得、长缴多得"原则的指导下，省际人均寿命的差异所带来的不公现象

---

① 全文参见中国政府网，http://www.gov.cn/zhengce/zhengceku/2018 - 12/31/content_5439299.htm。

被放大,反而造成了"多缴少得、长缴少得"。假设某省份平均寿命超过 80 岁,则其居民退休后可以领取 20 年的养老金;但在相同收入、缴费费率和年限的另一省份,因为人均预期寿命为 70 岁,所以平均来看老年人群只领取了 10 年的养老金。由此可见,在全国统一的城乡居民养老保险制度下,省际平均寿命差异带来了一定的基本养老金待遇的不公平感。

对于城乡居民基本养老金制度,目前的制度设计会扩大老年居民的收入差距,造成"穷人受损,富人受益"的现象①。根据《国务院关于建立统一的城乡居民基本养老保险制度的意见》②规定,未满 60 周岁的居民想要参与城乡居民基本养老保险,就必须建立个人账户并缴费满 15 年。在社会统筹与个人账户相结合的模式下,该制度一方面会造成没有缴费能力的一部分人无法参加城乡居民养老保险并无法获得政府支持与补助的养老金待遇,造成了部分穷人的利益受损;另一方面,政府对个人账户一般采取累进补贴机制,即参保人的缴费档次越高,政府补贴力度越强。该机制会造成经济收入较高的老年人获得更多的国家财政补贴,而选择低缴费档次的低收入的居民获得较少的政府补贴,这也进一步扩大老年居民的收入差距。

第五,三大支柱养老金回报率不高,难以为老年人提供较高的回报。对于第一支柱,在当前第一支柱独大的背景下,基本养老保险基金的回报率不高、待遇水平低影响了其实际的保障作用。以个人账户提供的养老金水平为例,2020 年城乡居民养老保险的人均待遇为 174 元③,当时由国家财政支持的基础养老金

---

① 董克用,施文凯. 从个人账户到个人养老金:城乡居民基本养老保险结构性改革再思考[J]. 社会保障研究,2019(01):3 - 12.

② 该意见全文参见:http://www.gov.cn/zhengce/content/2014 - 02/26/content_8656. htm。

③ 数据由《2020 年度人力资源和社会保障事业发展统计公报》计算得到。

全国最低标准为 88 元/月,由此可以计算出,个人账户养老金仅为每月 86 元左右;同时,随着国家不断上涨基础养老金,个人账户养老金在基本养老金中的占比会越来越低,所起到的保障作用也会越来越弱。

第二支柱企业年金计划的整体收益水平波动较大且收益率也不高。2021年,我国企业年金市场的加权平均收益率仅为 5.33%①,同比下降 5% 左右。近年的数据表明,我国企业年金市场并没有展现出灵活投资机制与较高投资收益的两项优势。这使得目前的企业年金计划不能很好地满足多样化的投资需求,也未能有效发挥市场的激励效应。其中的原因主要有两方面,从内部来看,由于我国企业年金集中在资金雄厚的大企业,如国企、央企等,中小企业覆盖率较低,且企业年金的建立一般由职工和企业共同协商设立,并没有强制建立,因此一旦职工变换工作很可能导致已参加的企业年金计划无法续接,这使得企业年金市场的投资考核机制偏重于短期收益,无法发挥企业年金计划长期投资的优势②。从外部来看,我国的金融市场的发展仍有不充分、不完善的地方,难以充分有效发挥企业年金计划投资收益能力。

第六,税收优惠不足,企业与个人参与三大支柱体系建设主观能动性不足。在支持第二支柱企业年金发展方面,我国目前的税收优惠政策存在不足。发达国家第二支柱的发展经验表明,有力的税收优惠政策是吸引企业和职工积极参与企业年金计划的重要举措。对于企业而言,建立完善企业年金计划不仅可以吸引人才,还可以用纳税时的税收优惠有效降低运营成本,提高企业竞争力;对于职工而言,参与企业年金计划有利于形成长期储蓄,保障老年生

---

① 数据来源:中国人社部官网《全国企业年金基金业务数据摘要(2021 年度)》,http://www.mohrss.gov.cn/shbxjjjds/SHBXJDSzhengcewenjian/202203/t20220311_437974.html。
② 王佳林.我国企业年金市场发展探析:现状、挑战及建议[J].南方金融,2020(05):90-100.

活水平,并且还能够通过税收优惠减免部分税收、提高自身收入。但是目前我国在企业年金的税收优惠政策上采用代扣代缴制,这使得职工无法直接感受到企业年金计划的缴费税率优惠,难以发挥激励效应,吸引职工参与。同时,当前分散复杂的企业年金税务条款,对大量中小企业或很少接触相关业务的财务人员造成了一定的挑战,在处理企业年金的计税报税时常出现财务人员经验不足、操作失误等现象,限制了税收优惠作用的发挥和企业年金的推广。

有关第三支柱方面的税收优惠也存在不足。2022年公布的《国务院办公厅关于推动个人养老金发展的意见》仅仅提及了国家会制定税收优惠政策来鼓励符合条件的人员参加个人养老金制度。但文件对于如何实施税收优惠并未做具体的规定,仍待财税部门进一步落实落细。而个人税收递延型养老保险的试点结果表明,政策优惠力度不足导致对于参保的老年群众吸引力不足,税收优惠的金额划定过低难以满足养老需求。目前,绝大部分税延型养老保险的纳税人适用3%、10%两档税率,即使按照月缴费上限1 000元计算,月收入2万元的参保人也仅可享受100元的税收递延,而领取期实际税率7.5%,税率较高,优惠性不明显①。而对于保险公司,税收优惠激励的缺乏则使得保险公司没有主观能动性去开办这项业务。此外,当前对于税延型养老保险除了税前扣除优惠外,缺乏其他配套政策手段,单独的税前扣除优惠对鼓励个人参与的作用有限②。

---

① 王小平. 我国第三支柱养老保险发展分析[J]. 保险理论与实践,2020(01):45-54.
② 金凤. 个人税收递延型商业养老保险回顾与展望[J]. 经济研究导刊,2020(06):82-84.

# 第四节　完善三大支柱建设的路径

本节针对上述我国养老金三大支柱的现存问题,结合了西方发达国家制度案例和我国的实践经验,提出完善养老金体系三大支柱建设需要注重以下几个方面的工作。

## 4.1　强化征管与统筹,巩固"第一支柱"建设成果

长期以来,虽然我国基本养老金规模庞大,但是距离美国等发达国家的基本养老金规模还有很大的差距,距离老年人对美好生活的向往还有很大的差距。接下来要想保持并不断提高老年居民退休后社会保障水平、降低国家日益增加的财政负担,则需要提高全社会的收入水平,强化征收监管。

第一,强化全国基本保险养老金统筹。对于第一支柱的基本养老保险制度,当前背景下实施全国统筹来加强其支付能力、缓解财政压力是必然趋势,这就要求国家完成各省的养老保险制度的整合,建立中央调剂基金。中央调剂基金的规模与中央调剂基金的调剂能力有直接关系,将很大程度上决定基本养老保险的支付能力和全国统筹的实现程度。接下来需要整合各省多样化、碎片化的基本养老保险制度,明确各级政府养老责任、理顺养老基金管理体制、健全激励约束机制,尽快实现养老保险全国统筹。同时,推进基本养老保险全国统筹需要建立中央调剂基金,并不断加大调剂力度,为此,中央和地方要落实好《划转部分国有资本充实社保基金实施方案》①,逐步划拨适量国有资产以充实社会保险基

---

① 全文参见中国政府网,http://www.gov.cn/xinwen/2019 - 09/20/content_5431701. htm。

金。划拨国有资产充实社保基金并建立中央调剂制度将有助于应对养老金收不抵支问题,缓解全国基本养老保险基金支付压力,更好地推进全国统筹。

第二,强化征缴监管。要充分运用信息化手段进行辅助来提高征缴监管的效率。首先,要建立并推广全国统一的社会保险信息管理平台,建立一套包括职工基本养老保险、城乡居民基本养老保险等信息在内的系统作为全国统筹的信息化基础。通过统一的社保信息平台,各省可以按照标准的信息采集口径和操作平台,有效收集各地的人口年龄结构、人口抚养比等数据,避免过去省市之间、部门之间的数据口径不兼容、难以相互匹配的问题,提高社会统筹管理的效率。其次,通过信息管理平台可以快速获取全国各地的企业职工总数、应参保人数及实际参保人数等重要人口数据,方便中央对养老资金的形势进行研判分析,并结合各地的经济社会发展水平等因素建立模型,来动态调整缴费税率等指标,促进基本养老保险的全国统筹并提高老年生活保障水平。最后,地方政府部门可以通过统一信息平台实时掌握当地的社保账户情况,精准到账户地监管税费的征缴情况,保障社保基金的收入;中央也能够有效监管中央调剂基金、各省的上缴费用情况与统筹基金的收支行为,从而有效防范风险并推进全国统筹的目标。

### 4.2 完善养老金第二、第三支柱相关制度,促进第二、第三支柱健康快速发展

根据前文所述,逐步推进第二、第三支柱健康快速发展对于提高我国老年人生活水平具有重要意义。相比于第一支柱,养老金第二、三支柱的发展时间较短,其制度设计还不够成熟。因此应当把握好不同支柱的保障目标与实施路径,在注重养老金制度系统性和完整性的基础上,针对性地做好顶层设计。

想要扩大第二、三支柱的参与规模,提高居民的参与积极性,就离不开丰富第二、三支柱内涵。一方面,长期以来,我国养老金体系中第二、三支柱的内容过于单一、门槛过高的问题限制了广大民营企业的参与意愿,客观上降低了企业职

工的参保覆盖率;另一方面,商业保险公司动力不足,养老型保险产品难以满足居民多样化的需求。针对第二支柱,政府应当考虑降低制度壁垒,帮助中小企业建立完善的企业年金制度;针对第三支柱,政府可以采取多种措施鼓励个人与保险公司参与。此外,要同时做好对第二、第三支柱的统一管理与监督,切实做好制度保障,逐步扩大第二、三支柱的参与规模,推动养老保险体系健康发展。接下来,推动第二、第三支柱发展可以从以下方面着手。

### 4.2.1　完善第二支柱相关制度,扩大参与规模

借鉴西方发达国家的第二支柱发展经验来看,注重年金制度在推广过程中的普惠性和衔接性是扩大我国企业年金市场参与规模的关键,对于发挥企业年金市场规模效应最大化有着重要的推动作用。

首先,保证第二支柱的普惠性有利于形成良性的闭合循环模式:一方面,建立企业年金制度的企业和参与员工不断增加,有利于产生长期的、规模巨大的资金流,创造出稳定且庞大的企业年金基金池;另一方面,这样稳定庞大的基金池在稳健的运营下有利于发挥资产配置的综合效应,分散风险并增强投资能力,实现企业年金的保值增值,吸引更多的员工参保,扩大缴费资金来源。这样相互促进、相互增强的良性模式能够有效发挥企业年金的规模效应并不断自我发展,促进我国第二支柱的健康发展。而想要实现第二支柱的普及就要求政府从企业年金计划的广度和深度两个方面入手并持续发力。对于拓宽企业年金市场的广度,不仅需要发挥税收优惠的激励效应,还需要通过普惠的原则引导企业雇主和雇员参与企业年金计划,推动更多企业建立企业年金制度。而对于挖掘企业年金市场的深度,可以尝试延伸养老产品链,以前端养老产品作为风险缓释机制的

同时以后端养老产品作为保障升级机制①。

其次，为了保障制度推广的普惠性，维护广大企业员工的利益，提高中小企业员工的参与积极性，还需要出台政策以落实企业年金的衔接工作。一方面是做好不同企业年金制度之间的衔接工作，在企业年金快速发展的背景下，国家政策必将出现较快的调整与迭代，做好不同制度间的过渡工作对于保障广大职工的社会保障水平有着重要意义；另一方面需要规范企业职工在不同企业之间流动中企业年金的过渡方案，并对企业破产、收不抵支等难以维持企业年金制度的情况制定相关的解决措施，保证职工的企业年金不因职业变动、企业变动而减少。

最后，加大税收优惠。作为最直接的激励手段，税收优惠政策是促进企业年金建设的重要动力。结合当前企业年金制度落实的难点来看，从两个主体的视角来提高税收优惠政策的实用性和可操作性对我国企业年金的下一步发展意义重大。从职工的角度看，作为企业年金制度的参与者，让职工直接感受到税收的优惠是扩大普及率的关键。这就要求政府提高企业年金的税收优惠幅度，完善税收优惠环节、优化税收优惠的抵扣流程。简单易操作的税收抵扣流程可以大幅降低办理税收优惠手续的交易成本，方便更多人群参与到企业年金计划中享受税收优惠，增加客户体验感与获得感。从企业的角度看，企业作为第二支柱的实施者和建设者，国家有关部门需要对建立企业年金制度的企业在政策上进行鼓励，比如对企业所得税等税种开展税收优惠等，并在落实方案上把握好实用性和可操作性。

---

① 王佳林. 我国企业年金市场发展探析：现状、挑战及建议[J]. 南方金融，2020(05)：90-100.

### 4.2.2　提高公司准入门槛并优化激励措施,促进第三支柱健康发展

第一,规范商业保险公司参与第三支柱的行为。第三支柱的健康发展离不开自上而下的顶层设计。在个人养老金发展之初,蓬勃发展的商业养老保险往往鱼龙混杂,对老年居民的生活保障有着不利影响。因此需要在制度层面对商业保险公司参与第三支柱的行为做出严格的要求和规范。监管部门应该全面考察经营此业务的保险公司的公司实力、资金管理水平、业务能力等等,只有符合资质要求的公司才能参与此项工作。同时,还需要对各家养老保险基金的运营提出要求并做好监督,使基金运营以稳健为第一原则,来满足参保人对养老资金安全性、收益性和长期性的要求,实现养老金保值增值。此外国家还需要督促商业保险公司在设计产品时,降低老年居民参与的门槛,推动设计条款易懂、计算容易、方便购买的养老保险产品,防止繁杂计算和扣缴方式让人望而却步。

第二,优化第三支柱税收优惠方案,激励个人与商业保险公司积极参与。从个人参与角度,首先可以通过运用 EET 模式来扩大参保群体范围[①],这样一种延迟征税的税收模式相比于其他阶段征税都有着较好的税收优惠力度。目前EET 模式在国际范围内的研究与实践证明了其高效性和不错的回报率,是目前国际主流的第三支柱的税收形式,被广泛地运用在养老金体系的建立当中,例如英国职业年金计划、德国"里斯特养老金"都采取了 EET 模式。国家要想有效推动第三支柱的发展,可以采用 EET 模式来加强税收优惠力度,激励个人广泛地参与商业养老保险中来。此外,建议实行动态化调整机制,对税收优惠扣除限额进行动态化调整。可以在政策中规定定期提高扣除限额一次,并根据通胀程度等因素确定调整幅度,兼顾灵活性的同时保障了制度的持续性与稳定性。动态

---

①　王玢.基于 EET 模式下的中国企业年金税优政策的实践及研究[D].对外经济贸易大学,2017.

化调整机制既有利于维护参保人的老年生活水准,又能确保有需要的个人可以继续购买商业养老保险。

同时,为了进一步推进试点工作乃至之后的正式实施,不仅要完善面向参保人的税收优惠政策,还要设计能够激励商业养老保险公司参与的税收优惠政策。比如,我国的税收优惠政策可以从企业所得税和增值税这两个保险公司在经营过程中主要涉及的税种入手,对商业养老保险公司的产品保费收入可实行低税率的增值税或免征,并考虑对经营该产品所产生的投资收益扣减一定比例再计入应纳税所得额①,切实提高对于商业保险公司的激励效应。

### 4.2.3 普及民众金融保险意识,加强养老金第二、三支柱宣传教育

由于长期以来我国都保持着第一支柱独大的养老保险金体系,居民对于第二、三支柱养老保险还相当陌生甚至毫不知情。然而第二、三支柱养老保险是我国多支柱养老保险体系的重要组成部分,是未来提高老年居民社会保障水平的关键抓手。因此国家以及地方政府需要通过宣传,让更多居民了解关于第二、三支柱的政策,促使其理解养老金三支柱体系共同发展是我国未来养老事业发展的必然趋势以及个人养老的最优选择。例如,可以利用当下多种媒体渠道加以引导,通过宣传普及尽力培养居民"两早一广"的意识,即早参与、早推广和广覆盖,切实提高第二、三支柱惠及范围,为广大老年居民的晚年生活提供物质保障。

同时还需要通过宣传教育及时提高群众金融意识。特别是参加第三支柱养老保险时流程包含缴费、投资、领取三个阶段,这三个阶段涉及的金融知识很多,对群众的金融意识有很高的要求。如何选择适合自身情况的养老保险产品,能

---

① 冯靓. 浅析我国个人商业养老保险税收优惠政策——基于我国个税递延型养老保险试点[J]. 北方经贸,2021(01):108-110.

否在控制风险的情况下取得长期稳健的收益等等都是需要参保人考虑的。无论其他人的建议如何,参加第三支柱养老保险的最终决策人和风险承担人只会是参保人自己,因此,提高居民金融知识水平对居民的参与和生活保障都有着相当积极的意义。

### 4.3　坚持基金投资的安全、审慎、长期、稳健原则

无论是社保基金、企业年金基金还是个人养老金基金,都关乎中国广大老年居民的生活保障情况。因此,在基金运营投资过程中必须时刻坚持安全、审慎、长期、稳健的基金投资原则,基金投资中需要做到资产与负债合理匹配,根据金融市场的变化趋势适时调整投资组合,应该注重在长期投资与在跨期投资中熨平收益波动,避免过度偏好短期超额收益导致放大风险[①],来有效地发挥养老金基金期限长、规模大、来源稳定的优势,切实实现养老金基金的保值增值,确保养老金制度长期可持续发展。

此外,第三支柱主要是由商业保险公司负责产品设计、基金运营,是居民养老金的重要组成部分。为了保障老年居民社会保障水平、保护参保人利益,就要求设立对保险公司、基金管理人的严格准入条件。政府部门与社会各界应该按照相关规定对公司管理、投资范围、风险管理等方面严格监管,确保资金保值增值,为投保居民提供长期稳健的投资收益。同时,这也要求政府内的各个监管部门各司其职、加强监管,对每个环节都认真监督,保证这项新的制度顺利实施。

---

① 王佳林. 我国企业年金市场发展探析:现状、挑战及建议[J]. 南方金融,2020(05):90-100.

# 第九章　促进保险资金投入养老社区发展

中国是世界上健康状况改善幅度最大、居民人均预期寿命延长最快的国家之一,截至 2019 年,我国人均预期寿命已经达到 77.3 岁[①]。在计划生育政策以及生育率持续下降的社会背景影响下,我国人口年龄结构呈现出老龄人口规模巨大且老龄化进程迅猛的特征,截至 2021 年年底,我国 60 周岁以上老龄人口数已达到 2.67 亿,占总人口比重为 18.9%,65 周岁以上老龄人口数已超过 2 亿,占总人口比重为 14.2%[②],我国已经成为世界上老龄化最严重的国家之一。老龄化现象和"四二一"代际结构的客观存在导致老年人口抚养比持续上升,养老服务资源紧缺的现象愈发凸显,给经济社会发展带来了巨大的冲击。因此,完善养老福利制度,增加养老服务供给成了当前较为迫切的任务。为满足快速老龄化现象引起的日益剧增的养老服务需求,在"十四五"时期,政府工作规划着重强调了要"推动养老事业和养老产业协同发展,健全基本养老服务体系,发展普惠型养老服务和互助性养老,支持家庭承担养老功能,培育养老新业态,构建居家社区机构相协调、医养康养相结合的养老服务体系,健全养老服务综合监管制度。"[③]

目前,我国大部分老龄人口的养老方式为居家养老,在"四二一"家庭结构日

---

① 数据引自《2019 年我国卫生健康事业发展统计公报》(http://www.nhc.gov.cn/guihuaxxs/s10748/202006/ebfe31f24cc145b198dd730603ec4442.shtml)。

② 数据引自国家统计局网站的《中华人民共和国 2021 年国民经济和社会发展统计公报》(http://www.stats.gov.cn/)。

③ 相关信息引自 2020 年《中共中央关于制定国民经济和社会发展第十四个五年规划和二〇三五年远景目标的建议》(http://www.gov.cn/zhengce/2020-11/03/content_5556991.htm)。

渐占据主流、家庭规模趋于小型化、现代生活方式转变等因素的影响下,空巢家庭数量日益增长。王海燕指出,由于社会经济结构的变化,以家庭为单位的社会结构在逐渐被弱化,居民养老也逐渐从基于血缘关系的家庭养老方式转变为基于商业行为的养老社区等养老服务方式。[①] 由于家庭成员赡养老人的时间和精力难以满足老人对于高品质生活质量和养老护理的需求,传统的居家养老方式已无法满足城乡居民在收入水平逐渐提高、消费结构不断升级以及养老观念逐步转变情况下的新型养老生活需求,养老服务消费也逐渐从生存型、物质型消费模式向发展型、服务型消费模式转变。通过政府引导、发掘和扶持,社会资本建设养老机构成为新趋势,成为养老服务业发展的新兴力量。

与此同时,随着我国经济不断发展,保险业在近几年迎来了红利期,保险收入和保险资金可运用余额持续快速增长。但伴随而来的收益率低、渠道狭窄等现象成了目前保险企业投资面临的主要困扰。针对保险业投资资金配置存在的问题,俞云冰分析指出单一化的投资配置无法满足保险资金的收益需求,如需提高投资收益,多元化的投资渠道配置必不可少[②]。张祖荣、徐伟强在分析了我国现有保险资金的运用渠道及风险的基础上,从政策研究、数据分析等方面入手,提出了优化资产结构是提高保险资金利用率、实现保险资金保值增值的必要条件[③]。因此,随着保险业资金投资政策的不断开放与完善,养老产业成为优化保险资金投资配置的重要渠道。在当前老龄化问题日益加剧的背景下,保险公司投资养老产业作为养老产业供给侧改革的重要内容之一,既可以解决当前社会养老资源不足的问题,也可以为保险业投资资金提供一个新的出口。

---

① 王海燕. 发展城市社区养老应对人口老龄化[J]. 理论学刊,2002(03):67-69.
② 俞云冰. 保险资金投资于房地产的模式与风险防范探讨[J]. 金融经济:下半月,2010(8):3.
③ 张祖荣,徐伟强. 我国保险资金运用渠道与策略分析[J]. 改革与战略,2008,24(11):3.

## 第一节  保险资金投资及养老产业发展现状

### 1.1  保险资金投资发展现状

随着人们防范风险意识的提高和相关政策扶持力度的增加,我国保险行业发展迅速,保险行业的整体资产管理规模和保费收入都在逐年提高,保险资金投资的数额和比例每年也在逐步提升。根据张玮纯基于保险公司的资产负债表呈现的组成要素的分析,险资的来源可以划分为以下三种:第一种是自有资本金,指在法律要求下保险公司所有者在成立公司时提供的初始资本金,作为保证保险企业偿付能力的基础资金,同时也是保险企业稳定的基石;第二种是责任准备金,是保险公司为了应对未到期的保险责任和尚未处理的赔付责任,从保险金里提存的一部分,作为公司的负债记录;第三种是承保盈余,属于保险公司的利润收入,是保金收入减去责任准备金后剩余的部分[①]。针对在投资过程中所获取的资金来源差异,保险公司会调整投资策略以规避风险。

保险资金具有以下三个特点:第一个特点是具有负债性。保险公司的资金本质上是源于公司的负债,是从保险的持有人手中获取的一定时间内的资金使用权,在时效到期后需要对资金予以偿还;第二个特点是具有长期稳定性。保险公司的资金主要来源于保险合同收益,保险合同以 3 至 20 年期的长期合同为主,具有稳定性和持续性,为保险公司提供了一个长期有效的资金渠道;第三点则是收益趋向性。保险合同是具有长期偿付压力的协约形式,在考虑后续出险所需要承担的保费的基础上,保险资金投资需要通过各种投资行为获得一定的

---

① 张玮纯. 我国商业保险资金投资养老产业问题研究[D]. 内蒙古财经大学,2018.

收益,因此高效率的投资配置对于保险公司有重要的意义,可以为企业长期生存和快速发展提供强有力的保障。在综合以往数据的基础上,当前保险资金投资的现状可以从以下三个方面来进行分析:

### 1.1.1　保险资金的总规模

从 1979 年国务院批准恢复国内开展保险业务开始,我国的保险市场在较长的时间内保持了快速增长。如图 9-1 所示,自 1994 年以来,我国保险行业的保费收入逐年增加,保险资金在我国金融市场所占的比重越来越高。从 1994 年到2021 年,我国的保费收入增长了超过 100 倍,2021 年全国保费总收入已经达44 900.00 亿元。

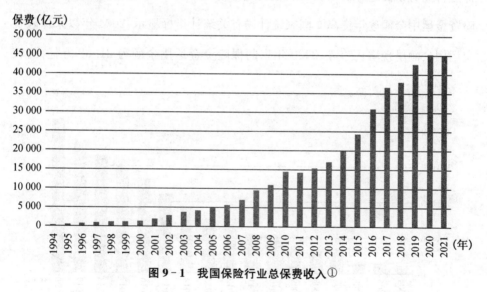

图 9-1　我国保险行业总保费收入①

―――――――――

①　数据来源于国家统计局网站(https://data. stats. gov. cn/easyquery. htm? cn＝C01)1994—2021 年度统计数据。

如图 9-1 所示,尽管与 2017 年之前的时间相比,2010—2021 年间保险行业保费增长速度有所降低,但整体规模仍然逐步扩大,行业发展仍然处于一个稳步向好的地位。增长趋势放慢的主要原因在于近几年保监会对保险行业的一些相关产品进行了整顿调整,保险行业的保费收入受到了政策压力,保险行业的保费收入从高速度增长转变为高质量增长。虽然严格的监管对保险行业的保费端产生了一定的影响,但是从需求基础看我国保费收入增长依然具备足够的潜力。

### 1.1.2 保险资金运用余额的总规模

保险资金运用余额代表了保险行业整体可用于投资的资金数量,也代表了保险行业对于促进经济增长所能起到的作用。如图 9-2 所示,我国保险行业保险资金运用余额逐年提高。国家统计局有关统计指标显示,2004 年以来保险资金运用余额呈现增长趋势,2020 年末的保险资金运用余额为 21.68 万亿元,较

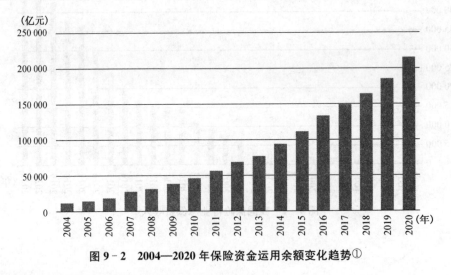

**图 9-2  2004—2020 年保险资金运用余额变化趋势①**

---

① 数据引自国家统计局网站(https://data.stats.gov.cn/easyquery.htm? cn=C01)2004—2020 年度统计数据。

2019 年增长了 17.02%[①]。近年来,我国保险行业保险资金运用余额每年都在以高于 10% 的速度增长,保险资金运用余额的增长代表着每年办理保费扣除费用的盈余资金在逐年增加,意味着每年保险行业可用于投资的资金都在增加,保险公司保持了旺盛的经营活力。

### 1.1.3　保险资金运用结构

如前文分析,随着保险行业规模的不断扩大,保险资金运用余额的总额也是在不断增加,保险企业投资选择越来越多,投资的范围也越来越大。以对房地产行业的投资为例,过去受制于国家政策,保险资金不能用于投资房地产项目,2010 年公布的《保险资金运用管理暂行办法》中将这个限制逐步被放开,保险资金允许进入房地产项目,但是投资比例只能占到资金的 10%,整体权重相对比较小,处于试点的阶段[②]。2012 年原保监会公布的《关于保险资金投资股权和不动产有关问题的通知》中将这一比例由 10% 的投资比例扩大到 20%[③],到了2014 年原保监会公布的《中国保监会关于加强和改进保险资金运用比例监管的通知》中,这一比例逐步扩大到 30%,[④]到 2020 年,银保监会公布的《中国银保监会办公厅关于优化保险公司权益类资产配置监管有关事项的通知》中明确,对于

---

① 数据引用自国家统计局网站(https://data.stats.gov.cn/easyquery.htm? cn=C01)2020 年度统计数据。

② 该办法全文参见银保监会官网,http://www.cbirc.gov.cn/cn/view/pages/ItemDetail_gdsj.html? docId=8970&docType=2。

③ 该通知全文参见银保监会官网,http://www.cbirc.gov.cn/cn/view/pages/ItemDetail.html? docId=359434&itemId=928&generaltype=0。

④ 该通知全文参见银保监会官网,http://www.cbirc.gov.cn/cn/view/pages/ItemDetail_gdsj.html? docId=15060&docType=2。

运营情况良好的公司,权益类资产投资比例最高可达到45%①,随着保险资金可投的不动产项目比例越来越高,保险资金运用余额的投资灵活性开始逐步增加。

在保险资金投资权限放开之前,保险资金运用余额可以投资的渠道较少。如图9-3,在2004年左右,保险资金余额更多的存放在银行账户的存款以及购买一些债券,占比超过90%。而随着各项政策对保险资金投资渠道的放宽,尤其是对不动产投资的放宽,银行存款和各类债券的投资比例在逐年下降,从2016年开始,投资银行存款和债券的比例只占到保险资金运用余额的50%左右,同时保险资金投资股票和基金的比例维持在一个稳定的区间之内。如图9-3所示,截至2020年,保险公司资金运用中银行存款占比为11.98%,保险公司资金运用中国债占比为14.79%,保险公司资金运用中金融债券占比为

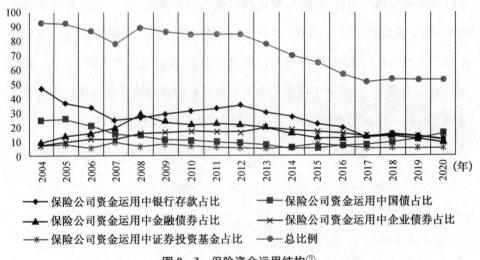

图9-3　保险资金运用结构②

① 该通知全文参见银保监会官网, http://www.cbirc.gov.cn/cn/view/pages/ItemDetail.html? docId=917217&itemId=928&generaltype=0。
② 数据来源于国家统计局网站(https://data.stats.gov.cn/easyquery.htm? cn=C01)2004—2020年度统计数据,由作者整理计算获得。

9.66％,保险公司资金运用中企业债券占比为 10.91％,保险公司资金运用中证券投资基金占比为 5.09％,上述几项合计占保险资金运用余额比例为 52.43％。与之对应的是保险资金参与的其他投资随着时间在不断增长,比例已经逐渐超过 40％,成为保险资金投资的最重要组成部分,同时原本占据主要地位的股票、证券和银行存款则在逐年递减。保险资金投资组成比例的变化一方面说明政策对保险资金的支持使得保险资金投资方式更加灵活多样,保险资金在投资过程中可以有更多的选择余地,投资范围更加广泛;另一方面说明保险资金的投资意图和抗风险能力提高,相比起原先单一的投资方式,更多样化的投资组合可以对冲风险,使得资产配置更加合理。

### 1.1.4 保险资金运用收益水平

保险资金的投资收益是保险业发展的重要保障之一,但在我国保险机构的投资观念里长期存在着"重保费,轻投资"的思想,对于投资的重视程度不足,导致承保业务规模快速拓展的同时投资业务发展相对滞后[①]。随着我国针对保险资金投资领域的进一步放开,如果保险企业仍然保持对于传统保险业务的高度依赖,我国保险业的发展将受到严重的掣肘。近年来,我国保险公司资金投资回报率一直处于较低水平。造成我国保险行业资金运用收益率低下的原因一是保险行业发展过程中自身管理和投资能力的问题导致的收益率低下,二是由于受到金融危机和宏观经济形势的影响,投资效率和收益也不如预期。

## 1.2 保险资金投资养老产业发展的现状

据国家统计局 2020 年 2 月颁布的《养老产业统计分类(2020)》定义,养老产

---

① 张玮纯.我国商业保险资金投资养老产业问题研究[D].内蒙古财经大学,2018.

业,是以保障和改善老年人生活、健康、安全以及参与社会发展,实现老有所养、老有所医、老有所为、老有所学、老有所乐、老有所安等为目的,为社会公众提供各种养老及相关产品(货物和服务)的生产活动集合,包括专门为养老或老年人提供产品的活动,以及适合老年人的养老用品和相关产品制造活动。通常意义上养老产业指代的是以养老金融、养老服务、养老用品、老年医疗、养老地产为支柱的多元化的产业体系[①]。保险是我国金融体系的重要组成部分,在市场经济中有风险集散以及资金融通等功能,对于稳定社会、推动经济发展、减缓经济冲击带来的负面效应起到积极作用。保险企业通过发行各种应对养老问题的保险产品来为老年人的养老提供保障,同时通过保险资金的运用对养老产业进行投资,为养老产业的发展提供支持。

为解决保险资金使用渠道过窄、保值增值难度大的问题,2009年人大常委会审议通过了新《中华人民共和国保险法》[②]。此次修订明确了保险资金的运用渠道范围,包括银行存款、买卖债券、股票、证券投资基金等有价证券,投资不动产以及国务院规定的其他资金应用形式,同时对于保险资金使用与配置做出了明确的规范与界定,从此保险资金的投资配置从单一化、固定化逐步开始走向多元化、全面化。2009年之后,部分险企开始研究投资养老产业,越来越多的险企开始进入养老产业,从养老型不动产投资到养老服务运营的投入都有涉及,而医疗、养老不动产是保险公司的主要投资目标。经过多年的发展,我国保险企业积极参与建设养老产业,充分发挥保险企业的专业投资能力和项目开发能力,加快建设养老保障体系,形成了专业化、多层次、有针对性的养老产业建设团队。保

---

① 数据引自国家统计局《养老产业统计分类(2020)》(http://www.stats.gov.cn/tjgz/tzgb/202002/t20200228_1728992.html)。

② 2009年修订的《中国保险法全文》参见中国政府网,http://www.gov.cn/flfg/2009-02/28/content_1246444.htm。

险资金参与发展养老事业不仅促进了养老产业的发展从而满足老年人不同的养老需求，实际上也缓解了政府在投资养老产业方面的资金压力。

党的十八大以来，在党中央和国务院的正确领导下，保险业持续快速发展，服务大局能力显著提升。2021 年，全国保费收入达 4.49 万亿元，为全社会提供风险保障 12 146 万亿元。① 党的十九大胜利召开之前，我国主要是通过出台指导性的政策法规来鼓励保险资金以及其他金融机构投资养老产业。2012 年，《民政部关于鼓励和引导民间资本进入养老服务领域的实施意见》②正式公布，该文件提出，要通过落实优惠政策、加大资金支持、加强指导规范的方式，鼓励民间资本参与到养老服务体系建设之中，包括居家和社区养老服务，养老机构或服务设施，基本养老服务等。2013 年公布的《国务院关于加快发展养老服务业的若干意见》③提出，要引导社会力量参与养老服务体系的建设，降低社会力量参与养老机构建设的门槛；鼓励外资投资养老服务业；鼓励个人举办家庭化、小型化的养老机构；支持民间力量举办规模化、连锁化的养老服务。2014 年，《国务院关于加快发展现代保险服务业的若干意见》④正式发布，该意见支持符合条件的保险机构投资参与养老服务产业，同时将商业保险作为社会保障体系的重要支柱，支持保险企业推动创新型养老保险产品多样化发展。2015 年，民政部、发展改革委、教育部等十部委联合发布了《关于鼓励民间资本参与养老服务业发展

---

① 数据引自保监会网站发布的《2021 年 12 月保险业经营情况表》(http://www.cbirc.gv.cn/)。

② 该意见全文参见中国政府网，http://www.gov.cn/zhengce/2016 - 05/22/content_5075659.htm。

③ 该意见全文参见中国政府网，http://www.gov.cn/zwgk/2013 - 09/13/content_2487704.htm。

④ 该意见全文参见中国政府网，http://www.gov.cn/zhengce/content/2014 - 08/13/content_8977.htm。

的实施意见》①,该意见提出,支持采取股份制、股份合作制、PPP等模式建设或发展养老机构;鼓励民间资本在城镇社区举办或运营老年人日间照料中心、老年人活动中心等养老服务设施,为有需求的老年人,特别是高龄、空巢、独居、生活困难的老年人,提供集中就餐、托养、助浴、健康、休闲和上门照护等服务,并协助做好老年人信息登记、身体状况评估等工作。2016年,中国人民银行等五部委联合发布了《关于金融支持养老服务业加快发展的指导意见》②,该意见强调做好养老领域金融服务对于加快养老服务业发展和实现自身转型升级的重要意义,要求推动建立多层次的养老金融组织体系、创新养老金融信贷产品和服务、拓宽多元化养老金融资渠道、完善养老保险体系建设、提高养老服务水平与能力,争取在2025年建成覆盖广泛、种类齐全、功能完备、服务高效、安全稳健的金融养老服务体系。2017年,原保监会发布了《关于保险资金投资政府和社会资本合作项目有关事项的通知》③,该通知规范了保险资金参与PPP项目的路径,在解决PPP项目融资困难问题的同时进一步推动PPP项目运行,有利于解决PPP项目公司融资难的瓶颈制约,支持PPP项目推进。

党的十九大以来,为了支持养老产业高质量发展,国家相关部门出台了一系列力度更大的政策鼓励保险资金以及其他资本进入养老产业。2019年,国务院印发《国务院办公厅关于推进养老服务发展的意见》④,该意见提出,要大力支持符合条件的市场化、规范化程度高的养老服务企业上市融资,支持商业保险机构

---

① 相关内容参见中国政府网,http://www. gov. cn/xinwen/2015 - 02/25/content_ 2821782. htm。

② 该意见全文参见中国政府网,http://www. gov. cn/zhengce/2016 - 05/24/content_ 5076147. htm。

③ 相关内容参见中国政府网,http://www. gov. cn/xinwen/2017 - 05/07/content_ 5191378. htm。

④ 引用自中国政府网,http://www. gov. cn/zhengce/content/2019 - 04/16/content_ 5383270. htm。

举办养老服务机构或参与养老服务机构的建设和运营,适度拓宽保险资金投资建设养老项目资金来源。2020年,《国务院办公厅关于促进养老托育服务健康发展的意见》①正式发布,该文件针对当前养老托育服务发展面临的形势和瓶颈制约问题,系统提出健全政策体系、扩大服务供给、打造发展环境、完善监管服务等4个方面23项改革创新措施。该文件还提出,要引导保险等金融机构探索开发有针对性的金融产品,向养老托育行业提供增信支持。支持保险机构开发相关责任险及养老托育机构运营相关保险。为推动商业养老保险加快发展,更好地服务多层次、多支柱养老保险体系建设,积极满足人民群众多样化养老保障需求,2021年5月,《中国银保监会办公厅关于开展专属商业养老保险试点的通知》②正式发布,该通知决定开展专属商业养老保险试点。2021年9月,银保监会发布《中国银保监会办公厅关于开展养老理财产品试点的通知》③,自2021年9月15日起,银保监会选择了"四地四家机构"进行试点,开展养老理财产品试点,试点期限暂定一年。试点阶段,单家试点机构养老理财产品募集资金总规模限制在100亿元人民币以内。2021年11月发布的《中共中央国务院关于加强新时代老龄工作的意见》④提出完善多层次养老保障体系,为逐步实现基本养老保险法定人员全覆盖、规范发展第三支柱养老保险,该意见要求扩大养老保险覆盖面,大力发展企业(职业)年金。

　　近年来,在我国老龄化日益加剧和政府政策大力支持的背景下,我国各大保

---

①　该意见全文参见中国政府网,http://www. gov. cn/zhengce/content/2020 - 12/31/content_5575804. htm。

②　该通知全文参见中国政府网,http://www. gov. cn/zhengce/zhengceku/2021 - 05/16/content_5606788. htm。

③　该通知全文参见中国政府网,http://www. gov. cn/zhengce/zhengceku/2021 - 09/10/content_5636664. htm。

④　该意见全文参见中国政府网,http://www. gov. cn/zhengce/2021 - 11/24/content_5653181. htm。

险机构均开始投资养老产业,但是各保险机构投资到养老产业所选择的模式各不相同。有的保险企业通过不动产投资来建设养老社区,这类养老社区主要集中在我国的一线和二线城市,这不仅是因为一二线城市的整体经济水平高、养老产业发展速度快,也因为一二线城市居民的养老意识和行动力较强。还有一部分保险机构是通过建立自己的养老服务公司,来为老年人提供专业化的养老服务,这种模式主要是以居家养老为主,通过对服务人员的专业化培训来满足不同阶段老年人对养老服务的不同需求,这种模式相对于直接投资养老社区的模式来说,运营成本和维护成本较低。最后一种投资养老产业的模式是从本企业自身保险产品出发,改造现有保险产品,开发和设计相关的养老保险产品,以保险作为保障来为老年人提供基本的养老服务。

## 第二节　商业保险资金投资养老社区的优势

根据我国《2020 年民政事业发展统计公报》,截至 2020 年年底,全国共有各类养老机构和设施 32.9 万个,养老床位合计 821.0 万张,比上年增长 5.9%。其中,全国共有注册登记的养老机构 3.8 万个,比上年增长 11.0%,床位 488.2 万张,比上年增长 11.3%;社区养老服务机构和设施 29.1 万个,共有床位 332.8 万张①。虽然养老机构总量上持续增长,但是与我国庞大的老年人群体的养老需求相比依然存在较大的缺口。因此,需要增加社会资金的投入,促进养老产业整体协同发展。

2016 年 3 月中国人民银行、银监会、证监会、保监会和民政部联合印发了

---

① 引用自中华人民共和国民政部官网《2020 年民政事业发展统计公报》(http://images3. mca. gov. cn/www2017/file/202109/1631265147970. pdf)。

《关于金融支持养老服务业加快发展的指导意见》[①]，提出将保险资金投资周期长、资金流稳定的优势与养老产业相结合，共同推动养老社区和养老服务机构的发展。2017年6月，国务院办公厅印发《关于加快发展商业养老保险的若干意见》[②]。提出鼓励商业保险机构投资养老服务产业。政策的放开为保险企业发挥自身优势参与养老产业建设铺设了道路。保险企业的自有资金负债周期长，从资产与负债匹配方面更具有与养老服务产业结合的优势。以养老社区为例，投资养老社区回报周期长且收益率不高，但现金流比较稳定。在低利率时代，随着对保险资金运用渠道的不断放开，保险资金寻求有效投资渠道、获得更稳定收益的目标使得投资养老社区以及其他养老产业成为保险公司投资的重要目标。保险资金进入养老行业可以为不同阶段、不同需求的老年人提供多层次、更全面的医疗服务和养老服务，可以带动许多相关行业如家政服务、医疗保健、文娱等行业的发展。相较于其他产业，发展养老产业所需要的服务人员可以为社会提供许多新兴工作岗位，促进待就业人群的岗前培训和就业，可以有效缓解我国巨大的就业压力。保险资金投资养老产业具有以下三个优势：

### 2.1　保险资金具有长期稳定的优势

近年来，随着社会经济发展，中产家庭和人口数量不断上升，参保人数持续增加，保险业用于投资和经营的可流动资金也在不断上升。事实上，保险产品本身具有长期性的特点，大额保险产品缴费期限多数以年为单位，部分甚至可以达到十年以上。同时，保险资金运用余额不同于银行存款和股票基金产品，当投资

---

①　该意见全文参见中国政府网，http://www.gov.cn/zhengce/2016-05/24/content_5076147.htm。

②　该意见全文参见中国政府网，http://www.gov.cn/gongbao/content/2017/content_5210499.htm。

人自身有资金需求时会将银行存款取出或是股票基金产品赎回以获取现金,所以类似于银行存款投资和股票基金类的投资现金流都不太稳定,但一般保单的续约时间都比较长,这就保证了保险资金在进行投资时有稳定的现金流来源。据统计,在保险公司的可用资金中,寿险资金占比达到80%以上,而寿险资金主要来源于人寿保险合约,其中约有一半的寿险资金合同时间长达20年以上,还有5%资金属于中期合约,时间在5～20年之间[①]。因此,保险资金长期稳定的优势是其他资金无可比拟的,能够持续稳定促进养老行业的发展。

## 2.2 能够促进保险资金进入实体经济

传统的养老保险本身就是一种基于时限的长期理财机制,会使得资金脱离实体在保险公司账户"沉淀",如果推动保险资金投入养老产业,则可以促进大量的长期稳定的资金进入实体经济。一方面,促进保险资金进入养老产业,可以将长期的金融资金通过投资进入实体,能够为国民经济的发展提供资金支撑,能够通过养老产业的发展创造更多的就业岗位。另一方面,将传统养老保险的理念与新兴的养老产业服务相结合,保险公司可以为养老产业的服务对象提供长期的储蓄型保险保障,被保险人可以通过长期的储蓄型保险产品的收入选择入住保险资金投资建设的养老社区,储蓄型保险产品的收入同时也为养老社区长期运营提供资金支持。总之,保险企业运用保险资金投资养老产业可以与养老产业实现快速融合,通过对养老项目的开发,实现保险行业从"虚拟经济"到"实体经济"的转变。

## 2.3 能够与原有客户资源有效结合

相比较于传统的居家养老,养老服务产业是一个新型的商业领域,对于大部

---

① 朱朝阳. 我国寿险公司投资养老社区研究[D]. 首都经济贸易大学,2018.

分人来说还是一个比较陌生的名词。与此同时，随着保险理念在社会层面的广泛普及，居民参保入保意识不断增强，保险行业得到了长足的发展，保险公司在社会层面上开始具有一定的知名度和影响力，其中不少品牌为公众所熟知。在选择养老计划时，保险公司的品牌效应对于无论是否参与过保险业务的客户都会有一定的吸引力，保险公司推出的专业机构养老服务往往比其他领域企业提供的服务更容易引起购买者的兴趣。同时保险业务针对的是具有保障性消费理念的人群，这类人群的养老观念更加容易由传统式居家养老转化为现代化社区养老，是新兴养老服务产业的目标消费者。相比较于其他企业，保险公司拥有更好的宣传渠道和更加适配的目标客群，对于养老服务产业的推广可以起到推动作用。

## 第三节　保险资金投资养老社区的不利因素

虽然保险资金具有长期稳定的优势，并且促进保险资金投资养老社区可以让保险资金进入实体经济，但是，保险资金投资养老社区产业也有诸多不利因素。

### 3.1　投资养老社区投资周期较长

保险资金投资养老产业主要采取的模式是利用保险资金全资开发养老社区以及利用保险资金股权投资养老项目。虽然全资开发养老社区和股权投资养老项目会在未来给保险公司带来较大的收益，同时通过保险资金提前布局养老产业也会在未来养老产业模式和市场更加规范和容量更大时具有竞争优势和话语权，但是投资养老社区前期需要大量资金，同时投资周期也较长。

养老社区的建设主要分为三个阶段，投资的前期调研需要对所要投资开发和建设养老社区的城市进行深入评估，获得当地人群的收入水平、消费水平等信息，为以后开发和建设养老社区奠定物质基础；投资建设阶段需要进行土地资源获取以及委托房地产开发商对养老社区进行建设；在养老社区建成之后的后续维护阶段还需要根据养老社区的功能和性质进行有针对性的宣传和运营。从时间成本和经济成本来看，上述三个阶段都需要较大的投入。保险资金全资开发养老社区在前期和中期需要投入大量的资金和人力，整体建设时间也需要持续多年，养老社区全部建造成后还不能立刻产生收益。一般来说养老社区从建成到实现成本回收和盈利需要较长的时间。

因此，对于保险公司来说，全资开发一个养老社区需要承受几年的亏损，等到养老社区全部建成运行多年之后才能将前期的投入完全收回。虽然保险资金量本身非常巨大且是长期资金，但是对于一个企业来说，资金的周转率至关重要。如果养老社区建成后，保险公司无法收回所有成本，那么这对保险公司来说无疑是巨大的损失。因此，开发养老社区的性质决定了保险资金投资养老产业具有短期投资回报率很低，回报周期长的特点。

### 3.2　投资模式过于单一

运用保险资金投资养老社区主要是通过两种方式，一种方式是通过保险资金全资开发养老社区，从前期的养老社区调研到建成后运营都需要保险公司负责；另一种方式是通过运用保险资金与其他开发商一起开发投资养老项目，通过股权合作的形式获得养老项目的经营权，这种模式下需要双方同时对养老项目进行维护和经营，分担了投资双方的经营和开发成本，可以提高投资双方的灵活度。从资产配置的角度看，目前养老项目常见的配置与盈利模式有重资产模式、轻资产模式和轻重资产结合的模式，当下良性运营的项目大部分为轻重资产结合的模式。

表 9－1　养老社区投资盈利模式

| 盈利模式 | 运作核心 | 特征 |
|---|---|---|
| 重资产 | 产权销售 | 养老主体、全龄社区 |
| 轻资产 | 以运营模式变现为主 | 服务咨询,输出管理及培训回收运营成本 |
| 轻重资产结合 | 重资产:产权销售<br>轻资产:运营服务 | 使用权销售回收开发成本,收取服务费,实现长期稳定的现金流 |

　　但是,从现状来看,保险资金投资养老产业的模式还不够多样化,并且养老产业投资主要集中于在全国多个一二线城市全资投资开发和建设养老社区。接下来,保险公司可以在三四线城市增加轻资产投资模式,避免单一的高成本投入的建设运营模式,为后续发展积蓄力量。

### 3.3　专业化人才紧缺

　　当前保险资金投资养老产业主要是运用保险资金开发养老社区,养老社区的配套设施和服务非常全面,在养老社区中有老年大学、餐厅、养老医院、医疗保健、休闲娱乐等多种场所,旨在打造一个功能全面、多位一体、满足老年人各方面需求的高端养老社区,有养老需求的老年人入住到养老社区中可以满足他们的大部分老年生活需求。但是一个功能齐全,符合养老产业化需求的养老社区除了专业设备的配置和运用之外,更重要的是需要大量的具备养老护理知识和养老服务意识的专业人员。这些服务人员不仅要熟悉各自领域的专业知识和专业技能,同时需要对养老服务行业有一定的认同感。对于服务人员来说,养老服务是繁琐且非常需要耐心的,如果不具有一定的认同感,就很难达到老年顾客的要求,不仅会影响到顾客的满意度,严重的甚至还会造成顾客流失,阻碍养老社区的发展。

　　但是,既具备专业化知识、又有养老服务意识的人才十分稀少。一方面是因为目前大多数人才对保险行业与养老行业的结合不够了解,不敢进入到这一个新兴的商业领域之中;另一方面是因为养老行业的工作十分繁忙,所承担的压力也要比一般的工作更繁重,导致很多人由于承受不了养老行业巨大的工作压力,不敢踏足这一领域。

### 3.4 缺乏定价评估标准

由于我国养老社区的发展仍处于初始发展阶段,保险资金投资不动产行业的政策也是最近十年间才不断放开,新兴的商业保险养老服务还处在探索中前行的状态,因此对于养老社区投资的成功与否尚无可借鉴的经验以及明确的评估标准。事实上,养老产业不仅仅是商业行为下投资的实体产业,还是社会保障体系中重要的一环,具有一定的社会福利性质,单纯通过入住率和出租率等商业指标不能全面反映养老项目的真实效果。在投资其他养老相关行业方面,保险公司的资金在大多数情况下需要通过间接渠道投资实体行业,所以,很难直接按照创投公司或者财务投资公司的财务模型进行测算。因此,我国保险公司投资养老产业还需要长时间的探索和经验积累,从而总结出相应的评判标准。

### 3.5 缺乏其他行业经验

如上分析,当前保险资金与养老服务产业的结合还处于一个探索的阶段,在投资养老社区方面,还没有一条成熟的产业链可以承接从方案设计到可行性研究再到运营维护的整个流程。因此,在已有的养老社区项目中,保险公司主导了从设计到运营大部分的工作。但是,相比较于专业的物业运营和地产开发公司,保险公司缺乏涉足不动产行业以及养老服务行业的经验,对于特定领域的理解也难称专业。这导致保险公司在对养老社区等养老服务产业进行建设、维护、营销的过程中难以取得和一般地产公司等同的效果。同时,医卫慈善用地上面的建筑无法进行分割出售,导致保险公司不能对外出售养老社区的产权。这与我国消费者传统的"所有"大于"所住"的消费观念不一致,使得养老社区在对外呈现上不容易吸引客户,更需要保险公司在宣传服务上投入精力,才能获得良好的市场反馈。对于保险公司自身而言,如何摆脱原有的金融服务行业的思维桎梏,是在养老服务产业取得成功的重要决定因素。

### 3.6 相关政策的支持不足

就目前来看,政策对保险公司投资养老产业的支持力度还有所欠缺。尽管在过去的十年间,国家从提出禁止保险资金投资不动产到现在逐步放开保险资金投资使用权限,越来越多的保险公司开始参与到养老产业的开发之中,运用大量的保险资金进行投资、开发和运营。但是这么做的弊端就是保险公司需要自己来承担开发费用、建设费用、运营费用等。一旦保险公司的资金链紧张或者现金流出现问题,会极大地影响养老社区的建设和运营,容易引起顾客不满,严重的甚至还会影响保险公司本身的运营。目前国家政策对保险公司投资养老产业的退出机制还没有完全放开,如果保险公司只能等到养老社区正常运行并获利之后才可以实现成本的回收,这对于保险公司来说无疑是一个巨大的挑战。

## 第四节 促进保险资金投资养老社区的对策

在前文分析的基础上,本章认为可以从以下三个方面促进保险资金投资养老社区。

### 4.1 推动保险资金投资开发养老相关衍生项目

如前文所述,养老社区中的相关养老项目主要包括老年大学、休闲娱乐、卫生医疗、餐厅、活动中心等,这其中需要涉及的行业主要有教育行业、医疗设备、医院医生、餐饮业、体育运动、休闲娱乐等相关的养老服务行业。既然全资开发养老社区可以涉及多个行业,这就说明保险公司具备着非常全面的投资能力,可以辐射到各个行业中去。因此,保险公司在运用保险资金投资养老产业或布局养老体系时,可以将部分资金拿出来投资相关的养老衍生项目,比如在已有的高端社区周围兴建老年大学、养老医院、医疗保健中心等相关的养老服务项目。这些养老项目的投资成本和运营成本相对于养老社区来说要低许多,同时这些项目的投资回报周期也要比养老社区短很多,这就意味着当运用保险资金投资养老产业时可以较快速地实现盈利。因此,保险公司运用保险资金投资养老产业时可以进行一个养老投资组合,一部分资金用来开发养老社区,一部分资金用来投资养老衍生项目,同时运用养老衍生项目的盈利来对养老社区进行日常的运营和维护。

### 4.2　加大宣传和专业化人员培训力度

如第三节所述,养老服务行业需要大量的专业化人才。由于目前大多数人对保险行业的观念还是停留在“卖保险”的刻板印象,缺乏对保险行业与养老产业结合的了解和认识。事实上,现在的保险公司已经不仅仅是一家出售保险产品的公司,还是集保险、资管、养老、投资等多种功能的金融公司。由于对保险行业的固守看法,许多有专业化知识和能力的人才不愿意进入到保险行业。而目前在养老产业从事工作的服务人员大多对相关领域的专业知识和技能并不熟练,因此会导致在养老社区中向老年人提供的专业化养老服务质量不高。

对于保险公司来说,当务之急是找到大量的具备专业化知识和能力的养老社区服务人员。针对当前的情况,一方面,需要宣传商业保险介入养老行业的具体案例,让更多的人了解保险行业,打破大家对保险行业的传统观念从而吸引到一大批养老社区需要的人才；另一方面，需要对招募到的工作人员进行专业化培训，使他们认同公司愿景、战略目标、企业文化和相关商业模式。在对保险公司相关从业人员进行专业化培训时，不仅要培训他们所从事的养老产业工作所需要的专业化知识和能力，更要培养他们的养老服务意识，只有将入住到养老社区中的老年人照顾好、服务好，他们所学习和运用的专业知识才有意义，否则只懂专业化知识而对养老服务没有认同，那么养老产业也无法实现可持续发展。因此，对于工作人员加强专业化培训对于养老社区的可持续发展具有重要意义。

### 4.3　增强对于保险资金投入养老行业的政策支持

尽管目前诸多政策对保险公司投资养老产业有一定的扶持，但是整体来说支持度还不够，配套的落实条款还不多。如果政府可以进一步放宽保险企业投资养老社区或者其他养老产业的限制，那么保险公司可以加快养老产业项目的开发和布局。因此，在促进保险资金参与到养老产业推动养老产业的优化发展过程中，保险公司需要多与政府进行互动协调，及时跟进政府政策变化。同时，国家和政府作为养老保险的责任主体，也需要对商业养老保险予以更多宏观上的指导与支持。

# 后 记

一直以来,对于人口相关问题的研究引起了经济学界以及其他领域学者的广泛关注,人口要素关系到经济的发展、城市的变迁以及消费市场构建等方方面面。我对于人口问题的兴趣源于对城市发展以及房地产领域的关注。因为人口的变迁与房价有着较大的关联,于是乎,我开始思考人口年龄结构的相关问题。2021年的春节前夕,陆雁翎老师推荐了几位优秀的学生,由我带着他们以大学生社会实践的方式开始了相关的研究。2021年5月,全国第七次人口普查数据正式公布,本次普查数据显示我国的人口结构产生了一些新的变化,也引起了学术界以及业界的广泛重视。于是,我跟几位参与研究的同学一起决定继续人口老龄化相关问题的研究。

当前,积极应对人口老龄化已经上升为国家战略。但是,积极应对人口老龄化并不是简单地放开生育或者延长退休年龄,而是应该从宏观经济运行、劳动力供给、社会保障体系构建以及养老服务产业发展等角度进行综合考虑。事实上,发达经济体由于发展起步早、发展水平高,比我国更早地进入了老龄化社会,许多发达国家在应对老龄化方面做出了较多的探索,但是也都没有很好地解决人口老龄化给经济带来的各种问题。但是,国外应对老龄化的实践中有些经验也值得我们借鉴。因此,本书在写作过程中也对国际上比较好的经验进行了总结与归纳。

现在呈现在读者面前的这本书应该说是一部具有可读性的作品。本书分为九个章节,分别从我国人口年龄结构演变特征、人口老龄化对经济发展的影响机制、积极提升老龄人口消费水平、合理促进老龄人口再就业、居家养老的困境与应对、社会养老机构发展、促进医养结合、养老金制度三大支柱建设、保险资金投入养老产业发展等角度展开应对人口老龄化相关问题的论述。本书不仅包含了国内相关部门关于应对人口老龄化相关政策的演进，也包含了一些国内外经典的案例分析。

本书由我提出总体写作思路，许多老师与同学参与了研究与写作。具体的分工是：第一章（罗洁、马骏）、第二章（马骏）、第三章（周芑岙、马骏）、第四章（王泽天、马骏）、第五章（戴静怡、马骏）、第六章（陈文龙、马骏）、第七章（李茜、马骏）、第八章（卜云帆、马骏）、第九章（陆雁翎、王红、马骏）。初稿完成之后，所有参与本书写作的作者进行了充分的讨论与多轮修改，最后我对全书内容进行了统稿与详细的修改。

在本书的写作过程中，国务院学科评议组成员、教育部长江学者特聘教授沈坤荣老师给予了指导与支持。沈坤荣教授从本书选题到写作思路都给予了悉心的指点与帮助。本书的出版得到了南京大学出版社杨金荣老师的支持与帮助。但是，由于本人水平有限，还有许多没有能够进行充分阐述的问题有待于进一步的研究。